Come e perché si perde una guerra

Antologia dell'Italia nella 2.a Guerra Mondiale

di Piero Baroni

I0447496

Labbra bugiarde
nascondono l'odio
(Proverbi, 10/18)

PREMESSA
Le verità nascoste

Nel complesso e articolato panorama della partecipazione del Regno d'Italia alla seconda guerra mondiale e con particolare riferimento alla sua conclusione, la cosiddetta letteratura è ampia, molteplice e contraddittoria.

La storiografia ufficiale ha raggiunto da tempo i risultati prefissati e non consente "distrazioni". Ormai la <verità> è assodata, consolidata e soprattutto indiscutibile. Talché appare azzardato, se non temerario, permettersi di mettere in discussione anche solo velatamente le risultanze di sì autorevoli teoremi.

Eppure... sfidando la scomunica e l'ostracismo, se non addirittura la lapidazione, pare a qualcuno, notoriamente controcorrente e animato da una curiosità insaziabile di verità e di documentazione ineccepibile, che non tutto sia stato appropriatamente affrontato, analizzato, dimostrato.

Vi sono ombre consistenti e non puramente fantasiose su non poche pagine della vicenda, elementi apparentemente impalpabili, ma non per questo meno solidi e determinanti e decisivi per la formulazione di un giudizio, onesto, leale, attendibile su quanto accadde o non accadde, o su quanto sarebbe potuto accadere.

Non ci si trova al cospetto della parete, o alla piramide, dei "se" e dei "ma", di cui, come disse il <poeta> (I Promessi Sposi, cap. XXIV) <*ne son piene le fosse*>, ma di situazioni oggettive, concrete, già all'epoca conosciute, note, documentate e accantonate, ignorate, sottovalutate pur al cospetto di effettive situazioni non marginali e tanto meno teoriche.

Una questione di cultura, conoscenza, studio, ricerca, doveri, obblighi istituzionali disattesi, calpestati, se non scientemente sabotati.

Ignoranza, insomma, condita con tanta malafede, impastata con doppiezza, dolo, frode.

Interrogativi inquietanti si parano di fronte ad un ricercatore che correttamente si ponga le domande connesse con quale fosse il panorama tecnico e dottrinario, strategico e tattico dell'epoca e quali le potenzialità disponibili, quali le soluzioni attuate e proposte, quali le oggettive situazioni esistenti e in evoluzione e, in primo luogo, quale fosse la caratura degli uomini sui quali incombeva l'onere della <prova>.

Gli storici e gli storiografi ufficiali e ufficiosi hanno riempito migliaia di pagine, mentre i memoriali hanno consegnato alla pubblica opinione e alla critica quanto fu ritenuto utile e opportuno, ma non la verità dei pensieri, l'esito delle ricerche effettuate nel periodo dell'attesa, gli interrogativi suggeriti dal panorama internazionale delle varie <Armate>, le domande scaturite, dettate, imposte da quanto concretizzato dai Tedeschi nei primi mesi di guerra, in Polonia, Penisola scandinava, e nella primavera del 1940, in Belgio, Olanda e poi in Francia.

Nessuno, in seguito e nei molti anni del dopoguerra, ha ritenuto necessario rispondere alle moltissime domande rimaste ancora oggi senza risposte esaustive dovute ai vuoti emersi nella condotta delle operazioni, alle carenze irritanti di mezzi e materiali, le cui esigenze non si presentarono improvvisamente come rivelazioni, soluzioni straordinarie e originali, ma facevano parte del normale equipaggiamento e da vari anni, se non da decenni, prima del settembre 1939.

Nessuno era sceso da Marte con la bacchetta magica. Si era trattato dei risultati di analisi degli eventi succedutisi, ad esempio, nella Grande Guerra 1914-1918, di studi, ricerche, dibattiti suggeriti dalla critica sull'impiego delle forze e dei nuovi mezzi e strumenti disponibili, da parte di studiosi, europei in particolare, dati alle stampe in seguito, e alla portata di tutti, di quanti, segnatamente, avevano quale dovere e obiettivo professionale, proprio quello di conoscere quali fossero gli orientamenti del pensiero tattico e strategico e verso quali linee si andava dirigendo la dottrina militare, materia in costante, sovente frenetico, sviluppo.

Studi, quindi, ricerche, analisi, informazioni, adeguamento dei criteri, aggiornamento costante e trasmissione ai vari livelli di formazione e di competenza (selezioni accademie, scuole di guerra, addestramento, logistica, comunicazioni).

Era in atto un raffinamento profondamente innovativo, nella classe dirigente degli Stati Maggiori europei, una automatica selezione, un ribaltamento di mentalità, con l'introduzione di nuove tecniche, procedure, metodologie. In sintesi, si procedeva più o meno rapidamente, a creare una nuova dimensione tattica, nel senso più aulico dell'espressione e ciò discendeva ed era direttamente proporzionale a due precise circostante: il livello culturale degli autori e dei curatori della nuova dottrina e la potenzialità di identificazione, apprendimento e assimilazione da parte dei <discenti>, cioè i vari livelli dei quadri intermedi.

Non vi è dubbio che in Germania e in Gran Bretagna esistessero le più favorevoli condizioni per il successo di una tale procedura innovativa; altrove, Francia e Unione Sovietica, pur accettando in linea di principio la validità del procedimento, si era in presenza di un rateo di accettazione inferiore, ma non negativo e inutilmente, pregiudizialmente, critico come, invece, accadeva in Italia; in realtà, concretamente agnostico.

Questione di tradizione, mentalità, livello dei massimi responsabili, cultura militare, si potrebbe dire di carattere. Il tutto, oggi, sintetizzato nel DNA.

Si deve aggiungere che molta della diffidenza, della prevenzione, dell'incapacità di percepire l'esigenza di un mutamento radicale del modo di intendere la guerra e ciò che essa fatalmente comportava, dipendevano dalla povertà, in concreto dalla mancanza totale, di esperienza, di consuetudine alla partecipazione attiva ad eventi politici internazionali di grande spessore, dimensione e respiro, con un orizzonte profondo e multiforme. Invece, ad esempio, era parte integrante del patrimonio culturale britannico, in buona misura francese e costituente un'ambizione solida e dominante nei circoli germanici (segnatamente quelli prussiani) e nella Corte zarista/ e successivamente sovietica, mentre era in gestazione avanzata oltre Oceano, negli Stati Uniti e in Giappone. Da noi non vi era assuefazione a un tipo di politica di tale livello, in cui il potere diplomatico e quello militare ricoprivano e ricoprono, tuttora, il ruolo predominante.

Alla latitudine italica prevalevano il pettegolezzo, l'agguato, lo scontro aspro, ma sotterraneo, l'inganno, la maldicenza, l'intrigo la vendetta, le congiure, protagonisti i principali attori e la loro manovalanza. Mentre predominava il duello, veramente rusticano, tra quelle che con grande presunzione si potrebbero definire <scuole di pensiero>.

Da un lato i cosiddetti <passatisti> dall'altro gli <innovatori> o gli <ammodernatori>. I primi ancora legati mani, piedi e cervello alle trincee, i secondi favorevoli ai nuovi mezzi e suggeritori di una nuova e più avanzata dottrina bellica. I primi il cui capo riconosciuto era Badoglio, i secondi che avevano quale <alfiere> ideale il generale Baistrocchi che con una classificazione molto libera e sicuramente poco tecnica, ma non per questo meno nobile, potrebbe essere definito il <profeta della logistica a dimensione pluricontinentale (con riferimento a quanto riuscì a fare nella preparazione alla guerra in Abissinia)>.

I <Badogliani> imperversavano: i generali Pietro Gazzera, Alberto Bonzani (sostenitori della guerra di trincea, alla quale intendevano informare la dottrina dell'Esercito e, in seguito, persino Giacomo Carboni che – dopo i disastri realizzati nel servizio informazioni - incarico ricoperto dal gennaio al dicembre 1939, succedendo al generale Mario Roatta che era stato al vertice del Servizio Informazioni Militari – S.I.M. dal 15 gennaio 1934) - nel febbraio 1938 si distinse per un intervento contro il carro armato.

Tra coloro che si potrebbero definire <modernisti> un posto d'onore spetta a Douhet (il primo teorico del potere aereo totale), seguito dai generali Canevari e Di Giorgio, dal generale Francesco Saverio Grazioli, esponente principale del pensiero avverso <alla guerra di logoramento>, quella che fu condotta a 360° da tutti i contendenti, tra il 1914 e il 1918. Prevalse Badoglio, rigidamente ancorato al passato e convinto che la guerra si sarebbe combattuta lungo le Alpi, con l'uomo, il fucile, il mulo e il cannone: di conseguenza le forze armate giunsero al giugno 1940 prive di coesione, di addestramento, psicologicamente impreparate alla guerra integrata e meccanizzata, e totalmente vuote di concetti e criteri operativi discendenti dall'impiego di forze motocorazzate, che poi altrove si svilupparono ulteriormente: particolarmente in Africa Settentrionale, dopo quanto si era verificato in Polonia e in Francia, e soprattutto raggiunsero l'acme in Russia.

Purtroppo il capo del governo abbandonò il generale Grazioli, l'unico che aveva l'esatta configurazione dell'esercito moderno e trascurò colpevolmente il Duca d'Aosta.

In particolare sottovalutò il Generale, in seguito Maresciallo d'Italia, Giovanni Messe uno dei rarissimi autentici strateghi italiani, misconosciuto, trascurato, emarginato, innanzitutto, dalla gerarchia e, in seguito, dalla storiografia. Soprattutto non è stata analizzata adeguatamente la sua concezione dottrinaria e il suo pensiero circa il ruolo e l'impiego della forza aerea, unico alto ufficiale che ne abbia percepito le capacità, la flessibilità, il peso e, prima ancora, l'insostituibile funzione nel criterio dell'aerocooperazione. Anche se non codificato da alcuno, il pensiero del Maresciallo d'Italia Giovanni Messe può essere considerato una proiezione dei concetti elaborati da Giulio Dohuet. (Il primo grande teorico della guerra aerea).

Per fornire un indizio di quale fosse il pensiero del Maresciallo Messe in materia di impiego dell'aviazione, si propone la seguente citazione, ripresa da una lettera che il maresciallo, ex capo di stato maggiore, scrisse all'ex capo di stato maggiore della Regia Aeronautica(dal 1939 al 1941) Generale Francesco Pricolo, il 24 novembre 1956: *"La nostra aviazione finì per essere soverchiata e per assumere una parte del tutto secondaria di fronte a quella tedesca per il semplice fatto che la nostra industria non era stata convenientemente attrezzata per la produzione di guerra e posta, naturalmente, al riparo da offese nemiche. Pochi miliardi spesi a tal uopo in un sistema di piani poliennali dopo il 1933, epoca in cui Balbo pose nettamente la questione, ci avrebbero dato un'altra aeronautica di pace e di guerra ed allora avremmo potuto imprimere alla guerra aerea il carattere decisivo che, molto più tardi, è stato concepito dagli anglo-sassoni e che oggi ispira tutte le grandi nazioni militari: ma questo non fu fatto da noi perché l'organismo militare era caduto nelle mani di un capo di stato maggiore generale e di altri elevati gerarchi rivolti alle idee del passato e ineluttabilmente retrogradi"*.

Malato di protagonismo e intossicato dalla cortigianeria, il capo del governo non sapeva ascoltare, e ancor meno riflettere, meditare con oggettività e non ebbe coscienza di quale sarebbe stato l'orizzonte di una guerra aeronavale nel Mediterraneo e di quanto sarebbe stato necessario e di cui si sarebbe dovuta avere (come sarebbe stato ampiamente possibile) la piena, consapevole disponibilità, sin dagli ultimi anni "930".

Nel frattempo Badoglio continuava a balbettare, a mostrare incapacità, ignoranza, a dare sfoggio di astio, rancore, cupidigia insaziabile, inesauribile sete di potere, dimostrandosi incapace di cogliere le grandi opportunità offerte dalla sorpresa e dalla palese debolezza dei britannici nel Mediterraneo, ignorando, disprezzando la visione strategica elaborata da S.A.R. il Duca d'Aosta, Viceré dell'Impero, pensiero strategico di cui si dirà ampiamente nelle prossime pagine.

Unico, il Duca, ad avere <visto> quali fossero lo scenario, la filosofia corretta del conflitto e il fondamentale ruolo strategico dell'Impero.

Il capo del governo palesò i suoi paurosi limiti nella capacità di valutare gli uomini e di percepire le dimensioni esatte della guerra e dei suoi obiettivi, limiti dipendenti da mancanza di corretta visione della realtà geopolitico-economico-scientifica da cui scaturiva il confronto effettivo, trasformatosi rapidamente in aperto conflitto: l'enorme superiorità scientifica e tecnica (oggi si direbbe tecnologica) del Reich, la poderosa ricchezza e prevalenza britannica e statunitense in campo aeromarittimo e nel monopolio assoluto nel comparto delle materie prime strategiche e delle linee di comunicazione.

Quella di Mussolini era una visione penosamente ottusa, rovinosamente provinciale. Qualche rarissimo sprazzo di brillantezza fu tristemente spento dall'oggettiva misera statura intellettuale espressa dallo stato maggiore, cioè a dire dagli uomini che il capo stesso aveva elevato a quelle vette politiche e militari. Uomini che lo tradirono, lo truffarono, lo turlupinarono miserevolmente e che precedentemente lo avevano abbindolato fornendogli informazioni manipolate, false, devianti.

Inutile qui riferirsi alle conoscenze, in fatto di economia e di dottrina militare, di Badoglio e dei suoi accoliti. Equivarrebbe ad <aprire il fuoco sulla Croce Rossa>.

Si verificò, inoltre, una profonda discrasia tra la linea politica seguita da Mussolini e quella che dominava il procedere di Badoglio. Il primo era proiettato decisamente, ambiziosamente, ma nel contempo irrealmente, in una dimensione mediterranea e oltre mare, mentre Badoglio non si discostava di un millimetro dalla sua visione legata agli eventi della Grande Guerra e quindi dal fronte alpino, al quale subordinava tutto, anche il ruolo, teorico, dei carri armati.

Il fatto di avere nel Nord Africa un possedimento vasto come la Libia (1.775.000 Kmq) che confinava con Egitto, Sudan,Ciad, Niger, Algeria, Tunisia, tutti territori controllati da Britannici e Francesi), e dove si sapeva esistevano giacimenti petroliferi, non suggerì al maresciallo alcuna riflessione profonda e non determinò un mutamento nel suo atteggiamento e nelle sue decisioni in merito a quali fossero le necessità di mezzi e di organizzazione logistica di un conflitto da combattersi in quel tipo di territorio e in quel contesto geopolitico. Ma neppure il capo del governo, è opportuno sottolinearlo senza concessione alcuna di alibi, avvertì e denunciò, l'errore di fondo compiuto dal capo di stato maggiore generale (CSMG), intervenendo duramente, tempestivamente, senza dimenticare, anzi rimarcando, che l'ignavia di Mussolini si manifestò anche nei riguardi di altri aspetti primari della cosiddetta preparazione alla guerra: la questione degli aerosiluranti, quella dei cannoni controcarro, dei carri armati , della motorizzazione della fanteria e, non ultimo, il ruolo strategico e tattico dell'Impero, evidenziato dal Viceré, Duca d'Aosta e completamente, criminalmente, ignorato. Il maresciallo Pietro Badoglio incarnava la <conservazione>. Quanto accadeva all'estero, Regno Unito, Francia, Germania, Unione Sovietica (quest'ultima in stretta collaborazione con i Tedeschi nel campo della meccanizzazione e nella preparazione di forze motocorazzate supportate dall'aviazione) era del tutto estraneo al capo di stato maggiore generale. Così pure la dinamica e gli esiti della campagna in Polonia, l'occupazione della Danimarca e della Norvegia…

Mussolini non seppe scegliere e, secondo alcuni , non volle farlo. Si ebbero, quindi, incertezze, confusione, contraddizioni, ritardi, sprechi. E sostanziali sabotaggi, probabilmente più attribuibili a mediocrità intellettuale e a fortissima limitazione di capacità analitica e umiltà conoscitiva più che- inizialmente - a volontà di danneggiare, quindi visione arretrata e fuori tempo, impossibilità, per povertà di cervello, di rendersi conto della realtà in vertiginoso mutamento, sotto l'aspetto scientifico, tecnico e pratico e delle conseguenze sul piano dell'organizzazione e strutturazione militare, sia dal punto di vista dottrinario, sia sotto quello concreto dell'impiego del mezzo nel suo insieme.

Un Esercito bolso, vecchio, stantìo, fuori tempo, unicamente puntellato, tenuto assieme alla meno peggio, dalle abitudini e senza identificazione e orgoglio e senso di partecipazione. E con dirigenti, capi e comandanti, la cui arretratezza professionale era pari all'arroganza e all'albagia di cui facevano sfoggio e dietro cui tentavano penosamente di nascondere la terrificante mediocrità e la totale, assoluta inettitudine, ma decisi oltre ogni dire a tutelare prerogative, privilegi e prebende.

Si potrebbe continuare indefinitamente, ma quanto precede è più che sufficiente a tratteggiare quale fosse l'oggettiva condizione della forza armata.

In un siffatto scenario, il generale Baistrocchi, sottosegretario di Stato, ebbe l'ardire di sottoporre al capo del governo la sua valutazione sullo stato dell'Esercito e delle Forze Armate e questo tramite una lettera inviata a Mussolini il 18 settembre 1936.

Mussolini non gradì, anzi, si sentì offeso. E licenziò Baistrocchi.

Il presente testo affronta proprio la questione dei limiti denunciati da una struttura militare non predisposta adeguatamente per affrontare un conflitto come quello che il capo del governo si apprestava a combattere. E non perché non fosse possibile, non esistessero le premesse, mancassero le opportunità, i progetti, i prototipi, etc.

Negli <articoli>che seguono emergono le <verità nascoste> che ancora oggi a tanti decenni dalla fine del conflitto, la storiografia nostrana si sforza di negare, di manipolare, di mistificare. Si citano ad esempio:

La mancanza di addestramento al combattimento notturno della Flotta.

L'ostilità preconcetta verso gli aerosiluranti e verso velivoli da caccia analoghi a quelli del potenziale nemico.

Velivoli disponibili, provati, collaudati, e invece penalizzati da una scelta suicida: una prima linea di caccia risalente come concezione al 1918.

L'inadeguatezza, la dispersione, l'inefficacia del tiro delle artiglierie navali (calibro 381-320-203 millimetri).

L'assenza di ricognitori marittimi strategici e di velivoli da attacco al suolo.

Il mancato impiego di trimotori S.M. 82 (Marsupiali) per il bombardamento pesante. (Al 10 giugno 1940 dotazione di 12 velivoli; 875 le unità costruite durante il conflitto, ma impiegate esclusivamente per il trasporto, utilizzate persino dalla Luftwaffe; carico utile 4.000 chilogrammi).

Il nodo industriale (mezzi corazzati, velivoli, artiglierie contro-carri e contro-aerei, munizionamento).

Il mancato utilizzo del radar dalla fine del 1939-inizi 1940.

RETROSCENA

La storiografia italiana riguardante la partecipazione italiana alla seconda guerra mondiale, è zeppa di falsi, mistificazioni, manipolazioni, etc. Uno scenario cupo, opprimente, dominato dalle truffe intellettuali e pseudo storiche.

Tuttavia, come già osservato in alcuni lavori, la verità è dotata di una sua propria energia, e riesce ad affiorare, ad emergere, ad imporsi nonostante gli enormi sforzi effettuati e tuttora adottati per soffocarla.

L'aspetto grottesco , paradossale, soprattutto umiliante, consiste nel fatto che sovente essa si profila indubitabile e autorevole proprio negli scritti pubblicati da chi si adopera sistematicamente, istituzionalmente si potrebbe dire, da decenni, per negarla.

L'ultima verità <scomoda> affiorata, in ordine di tempo, si registra in una pubblicazione, la Rivista Marittima, portavoce ufficiale dello Stato Maggiore della Marina Militare, grazie a uno scritto di Massimo Zamorani, brillante collega, con il quale lo scrivente ha condiviso professionalmente, l'esperienza coinvolgente della prima guerra del Golfo (1991).

In un articolo dedicato a Luigi Duran De La Penne, l'eroe di Alessandria d'Egitto (con Marceglia e Martellotta), (e non- come erroneamente pubblicato a pag. 4, della rivista citata- Marceglia, De La Penne e Toschi), Zamorani evidenzia quale sia stato il profondo significato strategico della vittoriosa missione condotta contro la base britannica di Alessandria d'Egitto, sede della Mediterranean Fleet, con il gravissimo danneggiamento e messa fuori combattimento di due corazzate, le ultime disponibili nel

Mediterraneo, ai Britannici (Valiant e Queen Elizabeth, una grossa petroliera e un cacciatorpediniere).

Sul finire del 1941,mentre in Africa Settentrionale, Rommel, aveva duramente sconfitto l' 8^ Armata britannica, poi costretto a ordinare la ritirata a causa delle paurose perdite subite dai trasporti diretti in A.S. (si veda in proposito, del medesimo autore, "La vittoria tradita", edizioni Settimo Sigillo, Roma) e della defezione –più esattamente a causa del tradimento e della diserzione sul campo di battaglia- di due generali italiani (Gambara e Piazzoni), i Britannici disponevano nel Mediterraneo di tre corazzate, Valiant, Queen Elizabeth e Barham e di una portaerei, la Formidable. Alla metà di dicembre un sommergibile tedesco silurava e affondava, con quasi l'intero equipaggio, la corazzata Barham. Il 19 Dicembre le altre due navi da battaglia, Valiant e Queen Elizabeth, erano messe fuori combattimento dagli incursori della X^ Flottiglia Mas. Le due navi da battaglia non colarono a picco perché i fondali del porto di Alessandria raggiungevano solo i 17 metri di profondità. Ma trascorsero molti, molti mesi prima che le due navi potessero essere nuovamente operative e solo dopo profonde riparazioni effettuate negli Stati Uniti.

Sicché a dicembre 1941, quando ancora le sorti della guerra nel Mediterraneo erano lungi dall'essere decise e così pure nel deserto Nord-africano , e quando l'iniziativa e la preminenza tattica erano decisamente dalla parte italo-germanica, i Britannici non avevano più navi da battaglia nel Mediterraneo, mentre la Regia Marina ne aveva in linea ben cinque e tutte operative. Uno storico, Frank Goldsworthy, non accusabile di nostalgia e tanto meno di essere un revisionista, scrisse sul "Sunday Express", in merito a quel periodo:

"Per la prima volta nella storia, l'Italia fu la potenza navale più forte nel Mediterraneo. Le erano rimaste cinque corazzate e la Royal Navy non ne aveva più nessuna".

Alla domanda perché mai i massimi <gestori> italiani della guerra non approfittarono della enorme superiorità assoluta, conquistata, domanda rivolta da Zamorani al comandante de La Penne nel corso di un colloquio avvenuto a suo tempo, quest'ultimo rispose: " Non c'era determinazione, volontà di combattere e vincere…"

Una condanna senza appello di strateghi miopi, vili, miserabili, spregevoli.

Anche se molti sostengono che questi siano, attualmente, argomenti di nessun interesse, probabilmente, invece, rivestono un'importanza di tale spessore che solo la superficialità, l'ignoranza abissale e l'ottusità intellettuale, caratteristiche dominanti di una società amorfa, corrotta, come quella italiana attuale, priva di coscienza, non possono percepirne il significato e il peso morale.

RADIOGRAFIA DELLE FORZE ARMATE

Da oltre sessant'anni autori considerati con enorme stima e attendibilità indiscussa, osannati dalla critica e assurti al ruolo di depositari della verità, punti di riferimento inattaccabili, apostoli delle cause del disastro, si sono impegnati ad analizzare e sviscerare ed elencare le cause della disfatta, individuando in primo luogo il responsabile e, a margine, su uno sfondo caliginoso, i colpevoli minori. Una ridda di scritti, ricerche, ricostruzioni e, soprattutto, un confronto fra tesi, giudizi, opinioni, esegesi, decifrazioni, conclusioni, una messa a fuoco, talvolta in controluce, di valutazioni, interpretazioni , opinioni su questo e su quell'episodio, personaggio o situazione, in forza di contrapposizioni di apprezzamenti, di stime, ove predomina la comparazione tra opposte congetture.

Nessuno, è facilmente dimostrabile, nessuno che abbia inteso considerare quello che si poteva e doveva fare e non fu fatto, quello che si doveva e poteva attuare e venne colpevolmente, fraudolentemente, cinicamente sabotato; nessuno che abbia indicato, elencato le occasioni criminalmente, o per incompetenza, il che è la stessa cosa, non sfruttate, non colte, non proposte. Omissioni gravissime, ma i presunti storici e storiografi hanno sorvolato, glissato, finto di lasciar intendere, ma assolutamente non denunciate e, con esse occasioni evaporate, assolti gli autori, tutt'al più rabbuffati, ma nulla più.

In queste pagine si ritiene giunto il momento di una analisi meno approssimativa e sommaria delle cause della disfatta che travolse l'Italia nella Seconda Guerra Mondiale, soprattutto si cercherà di dimostrare il perché della sconfitta e il come essa sia maturata ed, infine, esplosa.

Condizione assoluta: smascherare i falsi disseminati dalle varie pubblicazioni ufficiali e ufficiose e questo senza intralciare il <racconto>, collocandoli in <note> e <precisazioni> a parte, esaustive e il più possibile documentate e sintetiche.

Fatti, non chiacchiere.

Quando il 10 giugno 1940 il capo del governo, Benito Mussolini, dal balcone di Palazzo Venezia annunciò la dichiarazione di guerra all' Inghilterra e alla Francia, le Regie Forze Armate disponevano di quanto segue:

Regia Marina: Quattro Corazzate (Cesare, Cavour, Littorio, Vittorio Veneto), Sette Incrociatori pesanti (Trento, Trieste, Bolzano, Fiume, Pola, Zara, Gorizia); 12 Incrociatori leggeri (Alberico da Barbiano, Alberto di Giussano, Bartolomeo Colleoni, Giovanni dalle bande Nere, Luigi Cadorna, Armando Diaz, Muzio Attendolo, Raimondo Montecuccoli, Emanuele Filiberto Duca d'Aosta, Eugenio di Savoia, Luigi di Savoia Duca degli Abruzzi e Giuseppe Garibaldi).

3 Incrociatori di vecchio tipo: (San Giorgio, Bari, Taranto); 59 Cacciatorpediniere; 67 Torpediniere, 117 Sommergibili (115 più 2 tascabili); 66 MAS Motoscafi anti-sommergibili; 242 unità ausiliarie di vario tipo. Unità da combattimento in costruzione: 2 nuove Corazzate (Roma e Impero), 2 Corazzate in rimodernamento (Andrea Doria e Caio Duilio); 12 in incrociatori leggeri; 6 sommergibili; 16 MAS; 1 unità di trasporto veloce.

Regia Aeronautica (esclusa l'Aviazione dislocata nell'A.O.I.).

Bombardamento:
velivoli pronti: 783 – Non pronti 549, totale 1.332

Caccia e Assalto:

velivoli pronti 594 – non pronti 566, totale 1160

Ricognizione:
velivoli pronti 268 – non pronti 220 – totale 497

Ricognizione marittima:
velivoli pronti 151 – velivoli non pronti 156 – totale 307.

In totale generale:
velivoli pronti: 1796
velivoli non pronti: 1500

Totale complessivo: 3.296
(dati desunti da "*L'Aeronautica italiana nella seconda guerra mondiale*" del Generale A.A. Giuseppe Santoro, Sottocapo di Stato Maggiore della Regia Aeronautica per l'intero corso del conflitto, sino all'8 Settembre 1943).

(Precisazione: La corazzata Caio Duilio entrò in linea,dopo gli ampi lavori di ammodernamento, il 15 luglio 1940, mentre la gemella Andrea Doria entrò in Squadra, sempre dopo i lavori di ammodernamento, il 26 ottobre 1940).

Regio Esercito:
in termini schematici il Regio Esercito disponeva, nel giugno del 1940 di 1.630.000 effettivi,suddivisi in:
tre Comandi di Gruppo di Armate (Ovest, Est, Sud) composti di 9 Armate (1^, 2^,3^,4^,5^, 7^,8^, 10^ e Armata del Po, 6^); i Corpi d'Armata erano 26 e le Divisioni 73, così suddivise: 55 di Fanteria, 5 Alpine, 2 motorizzate, 3 corazzate, 3 celeri, 2 blindate e 3 di Camicie Nere.
Oltremare erano in essere tre Comandi Superiori. Africa Orientale (Al Comando del Viceré d'Etiopia, S.A.R. Amedeo Duca d'Aosta) l'esercito coloniale comprendeva

280.000 Uomini tra Nazionali e Indigeni: in Libia (al comando del governatore generale, Maresciallo dell'Aria Italo Balbo) vi erano 14 Divisioni (9 di Fanteria, 3 di Camicie Nere, 2 libiche, raggruppate Nella 5^ e 10^ Armata suddivise in X, XX e XXI Corpo d'Armata); Nell'Egeo (al comando del governatore Cesare De Vecchi, era dislocata la Divisione di fanteria Regina); in Albania (al comando del generale Sebastiano Visconti Prasca) era schierato il XXVI Corpo d'Armata su 5 Divisioni, con dipendenza diretta dallo Stato Maggiore del Regio Esercito.

Il piano strategico
Con un documento redatto in sole otto copie (vedi oltre in <precisazione>) il capo del governo impartiva <direttive> precise e vincolanti sulla linea operativa strategica da osservare.

Fronte terrestre: difensivo sulle Alpi Occidentali.

Ad Oriente: verso la Jugoslavia in un primo tempo osservazione diffidente.

Fronte Albanese: l'atteggiamento verso nord (Jugoslavia) e verso sud (Grecia) in relazione con quanto accadrà sul fronte occidentale.

Libia: difensiva verso la Tunisia, quanto verso l' Egitto. L'idea di una offensiva verso l'Egitto è da scartare, dopo la costituzione dell'Esercito di Weygand.

Egeo: difensiva.

Etiopia: offensiva per garantire l'Eritrea e operazioni su Gedaref e Kassala. Offensiva su Gibuti, difensiva e al caso controffensiva sul fronte del Kenia.

Aria: adeguare la sua attività a quelle dell'Esercito e della Marina: attività offensiva o difensiva a seconda dei fronti e a seconda delle iniziative nemiche.

Mare: Offensiva su tutta la linea nel Mediterraneo e fuori.

(Precisazioni):
1)La memoria redatta in otto copie dal capo del governo venne destinata : al Re Imperatore Vittorio Emanuele III; al Maresciallo Rodolfo Graziani, al Ministro degli esteri, conte Galeazzo Ciano, al ministro dell'Africa italiana, ai capi di Stato Maggiore della Marina (Cavagnari) e dell'Aeronautica (Pricolo): una copia era destinata alla segreteria particolare del Duce, unitamente all'autografo. Copia del documento, come risulta da un verbale, fu inviata al sottosegretario di stato alla guerra generale Soddu e al segretario del partito Muti.
E' opportuno chiarire subito che le direttive sulla condotta bellica scaturivano da valutazioni politiche e militari discendenti da apprezzamenti dovuti a informazioni diplomatiche e di intelligence, riferite al capo del governo dal maresciallo Pietro Badoglio,nella sua veste di autorità massima militare, e da questi (sempre Badoglio) discusse e approfondite in riunioni dello Stato Maggiore Generale, presenti i più alti vertici militari, e tradotte poi in provvedimenti organizzativi, strutturali e in linee operative per le forze armate.
2) Dopo la resa della Francia annientata dal Blitzkrieg e il caotico rientro in Gran Bretagna dei resti sconfitti del corpo di spedizione britannico, generosamente, sioccamente risparmiato da Hitler nell'illusione che Londra avrebbe accettato di negoziare la pace, Mussolini rientrato a Roma dopo una inutile e banale gita sulle Alpi Occidentali, unitamente ai suoi massimi collaboratori, ebbe uno dei rari, purtroppo, momenti di lucidità tattica sul versante militare. Infatti ebbe a dichiarare: "Ora non ci rimane che una sola frontiera terrestre sulla quale agire. La

Cirenaica". Così scrisse nell'ordine di operazioni 1.239 dell'11 luglio 1940. Perciò, aggiunse, devono essere mandati in Libia *"con ogni mezzo tutti i materiali richiesti"*.

Ma il proposito oppure, se si preferisce, rispettando le gerarchie , la direttiva proveniente dal comandante supremo (quello il ruolo attribuito al capo del governo da S.M. Il Re Imperatore) venne disattesa,ignorata e Mussolini subì passivamente, ad esempio, nei riguardi del capo di Stato Maggiore della Regia Aeronautica che invece di trasferire in Libia il meglio dell'Aeronautica (argomento su cui si tornerà a tempo debito), inviò oltre mare velivoli non solo inadatti, ma difettosi, macchine inidonee al volo, senza che nessuno provvedesse a fargli carico delle dovute accuse, sollevandolo immediatamente dall'incarico inviandolo alla Corte Marziale e sostituendolo con qualcuno meno decorativo, ma più concreto e responsabile.

Rispettando la consegna, fatti e non chiacchiere, evitiamo le sabbie mobili dei particolari, rinviando l'eventuale curiosità dei lettori alla vasta letteratura in argomento (nel caso specifico agli scritti di Antonino Trizzino).

Affrontiamo invece gli argomenti chiave.

Chi avevamo di fronte in Nord Africa e segnatamente al confine tra Cirenaica ed Egitto all'indomani dell'armistizio con la Francia, affrontato con criteri dilettanteschi?

I Britannici in Egitto disponevano di circa 36.000 uomini, mentre in Palestina gli effettivi erano meno di trenta mila. Le unità, confermano le fonti ufficiali inglesi, erano incomplete di forze e, soprattutto, di mezzi. Il fantomatico esercito di Weygand, abbondantemente pubblicizzato dalla stampa vicina a Londra e a Parigi, così come nei paesi neutrali, ma filobritannici (Grecia e Turchia, ad esempio)

(Ah! La guerra psicologica...!) non raggiungeva, in Siria, ventimila uomini, privi di mezzi corazzati, di artiglieria medio-pesante e con l'appoggio di un'aviazione puramente simbolica.

Eppure Badoglio e il suo staff abboccarono a tal punto a quel bluff (senza provvedere, come sarebbe stato loro compito precipuo, a pretendere una verifica del l'attendibilità di quelle informazioni (secondo alcune fonti basate sulla lettura dei giornali esteri); (si attribuì una forza di ben duecentomila uomini a Weygand!), da indurre il capo del governo, non certamente un raffinato esperto di questioni militari, (e sicuramente non portato a ritenere che i <suoi> intendessero truffarlo) a considerarne effettiva, minacciosa, incombente la pericolosità, al punto di orientare sulla stretta difensiva la linea militare in direzione dell'Egitto, e sulle altre frontiere terrestri, mentre Badoglio, per maggior peso, giudicava il rapporto di forze, in Africa Settentrionale, nella misura di 1 a 5 a nostro sfavore.

Si individua qui, se non il primo, uno dei più gravi errori (?) commessi dal capo di stato maggiore generale, un errore che influì drammaticamente sul corso della campagna in Africa Settentrionale e dell'intero conflitto.

Un errore cui non era estraneo il capo del governo: la cieca fiducia e credibilità attribuite al maresciallo non depongono a favore di un capo che dovrebbe sempre non solo diffidare di tutti, ma munirsi di strumenti tali onde poter accertare, verificare, appurare la fedeltà, la lealtà di chi è stato così generosamente e munificamente premiato ed elevato ai massimi vertici.

Poche settimane più avanti la situazione dovette registrare un secondo ed ancor più tragico errore.

Per tratteggiare con la dovuta correttezza documentale il processo che sfociò nel secondo errore strategico compiuto da Mussolini condizionato, se non, nel caso specifico, plagiato dalle teorie di Badoglio, è necessario ricostruire schematicamente un percorso che ebbe inizio nel dicembre 1937.

Le vicende storiche hanno sempre radici profonde e lontane. Indispensabile individuarle e collegare le sfumature entro cui si celano il movente e le ragioni di determinati orientamenti e scelte. Purtroppo non sempre i massimi reggitori di un sistema di potere, qualunque esso sia, hanno la capacità, la prudenza, la cautela, la diffidenza necessarie a suggerire riflessioni meno veementi, ponderazioni più insistenti, maturando in tal modo decisioni più efficaci, particolarmente nel valutare gli uomini, nel coglierne l'essenza, evitando di dare per scontate lealtà, disinteresse, gratitudine, riconoscenza, fedeltà.

Nella seduta del 2 dicembre 1937- XVI, presieduta, more solito, da S.E. il Capo di Stato Maggiore Generale, Maresciallo d'Italia Pietro Badoglio, presenti i vertici militari Valle (Regia Aeronautica), Cavagnari (Regia Marina), Pariani (Regio Esercito), emersero alcune indicazioni apprezzabili, purtroppo rimaste senza eco.

Il generale Valle osservò come "*l'aviazione greca si possa considerare in mano agli inglesi*".

Il generale Pariani aggiunse: "*dalle modificazioni della situazione internazionale deriva che i nostri probabili nemici sono Francia e Inghilterra*" e, ancora, "*La lotta decisiva si sposterà, quindi, verso la frontiera egiziana o verso quella tunisina (...) Bisognerà metterci in condizione di operare decisamente verso l'Egitto, parando verso la*

Tunisia (…)". E più oltre: *"Per quanto si riferisce all'Egitto, questo può considerarsi una preda relativamente facile. 10.000 inglesi, 22.000 egiziani… Se però la Marina trova difficoltà per i trasporti,allora bisogna, fin dal tempo di pace, destinare altri corpi d'armata in Libia realizzando così la possibilità di marciare verso Suez".*

Secondo l'ammiraglio Cavagnari, la questione dell'operatività e dell'alimentazione delle forze terrestri impiegate in Africa Settentrionale era *"in definitiva"*, un *"problema di depositi, di apprestamenti, di preparazione, non un problema di trasporti".*

Affermazione sibillina che in quel contesto e in tal consesso, scivolò via, come acqua sui vetri, senza suscitare interrogativi preoccupanti, stante l'apprezzamento negativo circa la volontà della Marina di impegnarsi nel garantire i rifornimenti alla Libia e alle truppe colà impegnate.

Durante quella riunione il maresciallo Badoglio sottolineò che "siamo in condizioni di inferiorità numerica e solo numerica. Bisogna conservarci integra la manovra dei mezzi".

Il 26 gennaio 1939 Badoglio dichiarò ai capi di Stato Maggiore Cavagnari e Pricolo che *"l'azione verso l'Egitto non ha più motivo di essere".*

Il clima generale può essere colto tenendo conto del fatto che sempre Badoglio nel corso di una riunione dello Stato maggior Generale in pari data, sottolineò il rilievo dei provvedimenti proposti dal generale Soddu, Sottosegretario di Stato alla Guerra, al Duce per la preparazione alla guerra. Si noti che la riunione si tenne ben otto mesi prima dello allo scoppio della guerra tra Germania e Gran Bretagna e Francia.

Quindi, contrariamente a quanto affermato da fonti storiche e storiografiche ufficiali e ufficiose, circa la sorpresa causata nel maggio 1940 dalla decisione avventata e irresponsabile di Mussolini di entrare in guerra, i massimi responsabili militari si preparavano al conflitto dagli inizi del 1939. Contrariamente a quanto si è affermato con grandi allarmi e durissime accuse di cinico avventurismo rivolte al capo del governo e duce del Fascismo, i vertici militari non furono colti di sorpresa.

La sorpresa la confezionarono loro, nella totale mancanza di una pianificazione strategica, nel non aver indicato gli obiettivi sensibili del nemico sui quali eseguire attacchi e azioni, nel non essersi dimostrati pronti a sfruttare il fattore sorpresa e a concentrare uomini, mezzi e materiali, proponendo immediatamente l'attuazione di operazioni redditizie, prima che il nemico fosse in condizioni di attrezzarsi, assumendo l'iniziativa.

L'atmosfera all'interno delle Forze Armate non era delle migliori. Infatti nel verbale della riunione si legge in merito all'intervento di apertura dei lavori, pronunciato da Badoglio, e dedicato al livello di organizzazione e addestramento dei reparti: "Bisogna rivedere unità per unità con senso realistico e darle effettive solo quando abbiano raggiunto un grado di efficienza tale da essere impiegate sicuramente. Questo si chiana servire lealmente il Paese. Occorre provvedere alla reale preparazione delle Forze Armate senza discussioni politiche: si faccia o non si faccia la guerra, si faccia a est o ad ovest, questo non è compito nostro. Noi dobbiamo prepararci per ogni circostanza".

Il Regio Esercito denunciava specifiche carenze (di cui si dirà in apposite trattazioni, in particolare carri armati, artiglierie, automezzi, carenze vi erano anche nella difesa contraerei).

Rilevante notare che il 9 aprile 1940 Badoglio riferiva ai Capi di Stato Maggiore di Marina e Aeronautica (si rammentino le direttive strategiche predisposte dal capo del governo): *"Le direttive strategiche, quando a distanza dagli avvenimenti, quando far delle previsioni è difficile se non impossibile, sono di larga massima e sono suscettibili di variazioni a seconda delle circostanze"*.

Il capo del governo aveva disposto ben altro, particolarmente per quanto atteneva alla linea operativa della Regia Marina!

A questo punto il verbale della riunione del 9 aprile 1940 si apre su uno scenario alquanto complesso e delicato. I rapporti con l'alleato tedesco. Argomento di primissimo piano, meritevole della più accurata e scrupolosa attenzione.

Così si espresse il Capo di Stato Maggiore generale Maresciallo Pietro Badoglio: *"Bisogna fare la massima attenzione nei contatti con i tedeschi: bisogna cioè che i contatti siano puramente di ordine informativo senza impegnarsi mai a fare qualche azione in comune perché noi non dobbiamo vincolare menomamente la decisione del Duce: cosa possibile se noi prendessimo qualche impegno, anche minimo, data la natura invadente e prepotente dei tedeschi"*.

Intervenne Graziani capo di Stato Maggiore del Regio Esercito: *"Autorizzate a considerare ipotesi operative?"*

Risposta immediata di Badoglio: *"No, neanche in termini vaghi. Quello che può essere vago per loro, può non esserlo per noi"*.

Graziani: *"E quanto ai mezzi?"*

Badoglio: "*Il Capo ha fatto cenno solamente alla cessione di alcune batterie contraerei*".

La materia era di così rilevante importanza, riguardando le carenze sopra ricordate, che suscitò l'intervento del generale Soddu: "*Ma noi non abbiamo artiglierie di corpo d'armata sufficientemente moderne*".

Al che Badoglio, denunciando un certo imbarazzo, replicò: "*Questo lo vedremo a momento opportuno. Ora ripeto, non dobbiamo, in modo assoluto, prendere alcun impegno con i tedeschi. Quindi: nessuna richiesta di mezzi e nessuno studio in comune di ipotesi operative*".

Il generale Soddu insistette: "*E circa l'acquisto di materiali da parte nostra?*"

Badoglio (sempre irritato): "*Lo deciderà il Duce. Egli deve essere lasciato del tutto libero di poter scegliere momento e direzione del nostro intervento*".

E' interessante notare che poco prima della risposta ultimativa di Badoglio, era intervenuto il maresciallo Graziani: "*Non dobbiamo illuderci sulle nostre possibilità in fatto di mezzi di fuoco e precisamente di artiglierie. Il primo progresso, al riguardo, lo realizzeremo nel 1942. A fine 1940 se avremo 300 carri armati sarà molto e non avremo alcun miglioramento nelle artiglierie*".

Dichiarata la guerra, i Britannici inferiori, come sopra evidenziato, in numero e mezzi, non stettero con le mani in mano, come invece accadde nei comandi italiani. Infatti Badoglio telegrafò a Italo Balbo, governatore e comandante supremo delle truppe dislocate in Libia: "*Preciso che colpi di mano oltre confino non (dico non) devono essere effettuati*".

Mentre l'alto comando italiano se ne sta con le mani in mano, i Britannici fanno la guerra: carri e autoblindo inglesi accerchiano e occupano la ridotta Maddalena e Sidi

Omar. Cade anche la ridotta Capuzzo. Rapidamente i Britannici occupano Schferzen, Garn el Grein Ueschechet. In una settimana tutti i posti di frontiera con l'Egitto e i relativi presidi sono neutralizzati.

Dopo i primi combattimenti, in effetti scaramucce di frontiera, Italo Balbo, che in precedenza aveva insistentemente espressa la ferma volontà di predisporre un'offensiva sull'Egitto, entrando in urto con Badoglio e con Graziani, manifestava demoralizzazione totale e così comunicava a Roma: "*I nostri carri d'assalto ormai vecchi ed armati solo di mitragliatrici, sono ampiamente sorpassati: le mitragliatrici delle autoblindo inglesi (12,7 mm) li crivellano di colpi che passano allegramente la corazza; autoblindo non ne abbiamo, i mezzi anticarro sono per la più parte di ripiego, quelli moderni difettano, in genere, di munizionamento adatto. Ora che la guerra in Francia volge al termine sarebbe possibile ottenere dai tedeschi per la Libia una cinquantina dei loro magnifici carri ed autoblindo? Costituirebbero la punta d'acciaio dell'offensiva che vogliamo condurre contro l'Egitto*".

Precisazione:

carri d'assalto. Ci si riferisce al carro L.35, di 3,5 tonnellate, armato con due mitragliatrici Fiat 14/35 da 8 millimetri con 2.170 cartucce; aveva una protezione massima di 15 mm e minima di 6 mm. Velocità massima su strada 42 Km/h, su terreno vario 15 Km/h. Autonomia su strada 150 km, fuori strada, 6 ore. Il mezzo rimase in servizio per oltre 15 anni; più idoneo all'esplorazione che al combattimento. Aveva precisi limiti: fuoco efficace entro i 400 metri, vulnerabile agli attacchi da tergo, visibilità scarsa, blindatura insufficiente: nettamente superato già durante la guerra di Spagna (1938). Il maggior difetto consisteva nell'impossibilità da parte dell'equipaggio (2 uomini) di abbandonare il mezzo se immobilizzato o ribaltato. Nonostante i precisi e riscontrati limiti, il mezzo, nel 1940, costituiva l'unico corazzato (?) in dotazione alle divisioni corazzate prima della disponibilità di una settantina di carri M.11/39 e dell'M.13/40, quest'ultimo, pur con precisi limiti di cui si dirà, il carro armato standard italiano durante la campagna (autunno 1940- 1943) in Africa Settentrionale.

Classificare tardiva, limitata, inconsistente, ottusa la dottrina italiana sui mezzi e sull'impiego dei corazzati, significa esprimersi in modo inadeguato e sottilmente ironico. Nello scenario storico-militare del secondo quinto del XX secolo, tale dottrina, o filosofia, rappresenta quanto di più deprimente, squallido, misero possa annoverarsi nello scibile specifico mondiale.

Il carro da accompagnamento per la Fanteria venne pensato nel 1928, quando gli Inglesi avevano già il Medium Tank Il, dotato di un cannone da 47 millimetri e l'industria Vickers progettava la versione Medium Tank III, 18,7 tonnellate, sempre con un pezzo da 47 mm, ma non prodotto in serie per motivi economici.

In oltre dieci anni (1928-1940) il Regio Esercito non fu capace di dotarsi di un carro armato degno di tal nome.

Sotto l'influenza di un mezzo realizzato dagli Inglesi, il Carden Lloyd Mk VI, si giunse al carro Fiat Ansaldo in seguito L.33, C.V.33 e infine L35. Ne furono costruiti 2.000 esemplari; la produzione avviata nel 1933 si esaurì nel 1938. Una certa aliquota di carri fu esportata in Afghanistan, Austria, Bulgaria, Ungheria, Brasile, Bolivia, Irak e Cina.

Mentre in Italia si produceva il carro veloce L35 (sigla definitiva) che nel 1939 armava (?) le divisioni Ariete,

Littorio e Centauro, all'estero, particolarmente in Francia e Gran Bretagna (considerato che nella riunione dello Stato Maggiore Generale del 2 dicembre 1937, si affermò che Francia e Gran Bretagna "*sono i nostri probabili nemici*"), la situazione era la seguente:

Francia: disponibili circa 400 carri Somua, tonnellate 19,5, un cannone da 47 millimetri e 320 carri tipo B (B1-Bl bis-Bl ter) 30 tonnellate, un cannone da 47 e un obice da 75 millimetri.

Gran Bretagna: oltre al citato Medium Tank, aveva il Cruiser Mld (A 9) 12,730 tonnellate, un cannone da 40/50; Cruiser MkIT (A l0) 14,376 tonnellate, un cannone da 40/50 e già collaudava il Cruiser MklII (Al3), 14,224 tonnellate, un cannone da 40/50. E studiava il Matilda, carro da fanteria, 26,925 tonnellate, corazzatura frontale di 78 mm.

Nel dicembre 1937 sulla base del progetto ne erano stati ordinati all'industria 65 esemplari che entro breve divennero 165. Il progetto aveva cominciato a prendere forma nel novembre 1936.

Circa quanto realizzato dai Francesi e dai Britannici nulla risulta nei verbali delle riunioni dello Stato Maggiore Generale. Un riferimento, sommario e alquanto sbrigativo, in merito all'impiego di carri armati in Africa Settentrionale, da parte dei Britannici, lo si ha da parte di Badoglio nel corso della riunione del 30 maggio 1940. "*Quello che prevedo sono incursioni di carri armati da ovest,e particolarmente da est (Egitto, n.d.a.) Con le forze terrestri, dato il difetto di armamento idoneo, si può far poco contro di essi. Si deve tenere presente che specie dalla parte est, i carri armati, dopo Siwa, non hanno mascheramenti di sorta e si trovano allo scoperto. Un'aviazione che si rispetti li deve maciullare*".

Il generale Pricolo, capo di Stato Maggiore della Regia Aeronautica, naturalmente presente alla riunione, non obiettò alcunché. Eppure era noto che l'aeronautica non aveva in linea velivoli progettati per l'attacco al suolo e che non si aveva a disposizione munizionamento di lancio o di caduta adatto all'attacco a bassa quota contro elementi in movimento così come mai si era affrontata la tematica a livello di stato maggiore e tanto meno nel campo dell'addestramento e della sperimentazione specifica. Nessuno, tuttavia quel mattino, poco dopo le ore 09.00 del 30 maggio 1940, undici giorni prima della dichiarazione di guerra (!!) ritenne di obiettare a quanto affermato da Badoglio, il quale, ammetteva candidamente che il rischio di attacchi con mezzi corazzati esisteva e che l'armamento idoneo a contrastare la minaccia non era disponibile. Mentre in considerazione delle sue osservazioni e del superficiale riferimento all'aeronautica, considerava risolta la questione.

Così funzionava lo Stato Maggiore Generale.

Una falla nel sistema informativo? Non si erano adeguatamente apprezzate le iniziative del potenziale nemico in fatto di mezzi corazzati dotati di cannoni alloggiati in torrette a 360°? E di converso, non si erano neppure valutate le iniziative dei tedeschi nello specifico settore?

La Germania aveva realizzato il carro Modello 2° (PzKpfw II) in più versioni: (10 tonnellate, 11,98 tonnellate) una mitragliera da 20 mm, in seguito un cannone da 50 mm; il carro Modello 3° (PzKpfw Ausf D) 19,3 tonnellate, cannone da 37 mm (in seguito un cannone da 50 mm); il carro Modello 4° (specifiche definite nel 1934, prototipi pronti nel 1935) questo carro era destinato a fare epoca:

PzKpfw IV-7,5 cm.— Ausf A — SdKfz 161) 17, 3 tonnellate, un cannone da 75 millimetri.

Si aggiunga che Badoglio si distinse ulteriormente nella sua aperta, viscerale ostilità verso i tedeschi e nella sua nullità quale capo militare e primo stratega; vi è da chiedersi come mai Mussolini non se ne avvide: nella primavera del 1940, Berlino si offriva di inviare in Italia il colonnello von Thoma, per una serie di conferenze illustrative sull'impiego di formazioni corazzate: von Thoma che aveva comandato formazioni corazzate in Spagna e, soprattutto, durante la recente fulminea, travolgente campagna in Polonia. Mussolini era favorevole, Badoglio, invece, nettamente contrario e la proposta fu lasciata cadere.

2) mezzi anticarro: riferimento al cannone da 47/3 2, arma standard anti e controcarri del Regio Esercito nel corso della Seconda Guerra Mondiale. Arma di concezione austriaca "l'ottima precisione a puntamento diretto fino a oltre un chilometro, l'elevato settore di tiro in direzione, era uno dei migliori pezzi controcarri e d'accompagnamento dell'epoca. Così la valutazione dei tecnici specializzati nel campo. Mentre sino agli inizi del 1939 il cannone era in grado "di mettere fuori combattimento tutti i mezzi corazzati contemporanei", la rapida evoluzione dei carri (l'eterna lotta tra il cannone e la corazza), rese rapidamente superato il pezzo da 47/32 soprattutto il suo munizionamento, particolarmente nei confronti delle corazze dei carri da fanteria britannici, segnatamente del <Matilda> cui si è fatto cenno.

Lo Stato Maggiore del Regio Esercito non dedicò l'opportuna attenzione agli sviluppi tecnici del settore. Sino al 1937/38 il calibro ritenuto ottimale per i pezzi controcarro era il 37 millimetri, impiegato dalla quasi totalità degli eserciti, ma subito dopo risultato insufficiente, inadeguato, sostanzialmente inutile, concretamente obsoleto, analogamente a quello da 47 mm; i vari settori tecnici a livello internazionale, e delle industrie più sensibili e attente, si indirizzarono su calibri maggiori e su munizionamenti più efficaci: 75 mm e oltre, sino al mitico 88 millimetri germanico, autentico capolavoro della balistica, senza dimenticare il cannone anticarro da 76,2 sovietico sapientemente manovrato dagli artiglieri dell'Afrika Korps (utilizzato, quale preda bellica dai germanici e protagonista, il 22 di luglio 1942, sul fronte di el Alamein, della distruzione dei cento carri armati della 21^ Brigata corazzata britannica - e dell'annientamento, nell'arco di mezz'ora, della grande unità albionica appena giunta dalla Gran Bretagna, con il concorso dei mezzi corazzati della 21^ Panzer).

Il settore tecnico del Regio Esercito non ebbe la sensibilità di riflettere sull'esigenza primaria di neutralizzare i carri armati nemici. Badoglio se ne era uscito con l'infelice battuta sul ruolo dell'aviazione degna di tal nome, capace di <maciullarli>, ma tutto rimase come prima con il cannone da 47/32 e il suo munizionamento inadeguato. Eppure nell'arsenale italiano vi erano i cannoni idonei a mutare profondamente e decisivamente il confronto, ma le menti offuscate dei massimi reggitori della Forza Armata non se ne avvidero o lo fecero con enorme, colpevole ritardo, dimostrando l'inefficienza e l'inettitudine, la misera povertà intellettuale e professionale che contraddistinse l'intera preparazione, l'equipaggiamento, l'addestramento,la pianificazione, la conduzione delle operazioni, il tutto ispirato a criteri arcaici, ammuffiti: organizzazione sul terreno, trincee, tutto a supporto della fanteria, <roba> del 1915-1918.

Un'ulteriore prova di quale fosse il livello professionale dei vertici militari dell'Italia del 1940, proviene dal Sottocapo di Stato Maggiore del Regio Esercito, cioè del numero due di questa Forza Armata, il generale Francesco Rossi. Ebbene questi aveva totale sfiducia e disprezzo per i carri armati al cui ruolo in battaglia non credeva nella maniera più assoluta. Vale la pena di rimarcare che tale alto ufficiale fu uno dei negoziatori con il nemico, diligente lacchè di Badoglio (quindi uno dei traditori) nelle trattative di resa incondizionata nei colloqui con gli americani prima della pubblicazione dell'armistizio da parte di Radio Algeri, avvenuta su ordine del generale Dwight David Eisenhower, comandante del teatro operazioni europeo, e in seguito, comandante supremo delle forze di spedizione alleate.

In un clima del genere, la questione potenziamento dell'esercito e questione costituzione, strutturazione, organizzazione, selezione, addestramento, armamento dei reparti corazzati, come direbbe uno scaricatore del porto, leggermente contrariato, andavano a <buone donne>.

L'attenzione era ben oltre diretta invece di concentrarsi su quanto gli <altri> considerati sicuri nemici andavano facendo e mostrando.

ll 14 luglio 1939 nella tradizionale parata (o rivista) lungo gli Champs Elisèe sfilarono, alla presenza di un foltissimo pubblico, i vari tipi di mezzi corazzati dell'armata di Francia, tra cui carri leggeri Renault R.35 (10,6 tonnellate, 1 cannone da 37 mm, 1 mitragliatrice), Hotchkiss H35 (9,6 tonnellate, 1 cannone da 37 mm e 1 mitragliatrice); Hotchkiss H39 (12,1 tonnellate, 1 pezzo da 37 mm 1 mitragliatrice, con protezioni massime per tutti i modelli di 40 mm.). I fotografi non furono interdetti. Qualcuno del S.I.M. era presente?

A nessuno venne in mente di considerare che se quelli erano i carri leggeri francesi, ben poco avrebbero potuto fare i leggerissimi L.35 con le loro due patetiche mitragliatrici (che sovente, essendo materiale Fiat, si inceppavano...)?

Vediamo, allora, quali erano i cannoni disponibili nell'arsenale italiano o i <pezzi> cui si poteva ricorrere.

Nel 1938 l'esercito avvertì l'esigenza di un cannone contraereo più potente del 75/46, che non avrebbe fatto neppure il solletico a bombardieri nemici in volo alla quota di dieci mila metri, essendo tale quota fuori della gittata del cannone. L'orientamento si diresse ad un cannone che l'Ansaldo aveva progettato per la Marina. Si trattava di un cannone da 90 millimetri. Ne seguì che l'industria avviò lo studio per una versione idonea all'operatività terrestre. Le prove effettuate a Nettunia nel gennaio 1940 diedero esito più che soddisfacente e si passò alla produzione. Addirittura si ebbe la cessione da parte della Marina di cannoni da 90/53 montati su autocarri speciali (da cui la classificazione di <autocannoni>). Il prototipo di tale soluzione, con cannone alloggiato sul pianale dell'autocarro pesante Lancia 3R0 e Breda 51, venne collaudato a fuoco nel febbraio 1941; nell'aprile 1942 erano in servizio nel Regio Esercito 30 cannoni da 90/53 e 50 autocannoni, mentre 240 pezzi erano assegnati alla difesa contraerei territoriale, così le fonti di esperti.

Il cannone da 90/53 era superiore al mitico 88/55 tedesco per prestazioni balistiche. L'unica differenza consisteva nel fatto che il cannone germanico era in dotazione alle divisioni e combatteva sulla linea del fuoco, mentre quello italiano venne utilizzato con il contagocce e non rientrava nella normale dotazione delle grandi unità. Questione di mentalità, di intelligenza, di preparazione professionale, di volontà di battersi e di perseguire la vittoria. Se si vuole, anche di onestà intellettuale e morale.

Un secondo cannone era disponibile, ma <dimenticato> da almeno un ventennio.

Si trattava del cannone da 102,35, Schneider- Ansaldo S 1914-15. Nel 1940 era ritenuto un eccellente pezzo antinave e contraerei della Regia Marina e della MILMART. Quale fosse l'apprezzamento del cannone lo confermano le cifre. Nel gennaio 1943 la contraerea schierava 230 pezzi da 102/35. Purtroppo nessuno al vertice del Regio Esercito o nello Stato Maggiore Generale (dominato dal maresciallo Badoglio che pure all'epoca della Grande Guerra rivestiva incarichi di primissimo piano) ricordò, prima del 1940, che durante la Grande Guerra, appunto, l'Esercito impiegava auto cannoni. Si precisa che nel 1916-18 erano stati realizzati autocannoni su telaio SPA-9000C che al termine del conflitto erano stati ritirati, da chi non è dato sapere e dove siano finiti (restituiti alla marina?) non è in alcun modo chiarito. Comunque sia, si sapeva che tale soluzione era stata realizzata e impiegata in combattimento e che, in conclusione, si trattava di una soluzione all'italiana, d'accordo, ma valida, tanto è vero che sette <autocannoni> aggregati alla divisione corazzata *"Ariete"* a Bir el Gobi, 19 novembre 1941, e sapientemente manovrati dagli artiglieri italiani, si dimostrarono poderosi, straordinari controcarri, contribuendo alla durissima sconfitta della 22^ Brigata corazzata britannica nel corso della prima battaglia dell'operazione *"Crusader"*, lanciata dai Britannici. Un successo tutto italiano, che sconvolse il piano strategico del nemico e di cui si dirà a suo tempo.

Quanto sopra, sia pure in termini sintetici, (ogni episodio meriterebbe una trattazione a parte, ma non si consideri esaurito l'argomento) dimostra che le opportunità esistevano, pur in presenza di limiti industriali e di accesso alle materie prime, che nessuno in buona fede può negare, ma che in altrettanta buona fede non si possono enfatizzare oltre il dovuto dato che i fatti, in seguito, dimostrarono clamorosamente che le disponibilità di armi, munizioni, materie prime strategiche, carburanti ed equipaggiamenti, erano enormi, ma occultate, e di tale misura, quantità, entità e natura da sorprendere e stupefare i pur esperti, diffidenti, smaliziati, ma sicuramente più efficienti, determinati, organizzati militarmente e industrialmente, tedeschi.

Quale sorte ebbe l'appello di Italo Balbo invocante carri armati e autoblindo di produzione germanica per una offensiva sull'Egitto, dove - lo si ricorda - i Britannici schieravano 36.000 uomini?

Dall'1 settembre 1939, al settembre 1940, in un periodo, quindi, di circa tredici mesi,quando - settembre 1940, appunto- in Libia l'esercito italiano avanzò, in Egitto, sino a Sidi el Barrani (avanzata iniziatisi il 13 settembre), la Wehrmacht aveva invaso e sconfitto la Polonia, occupato Danimarca e Norvegia (in questo caso precedendo non di molto analogo disegno operativo dei Britannici), scatenata l'offensiva contro la Francia, travolgendola, ma commettendo l'errore strategico di consentire il reimbarco (Dunkerque) del corpo di spedizione britannico, occupate, infine, Belgio e Olanda e, ovviamente, il Lussemburgo.

Poco prima dell'avanzata in direzione di Sidi el Barrani l'addetto militare a Berlino, generale Marras, ricevette l'ordine di chiedere ai tedeschi "una sollecita cessione di mezzi e materiali all'esercito italiano".

Si verificava, in sostanza, un capovolgimento dell'orientamento del maresciallo Badoglio che aveva definito i tedeschi, *"invadenti e prepotenti"* e con i quali era necessario usare cautela evitando qualsiasi accordo operativo, troncando sul nascere, in particolare nella riunione del 9 aprile 1940, i timidi tentativi di Graziani e Soddu, di indurlo riflettere in considerazione delle carenze che affliggevano il Regio Esercito.

Il 3 settembre 1940 il generale Marras indirizzava al maresciallo Badoglio una lunga lettera/rapporto sull'esito della sua missione esplorativa condotta in un colloquio con il generale Jodl, numero due dell'alto comando germanico. L'alto ufficiale tedesco aveva assicurato che la questione sarebbe stata *"subito presa in esame"*.

Nell'occasione, tuttavia, Jodl aveva manifestato il desiderio di esprimere il suo pensiero in merito alla funzione militare del Mediterraneo, precisando che *"le sue considerazioni"* avevano *"un valore personale e non ufficiale"* ma che sarebbero potute essere *"prese in esame e dare luogo eventualmente a uno scambio di idee in via ufficiale"*. Un autentico, garbato, inequivocabile invito in tale direzione!

E' bene sottolineare che il generale Marras non stava colloquiando con un ufficialetto di secondo rango, ma, in quel momento, con il facente funzioni di comandante supremo della Wehrmacht, che, senza alcun dubbio, prima di quell'udienza, aveva ricevuto precise dettagliate direttive circa l'orientamento da assumere e particolarmente circostanziate istruzioni sul messaggio da trasmettere mediante Marras a Badoglio e, per il suo tramite, al capo del governo, Benito Mussolini. Non avere ben chiaro questo aspetto della questione, significava, per Marras, non saper valutare il proprio ruolo e in primis, non rendersi conto di quale fosse in quel periodo storico il peso politico-militare della Germania e il significato recondito, ma non meno evidente, della sua richiesta. Non sapere, inoltre, pesare le parole udite e trarne regola.

Con l'abilità di un diplomatico consumato, il generale Jodl considerò l'ipotesi *"che le operazioni contro l'Inghilterra possano non venir condotte a termine entro il prossimo autunno"* (del 1940, n.d.a - le citazioni virgolettate sono riprese dal testo ufficiale del rapporto di Marras inviato a Badoglio).

"In questo caso - disse a quel punto il generale tedesco, secondo il rapporto di Marras - converrebbe utilizzare l'inverno, stagione di limitato rendimento per le operazioni contro le isole britanniche, per liquidare la situazione nel Mediterraneo, ossia occupare Egitto e Palestina, distruggere o cacciare via le forze navali inglesi dal Mediterraneo, occupare Gibilterra".

"L'eliminazione della flotta inglese di Alessandria - soggiunse il generale tedesco - la quale potrebbe, secondo Jodl, cercare di sfuggire per il Mar Rosso - avrebbe conseguenze politiche e militari di primo ordine. Tra i vantaggi sarebbe il possesso delle comunicazioni nel Mediterraneo, con evidenti riflessi nei riguardi del Nord Africa francese e dei rifornimenti della Spagna, che potrebbe essere indotta ad intervenire".

Il pensiero personale del generale Jodl, da quanto risulta dal rapporto del generale Marras, spaziava su ampi orizzonti strategici, infatti disse ancora: *"Liberato il Mediterraneo, le forze navali italiane potrebbero agire nell'Atlantico, insieme con quelle tedesche, soprattutto per impedire i rifornimenti dell'Inghilterra. Il Gen. Jodl -* osservava Marras - *calcola che le forze navali italiane sommate con quelle tedesche sarebbero in buon rapporto rispetto a quelle inglesi".*

Il numero due della Wehrmacht a quel punto, sempre secondo il rapporto Marras, virò seccamente sulla questione della richiesta italiana di mezzi e materiali.

"Per le operazioni in Egitto la Germania potrebbero concorrere con proprie forze terrestri, oltre che con l'invio di materiali. Il Gen. Jodl - scrisse ancora Marras - *pensa a mo di esempio, che potrebbero venire inviate, anche a breve scadenza (pronte nei porti d'imbarco italiani entro sei settimane dalla decisione) una o due Divisioni corazzate. Queste porterebbero il contributo della loro esperienza e, operando fuori dell'estate, non sarebbero ostacolate dalle forti calure. Naturalmente* - aggiunse Jodl - *è questione che va pesata da chi ha la decisione delle operazioni, anche in rapporto ai trasporti e ai rifornimenti. Egli* - precisò Marras - *ha accennato infine all'ipotesi che le unità tedesche possano portare il loro concorso in un secondo tempo, dopo che le forze italiane abbiano compiuto un primo balzo in Egitto"*. Un'offerta clamorosa e preziosa, Marras non ebbe assolutamente la capacità di immaginare sia pure vagamente la scena di centinaia di carri armati germanici in avanzata sull'Egitto, appoggiate dall'aviazione.

Sino qui la relazione sottolinea il pensiero dell'alto comando germanico. Da parte sua Marras, insistette *"perché il concorso richiesto venga fornito indipendentemente dal problema ora posto e quanto più presto possibile"*. Miserabile tapino!

Indubbiamente il generale Marras non aveva percepito il messaggio subliminale trasmesso dal generale Jodl. L'addetto militare italiano non aveva la stoffa del diplomatico e tanto meno del negoziatore. E il tedesco, gli dette una lezione bruciante: *"Il Generale Jodl* - scrisse Marras nel suo rapporto, probabilmente per pura e

semplice incapacità di valutare il significato della risposta
- *ha convenuto su questa necessità, osservando però che,*
stabilito il concorso di unità tedesche, anche il problema
dell'invio di materiali sarebbe stato facilitato".
Il rapporto prosegue con le <osservazioni> dell'estensore.
"E' da mettere in rilievo, si legge nel documento, che le
proposte si riferiscono all'ipotesi che non si verifichino a
breve un nostro successo risolutivo in Egitto". Nulla del
genere aveva lasciato intendere il generale tedesco. Anzi.
Aveva fatto riferimento alla liquidazione totale del
Mediterraneo, all'occupazione militare, si intende, di
Egitto e Palestina, con prospettive politiche e militari
straordinarie, fuori della portata intellettuale dello Stato
Maggiore Generale italiano. Quella di Marras era
un'osservazione ridicola. Se fossimo stati in condizione di
conquistare l'Egitto perché chiedere materiali alla
Germania? Si pensava forse, così ammette implicitamente
il Marras, che il servizio informazioni germanico non
sapesse quali fossero realmente le condizioni delle forze
armate italiane dislocate in Libia e quelle del nemico?
"Si può anche osservare che lo Stato Maggiore tedesco
riconosce tutta l'importanza dello scacchiere
Mediterraneo, ma vedrebbe con favore anche un
intervento diretto della Germania nel Mediterraneo".
E' il classico processo alle intenzioni. I tedeschi avevano
detto tutt'altro: liquidata la situazione nel Mediterraneo,
indirizzare l'azione in Atlantico, per tagliare i rifornimenti
all'Inghilterra. Unica strategia vincente contro la potenza
economica dell'Impero Britannico.
Il generale Marras, non aveva la stoffa adatta per rendersi
conto della dimensione globale del pensiero <personale>
espresso dal generale Jodl e non intravide nelle sue parole

il senso lucido, autentico della strategia di Hitler, da cui Jodl traeva suggerimento e sostanza.

D'altra parte, nello Stato Maggiore Generale italiano mai era stata fatta un'analisi strategica dello <scacchiere mediterraneo> e del suo rilievo politico, economico e militare. Per Badoglio, la questione era che la Francia aveva l'esercito più potente e che la guerra si sarebbe combattuta sulle Alpi.

Infatti si disinteressò sistematicamente ad esempio della questione forze corazzate, su cui torneremo più avanti per chiarire i retroscena e gli intrallazzi che ne soffocarono le potenzialità.

Il rapporto di Marras a Badoglio contiene ancora alcune perle:

Infatti l'addetto militare si spinse ben oltre il suo ruolo e il suo incarico, suggerendo le soluzioni al <quesito> posto dal generale Jodl.

"Le necessità logistiche delle unità germaniche devono essere attentamente pesate. Si tratta di unità pesanti, dotate di mezzi abbondanti, abituate a larghi consumi ed a vivere largamente sulle risorse locali: ove questo concorso venisse rifiutato, le considerazioni logistiche sarebbero le più adatte a giustificare il rifiuto". Brillante conclusione per chi non voglia vincere la guerra e faccia di tutto per collaborare alla disfatta.

In sintesi, siccome i tedeschi hanno tanti mezzi, è bene se ne stiano casa loro. In Libia, suggeriva sostanzialmente Marras, facciamo da soli.

Il generale Marras, nell'immediato dopo guerra, cioè dopo la disfatta e la guerra civile, fu elevato al rango di capo di stato maggiore dell'esercito. Un doveroso premio a chi aveva fatto tanto per rovinare il Paese. Tra l'altro aveva dimenticato in quel settembre del 1940 che i tedeschi, invadenti e prepotenti, avevano un altro brutto difetto: sapevano fare la guerra. Contrariamente alla <filosofia;> strategica adottata da Badoglio, l'uomo, il fucile, il mulo e il cannone, quindi il numero, con tutto a sostegno della fanteria a piedi, ovviamente, i tedeschi, appunto, avevano inventato e applicato il BlitzKrieg e disponevano di cannoni veri e non risalenti al 1915-1918, di mezzi corazzati di 19-20 tonnellate e non di scatolette di 3,5 tonnellate armate con due mitragliatrici inefficaci oltre i 400 metri.

Secondo una pubblicazione ufficiale del Ministero della Difesa, Stato Maggiore dell'Esercito, Ufficio Storico, le previsioni manifestate dal generale Jodl erano viziate da *"eccessivo ottimismo"* ed *"evidentemente influenzato se non determinato dai vistosi successi conseguiti dalle forze armate tedesche sul teatro di guerra europeo"*.

"Vistosi successi"? E' stato indispensabile un coraggio leonino, degno di ben altro obiettivo, per scrivere e pubblicare, con l'imprimatur dell'ufficialità ministeriale, simili, colossali idiozie. E una faccia di bronzo per autorizzarne la divulgazione a mezzo stampa. I tedeschi avevano letteralmente triturato quello che era considerato l'esercito più potente del mondo. Infatti, disponeva di oltre tremila carri armati ed era protetto dalla celebre Linea Maginot. I Tedeschi avevano dimostrato che non è il numero e tanto meno l'entità dei mezzi che decidono le battaglie, ma l'impiego che di essi se ne fa. La pubblicazione di quelle bestialità attribuiva ufficialità alle idiozie, trasformandole nel giudizio ufficiale del governo italiano, in tal modo ridicolizzato e squalificato all'infinito.

A riprova di quale spessore fosse il livello professionale e tecnico dei vertici militari italiani in quei momenti decisivi della Storia, e quale l'obiettività storiografica del

Ministero della Difesa, la proposta tedesca e le relative implicazioni, invece di essere oggetto di una profonda e rapida analisi e di un adeguamento dottrinario, facilmente intuibile e inattaccabile ancora oggi, fu ignorata e inghiottita da una serie nauseante e nauseabonda di considerazioni e valutazioni, di cui un esempio sono le parole del maresciallo Rodolfo Graziani (suo messaggio del 25 Settembre 1940, N. 32 OP.sp. rif. 01/841 del 24 - diretto a Stamage) che era subentrato nel comando superiore in Libia, a Italo Balbo, (ucciso dalla contraerea italiana): secondo il maresciallo, la partecipazione tedesca alle operazioni terrestri in Africa Settentrionale poteva "coesistere solo in funzione di una organizzazione logistica adeguata che con i mezzi attuali non est possibile realizzare".

La conclusione della vicenda si ebbe con il giudizio espresso da Mussolini, nella sua veste di comandante supremo: il Duce ritenendo i nostri mezzi sufficienti per l'occupazione di Marsa Matruh aveva declinato (su influenza di Badoglio) l'offerta di aiuti germanici per l'imminente seconda fase (dopo l'avanzata su Sidi el Barrani).

Le farse hanno sempre un retrogusto acidulo: infatti secondo il capo del governo, affermano le pubblicazioni ufficiali: *"Tale aiuto in autocarri, carri armati, stuka, potrà essere richiesto quando sarà deciso di attaccare le forze inglesi ch e-* secondo il pensiero del Duce, consigliato da Badoglio - *ci attenderanno al completo o quasi sul Delta"*. Intanto fermava l'attenzione dello Stato Maggiore della Marina sull'ordine di chiusura ermetica del Canale di Sicilia in modo che nulla potesse giungere in Egitto da ponente.

La ricerca, è stato osservato, prospetta ognora sorprese e suggerimenti. Uno studio parallelo alla presente ricerca tratteggia una coincidenza sotto una certa luce persino inquietante.

A Solferino (1859), si ebbero i prodromi dei gravi e complessi problemi connessi con l'azione dell'Alto Comando dell'Esercito, e, per traslazione, dell'Armata, intesa quest'ultima come l'insieme delle forze e dei mezzi formanti gli strumenti militari a disposizione di uno Stato. Secondo gli analisti, la questione fu una costante negativa dal Risorgimento e sino al momento dell'adesione italiana al Patto Atlantico, avvenimento da cui derivarono il superamento del problema e il suo sostanziale accantonamento, in quanto ogni competenza in materia, passava agli americani e, in ogni caso, al Comando Supremo dell'Alleanza nelle cui sfere l'Italia non aveva alcun peso e tanto meno influenza. Infatti, la sua presenza e partecipazione erano puramente nominali e in posizione chiaramente, istituzionalmente, precipuamente succuba.

E' curioso tuttavia notare che a Solforino tra i personaggi di vertice vi erano il re di Sardegna, Vittorio Emanuele di Savoia, il generale Della Rocca e il generale La Marmora, quest'ultimo nell'anomala veste di ministro della Guerra presso l'Armata.

Si presentò, quindi, un problema di competenze, di responsabilità e soprattutto di comando effettivo.

Gli storici dell'epoca si posero i seguenti interrogativi: *"Chi decise? Chi impartì gli ordini?"*.

La situazione ebbe il suo acme nei combattimenti a San Martino. La mancanza di unità di comando causò perdite superiori al prevedibile, determinando esiti non totalizzanti.Molte le similitudini con quanto si ebbe a verificare nei mesi precedenti la dichiarazione di guerra e agli esordi delle operazioni italiane all'indomani del 10 giugno 1940.

Tra queste emerge con netta prevalenza quella concernente il pensiero strategico elaborato e prospettato da S.A.R. Amedeo Duca d'Aosta, Viceré d'Etiopia: una tematica che si inquadra nelle problematiche sulle quali si impernia il presente lavoro e- al tempo stesso - costituisce la conferma e la prova provata del pensiero di cui sopra circa i problemi e le contraddizioni del funzionamento dell'Alto Comando.

Pur non rientrando nell'alveo ortodosso dell'argomento in esame, il pensiero e la proposta strategica di Amedeo di Savoia Aosta provano l'esistenza di una visione corretta, concettualmente vivida e originale della situazione italiana e di una percezione esatta del "da farsi". Il che in linea puramente teorica, considerati i precedenti e il contesto oggettivo, potrebbe configurarsi come un'anomalia.

Quale possa essere il giudizio e la valutazione, si deve prendere atto, cosa che non si riscontra nei documenti accessibili, che qualcuno aveva visto giusto, che esisteva un progetto strategico su cui riflettere e opportunamente lavorare. L'Africa Orientale italiana aveva tutti i requisiti per divenire il punto di forza della conduzione delle operazioni.

In considerazione di tali presupposti, si stima opportuno dedicarvi spazio e non per una mera forma di reminiscenza e di stolido rimpianto, ma essenzialmente ed esclusivamente, per dimostrare l'esistenza di una mente pensante veramente, e in termini autenticamente strategici e capace di esternare concetti, indicare criteri e obiettivi e di prevedere lucidamente e in modo lungimirante scenari, finalità operative, conseguenze, suggerendo nel contempo, con assoluta chiarezza e preveggenza, metodologie, esigenze, tempi, modalità d'azione.

Quale premessa di ordine <procedurale> si deve sottolineare quale fosse il pensiero ufficiale prevalente sul <fronte> dell'Africa Orientale in caso di guerra: "... *non consideriamo l'Impero che costituisce teatro d'operazioni a sé. Ora non ci rimane che una frontiera terrestre sulla qual agire: la Cirenaica*". Così il capo del governo e comandante supremo nell'ordine di operazioni 1.239 dell'11 luglio 1940, all'indomani dell'armistizio con la Francia.

L'Africa Orientale non era minimamente considerata: un fronte secondario, ininfluente nell'economia del conflitto contro l'Impero Britannico.

Eppure se non l'economia politica, almeno la geografia economica avrebbe dovuto suggerire cautela di giudizio e di apprezzamento e da molti anni prima dell'estate 1940.

L'Africa Orientale italiana era un poderoso saliente incuneato da est verso ovest, sud e nord nel cuore dei domini britannici in quell'area del continente africano; infatti, a sud vi erano Kenya, Uganda e Tanganika; a ovest e a nord il Sudan e, ancora più a settentrione, l'Egitto. Di fronte all'Eritrea si aveva la strozzatura o l'angusto <gomito> di Bab el Mandeb, nelle dirette vicinanze della Somalia francese e di Gibuti.

In tal modo si controllava il Mar Rosso, con proiezioni sul Golfo di Aden, si minacciava Gibuti e, dalla costa somala, si aprivano orizzonti operativi virtualmente infiniti verso il cuore dell'Oceano Indiano. Si trattava, quindi, di un fronte terrestre e aeromarittimo di primaria importanza, aspetto che sottovalutato, e sostanzialmente ignorato, a Roma, non sfuggì al Duca d'Aosta, soprattutto per le sue implicazioni sul possibile svolgimento delle operazioni e sulla loro proiezione.

Qual era il pensiero di Amedeo Duca d'Aosta in merito al ruolo dell'Italia in una nuova guerra mondiale che *"era sempre stata nelle previsioni generali italiane"?!*

Contrariamente ai concetti guida dell'Alto Comando germanico, tesi al ferreo controllo dei territori confinati, quindi ad una condotta bellica continentale, l'Italia - secondo la <dottrina> pensata da S.A.R. il Duca - doveva agire facendo leva sul potere aeronavale nel Mediterraneo; concezione sconosciuta ed estranea allo Stato Maggiore Generale italiano, vincolato strettamente alla dimensione terrestre, alla difesa lungo le Alpi e alle trincee.

Il Duca vedeva e proponeva un'azione militare e, quindi, preliminarmente un'intensa azione, essenzialmente confidenziale e segreta, politico-diplomatica protesa dal Mar Rosso al Mediterraneo, unendo operazioni verso l'Egitto dalla Libia, con il preventivo controllo di Malta e facendo leva su Pantelleria, assumendo così il controllo del Mediterraneo, isolando l'Inghilterra dai suoi domini mediorientali e da quelli orientali de11' Africa.

In un disegno di più ampio respiro, si profilavano intese e alleanze con la Spagna per l'occupazione di Gibilterra; intese con Egitto onde consentire la lieson della Libia con l'Impero e una configurazione adeguata della Marina, dotandola di portaerei e potenziando militarmente e logisticamente (soprattutto in termini aeronavali) l'impero.

Una visione che cozzava con la mentalità tradizionalmente terrestre e tremendamente ristretta, dello Stato Maggiore Generale.

Oltre ciò, il pensiero strategico del Duca, contemplava il taglio delle comunicazioni inglesi tramite il Mar Rosso e il Canale di Suez, impedendo l'afflusso di rifornimenti e di truppe dall'India, dall'Australia e dal Sud Africa, truppe da contrapporre a quelle italiane nel teatro di operazioni del deserto libico-egiziano (la Marmarica).

Negli ambienti più riservati degli Stati Maggiori italiani nessuno rifletté su quanto previsto- ad esempio - da strateghi del calibro di Ludendorff e di Raeder, secondo i quali "chi perde il Mediterraneo, perde la guerra".

L'obiettivo principale del Duca era quello di allontanare il più possibile la minaccia sul territorio metropolitano nazionale, da qui l'esigenza del controllo prioritaria del Mediterraneo, il punto di forza per costringere l'Inghilterra a logorarsi nello sforzo di difendere le sue residue posizioni nel Medio Oriente e nelle preziose aree petrolifere. In tal modo, e - con un'accentuata capacità operativa italo-tedesca negli oceani- contrastare il predominio britannico sui mari.

Ciò avrebbe richiesto e richiedeva urgentemente un potenziamento preventivo dell'Africa Orientale, l'impiego a largo raggio dell'arma sottomarina, supportato da un'azione esplorativa e ricognitiva aerea a grande autonomia, proporzionale, basata anche su una forza aerosilurante. Non si dimentichi che il Duca era un ufficiale pilota esperto che aveva anche collaudato in più occasioni l'aviolancio di siluri. Un particolare apparentemente didascalico. In realtà un requisito fondamentale nella preparazione concettuale di un capo militare, la conoscenza per diretta esperienza dei vari elementi formanti lo scenario bellico. Consente l'acquisizione della mentalità come pure l'identificazione nel modus operandi. Nessuno degli alti vertici possedeva esperienze analoghe. Tanto meno Cavagnari, capo di Stato Maggiore della Regia Marina e al tempo stesso Sottosegretario di Stato, e, tanto meno,Pricolo, sul versante aeronautico. Entrambi strettamente e ottusamente incatenati a concezioni puramente settoriali, incapaci di <immaginare> un'autentica <cooperazione aeronavale>, di cui ignoravano persino l'autentico significato lessicale.

Purtroppo la proposta del Duca d'Aosta fu ignorata, neppure presa in esame. Non solo, le richieste di armi, munizioni, equipaggiamenti si tramutarono in promesse non mantenute. Servivano automezzi, proiettili anticarro, carburanti, gomme per autoveicoli, apparati radio, aeroplani, e l'indispensabile supporto tecnico-logistico. E' la logistica la prima arma vincente.

In sintesi, non si provvide, per sottovalutazione del teatro operativo e del suo potenziale strategico, a dotare l'Impero del necessario per trasformarlo in una macchina da guerra idonea a imporre al nemico una diversa valutazione del conflitto, costringendolo a combattere nell'Africa Orientale non un conflitto di sterile riconquista, ma una lotta per la sopravvivenza, distogliendolo da quanto in effetti realizzò poi, stante l'inerzia e gli indugi italiani, nel Nord Africa: nell'inverno 1940-1941 (si veda in proposito, del medesimo autore, *Generali nella polvere*", Edizioni Settimo Sigillo, Roma).

Un aspetto rilevante consisteva nelle informazioni disponibili circa l'entità delle forze avversarie. Kenya, Uganda e Tanganika, Sudan e pure l'Egitto nel giugno 1940 erano "*completamente sguarnite di forze inglesi organizzate*".

Non si considerò, inoltre, che gli Inglesi mantenendo il possesso di Gibilterra, Malta e Suez avrebbero controllato e utilizzato una via marittima fondamentale da impiegare come corda di un arco ideale mediante il quale lanciare attacchi contro i traffici marittimi italo-tedeschi diretti nel Nord Africa e contro la Sicilia e la stessa penisola.

Il Duca, giudicava, quindi, essenziale, addirittura prioritario e strategicamente vincente, il congiungimento delle truppe dislocate in Libia con quelle risalenti dall'Eritrea e dall'Etiopia sin sulle coste mediterranee: un disegno, indubbiamente ambizioso, ma praticabile e attuabile se si fosse agito potenziando tempestivamente l'Africa Orientale sfruttando - inoltre - la debolezza inglese in quel vasto scacchiere e utilizzando l'aviazione nel modo opportuno.

La debolezza dei mezzi disponibili è quanto mai indicativa della superficialità di giudizio dello Stato Maggiore. Il Duca disponeva di soli 24 pezzi da 20 mm, unicamente con munizionamento antiaereo, di 24 carri medi M.11 i e di 39 carri leggeri. Il Duca preparava e addestrava gli uomini in attesa dell'arrivo delle armi, delle munizioni (particolarmente anticarro), dei mezzi, degli equipaggiamenti. Un'attesa vana.

Badoglio aveva ipotizzato, ma non concretizzato, un rifornimento aereo alle spalle delle divisioni avanzanti verso l'Egitto. Ma non ritenne di porre allo studio con il dovuto anticipo, un sistema di rifornimento/trasporto aereo per allestire in Africa Orientale una forza armata degna di tal nome. L'autonomia degli S.M.82 nonché la loro potenzialità di carico avrebbero consentito di realizzare brillantemente il progetto sin dal tempo di pace. A parte il fatto che nel 1936-1939 nessuno avrebbe ostacolato l'invio nell'Impero di armi, munizioni, equipaggiamenti etc. a mezzo di navi mercantili, circumnavigando l'Africa. Invece , dopo la vittoria in Abissinia (1936), si provvide a recuperare quanto possibile e a riportarlo in Italia

Non ci si può non chiedere quale forma di torpidezza, paralisi, stasi, paresi, apoplessia abbia colpito i cervelli dello Stato Maggiore, per renderli incapaci di percepire -

anche solo ipoteticamente - il possibile ruolo dell'Impero se organizzato in funzione offensiva e conseguentemente anche difensiva e controffensiva, principalmente con ampie capacità di manovra. Quale forza britannica avrebbe potuto calamitare e quindi bloccare sottraendola al fronte libico/egiziano? Non sarebbe stato - quello - un obiettivo tattico degno di essere perseguito e, prima ancora, valutato? Nessuno ebbe la fantasia di immaginare un'azione offensiva congiunta sull'Egitto dalla Libia e dall'Africa Orientale con direzione nord verso il medesimo obiettivo?

Quale minaccia avrebbe costituito per i britannici una consistente forza aerea da bombardamento, con opportuna protezione di caccia, come quelli possibili e invece ignorati?

Quali erano i disegni da attuare secondo il Duca?

Contrastare per quanto possibile il passaggio dei convogli britannici provenienti dall'India e dall'Australia per trasportare truppe, armi, equipaggiamenti, munizioni, mezzi, rifornimenti in Egitto e Sudan, convogli che avrebbero dovuto percorrere il Mar Rosso e quindi poter essere utilmente attaccati da velivoli con basi lungo la costa eritrea. Il Duca predisponeva aeroporti e potenziava quelli esistenti nella speranza che, sia pure all'ultimo momento, le richieste forze aeree pervenissero dall'Italia, dove invece l'Impero era già considerato isolato, se non perduto. Paradossale, grossolana ignoranza, grettezza stratosferica! Non si dette minimamente credito al Duca, offendendone, insultandone la serietà, la dedizione, l'acutezza di pensiero e l'umiltà di comportamento, sintomo di assoluta consapevolezza del dovere e del sacrificio. Il Duca sollecitò insistentemente, pazientemente a Roma: 1) l'invio di artiglieria di grosso calibro per creare nelle vicinanze della Somalia francese una segreta e ben guarnita postazione, in caverna, dominante lo stretto di Bab el Mandeb; 2) mezzi e armi per creare banchi di mine nello stretto medesimo e nei passaggi attorno alle isole di Hanisc e Zucur che dominano l'asse del Basso Mar Rosso; 3) chiese adeguati mezzi subacquei con i quali aggredire i trasporti nemici; 4) carburanti, velivoli, bombe (e non petardi!) con effettive capacità di colpire e danneggiare seriamente i mercantili dei citati convogli; 5) gomme per automezzi, armi anticarro, armi antiaeree, munizioni. Richieste tempestive e urgenti, per evitare il rischio, latente, che gli inglesi potessero impedire il transito di tali rifornimenti utilizzando il Canale di Suez.

Nulla di tutto ciò raggiunse l'Africa Orientale, ma non per intervento britannico. Solo per idiozia, tutta italiana.

Che i Britannici non sottovalutassero il possibile peso tattico e strategico di un Impero italiano attrezzato e combattivo, è ampiamente provato.

Dicembre 1940. In Libia era in atto l'"*Operazione Compass*", l'attacco britannico contro le divisioni dell'armata di Graziani.

Il generale Pesenti, ex governatore della Somalia e al momento comandante dello scacchiere del Giuba, suggerì al Duca una pace separata con i britannici. Il progetto inglese era teso a neutralizzare il fronte "abissino"e a utilizzare le forze, colà indispensabili, trasferendole sul fronte libico con l'intento non solo di distruggere l'armata di Graziani, ma di conquistare l'intera Libia, ricacciando gli italiani in mare. Eliminando in un colpo solo l'incubo di un'avanzata di Graziani (temuta e possibile) sino al Canale. S.A.R. il Duca troncò sul nascere la proposta del generale Pesenti, ma errò nel non attuare immediatamente la sua minaccia di farlo fucilare per palese tradimento.

Era chiaro, infatti, che l'ufficiale era stato contattato dagli inglesi e che parlava quale portavoce del governo di Londra. Probabilmente una punizione del genere avrebbe sconsigliato le ulteriori <resistenze> di altri ufficiali generali.

Obiettivo del Duca a fronte dei persistenti <no>di Roma a tutte le sue corrette e urgenti richieste, era quello di attirare il maggior numero possibile di forze e di mezzi nemici, favorendo l'azione di Graziani. A tale scopo decise di attaccare pur con i limitati mezzi disponibili, insidiando i punti nevralgici del nemico.

All'uopo organizzò un efficace servizio d'informazioni. Numerosi radioricevitori consentirono l'intercettazione del traffico radio del nemico, 24 ore su 24; e così localizzando le maglie che formavano le reti di comunicazione inglesi, individuando i Comandi cui facevano capo. Con mezzi radiogoniometrici si fissò la loro posizione sul terreno. Si tenga conto che l'Etiopia è vasta poco meno di quattro volte l'Italia.

Si crearono anche reti di spionaggio in Kenya, Sudan, e sulla costa araba. Una storia tutta da scrivere.

Un lavoro paziente, capillare, concepito e voluto da una mente brillante e misconosciuta che avrebbe meritato ben altri interlocutori e mezzi, oltre che ruolo e imitatori.

Un lavoro enorme, senza alcun aiuto e sostegno da Roma, sostanzialmente estranea e orientata ad abbandonare l'Impero, considerato poco più di un fardello ingombrante e costretto a battersi con il poco che aveva in fatto di materiali, ma con il moltissimo in fatto di coraggio, iniziativa, fantasia, dedizione, sacrificio e competenza tattica.

Il sistema di intercettazione allestito consentì di apprendere moltissimo del nemico, senza nulla invidiare all'Intelligence Service del Medio Oriente che disponeva e alimentava fitte reti informative nelle nostre colonie da decine d'anni e contava anche su chi, come l'ambiguo e vile generale Pesenti, ma non solo, <remava> e tramava contro il Duca.

Nello scenario così sintetizzato, S.A.R. il Duca e Badoglio impersonavano concezioni antitetiche: il Viceré riteneva il fronte dell'Impero e quello libico un unicum e conseguente non complementari e tantomeno gerarchicamente diversi, mentre Badoglio attribuiva all'Impero un ruolo marginale, secondario, giudicando indispensabile un suo comportamento esclusivamente difensivo, un attendere la fine del conflitto (che giudicava imminente, visti i trionfali successi germanici...), quindi un attendere la fine della guerra senza subire sconfitte e nel contempo senza evidenziare gli errori di valutazione e di apprezzamento imputabili automaticamente al medesimo numero uno dello Stato maggiore Generale, posizione occupata da oltre quindici anni. Le direttive, infatti, stabilivano: "*Mantenere l'integrità territoriale anche nella situazione di completo isolamento dalla Madrepatria*".

Badoglio, dunque - così suggeriva tale disposto - era convinto dell'imminente vittoria della Germania e dell'impossibilità britannica di predisporre rapidamente un'offensiva sistematica contro l'Impero: apprezzamento non condiviso dal Duca, deciso ad assumere l'iniziativa e a mantenere il più a lungo possibile la minaccia e il controllo sia pure indiretto del Mar Rosso; purtroppo il disegno quantunque corretto e validissimo nell'ottica tattica, risentiva negativamente della limitatezza di aviazione e di unità navali siluranti, particolarmente di sommergibili attrezzati e con equipaggi addestrati ad agire nelle difficili condizioni ambientali di un mare in zona pre/equatoriale;

oltre che di armamento ed equipaggiamento terrestre adeguato. Forse che l'ammiraglio Cavagnari e il suo Stato maggiore, e prima ancora Badoglio, furono forse chiamati a rispondere ditali carenze e di così macroscopiche deficienze (senza nulla togliere, anzi esaltando il valore degli Uomini che si batterono nei sommergibili dislocati in quell'area operativa)?

- Si ebbero tuttavia aspri conflitti di competenze e di responsabilità, e probabilmente il Duca manifestò troppa comprensione e benevolenza verso suoi dipendenti che compromisero le azioni di contrasto, impedendo o ostacolando le manovre per linee interne: rifiutando cessioni di reparti e di mezzi, manifestando gelosie in banali e stupide difese di prerogative, denunciando errori di impostazione di strutture e di comando il tutto aggravato dalle interferenze paralizzanti da parte di Roma, segnatamente dovute a inopportune e infelici decisioni a distanza del Ministero dell'Africa Italiana.

- L'argomento alla base della presente ricerca si impernia sull'ormai conclamata, non volontà di "fare" intesa nel non voler "combattere" la guerra, sostanzialmente nel sabotarne le possibilità, quindi tutto il contrario di quanto sarebbe stato indispensabile e soprattutto possibile.

- Anche nell'Impero si ebbero le carenze, le lacune, il vuoto concettuale tattico e organizzativo e l'inerzia strutturale che affissero costantemente gli altri scacchieri: inadeguatezza dei mezzi pur disponibili e del supporto tecnico-logistico sommamente trascurato; limitatezza ingiustificata di armi, munizioni, equipaggiamenti; economie cervellotiche nell'assegnazione dei rifornimenti, materiali e mezzi accumulati in enormi depositi scoperti poi, immediatamente dopo l'8 settembre 1943 dai tedeschi, come sarà ampiamente documentato, materiali abbandonati o catturati dal nemico o dati alle fiamme, durante le ritirate in Africa Settentrionale nel gennaio 1941 o in Russia, nel 1942-1943.

- Si ricorda: la marina non disponeva di armi e mezzi per minare lo stretto di Bab el Mandeb e gli angusti passaggi creati dalle isole, e neppure mezzi per attaccare i mercantili, così come era priva dei cannoni di grosso calibro a lunga gittata per battere le acque dello Stretto, pochi i sommergibili e non idonei ad operare in mari così caldi, rare ed inefficaci le siluranti di superficie; rari i bombardieri e dotati di bombe di potenza insufficiente per danneggiare i trasporti. In presenza di una tale situazione i mercantili britannici doppiavano senza rischi quel braccio di mare che, diversamente attaccato e minato, si sarebbe trasformato in un cimitero di trasporti nemici, che, invece, scaricavano negli scali pur non eccezionali sudanesi ed egiziani, comunque immuni da attacchi aerei, truppe, armi, munizioni, equipaggiamenti e migliaia di autocarri, mezzi corazzati impiegati poi contro le truppe italiane e in seguito italo-germaniche, nel deserto libico-egiziano e nelle zone interne dell'Impero.

- Si era all'assurdo. Lo Stato Maggiore Generale negando al Duca d'Aosta quanto richiesto, favoriva sfacciatamente il nemico, consentendogli di trasferire migliaia di uomini, carri armati, artiglieria etc. senza minimamente essere ostacolato.

- Alcune centinaia di velivoli, batterie pesanti, siluranti veloci, avrebbero consentito di falcidiare letteralmente quei convogli che invece sfilavano senza preoccupazioni, beffeggiandoci, al largo delle coste eritree. Stupisce, inoltre, che nessuno negli ambienti degli Stati Maggiori delle tre forze armate e nella torre d'avorio dominata da

Badoglio abbia pensato ad un rischieramento, temporaneo, di alcune squadriglie di bombardieri S.M.82 in territorio eritreo per attaccare i convogli mercantili di cui sopra.

- Le forze britanniche dislocate in Egitto e impegnate contro le truppe di Graziani (giugno 1940, febbraio 1941) provenivano dalle rotte sopra indicate (dal Sud Africa, dall'India, dall'Australia, dalla Nuova Zelanda). I convogli dopo aver attraversato l'Oceano Indiano, risalivano il Mar Rosso dopo aver superato il golfo di Aden e lo stretto di Bab el Mandeb.

- Sarebbe stata quest'ultima la zona a grande rischio se lo Stato Maggiore Generale avesse avuto l'intelligenza e l'umiltà' di ascoltare i suggerimenti del Duca d'Aosta e ancora prima di valutare - come sarebbe stato suo obbligo istituzionale- con freddezza e raziocinio la situazione strategica e tattica, predisponendo per tempo le contromisure idonee.

- Invece nulla fu fatto, come a Pantelleria, Bardia, Tobruk, Rodi.

- Quanto precede costituisce l'altra faccia della medaglia dell'improntitudine del maresciallo Badoglio e della sua cricca di cortigiani e lacchè annidati nello Stato Maggiore Generale. La prova provata dell'inettitudine e dell'autentica, solida, granitica inefficienza di quanti furono designati a preparare le Forze Armate alla guerra.

- Non risultano esservi documenti nei quali si evidenzi un'analisi e una valutazione seria, oggettiva delle proposte avanzate e delle richieste fatte da S.A.R. il Duca d'Aosta nella sua veste di Viceré dell'Impero e comandante superiore delle forze armate colà disponibili; neppure sono consultabili le motivazioni del rifiuto e ancora meno risulta documentato un apprezzamento strategico dello Stato Maggiore Generale sull'area tattica di Bab el Mandeb e sulla rotta obbligata dei mercantili destinati a rifornire le truppe dell'impero britannico schierate in Egitto e sul fronte della Cirenaica, sia che provenissero dall'India e dall'Australia sia dal Sud Africa, sia da scali atlantici, dopo aver circumnavigato l'Africa.

- Amedeo Duca d'Aosta, Viceré dell'Impero aveva intuito quale sarebbe potuto essere il ruolo strategico dell'Africa Orientale Italiana e quale la natura e la configurazione della guerra contro l'impero britannico, indicandone preventivamente le esigenze e il percorso utile a imprimervi uno svolgimento favorevole.

- Supponenza, alterigia, arroganza, torpidezza, gelosie e altro ancora rappresentavano il tetro, cupo, orrido ventaglio degli interlocutori del Duca in quel di Roma.

- Sicché, una volta di più (dopo quelle di un noto industriale) lucidità, preveggenza, lungimiranza furono annientate, non dai cannoni nemici, ma dall'insipienza, dall'albagia, dalla stoltezza, dall'ignoranza dell'Alto Comando italiano. Artefice principe della fabbrica della sconfitta.

IL GIOCO DELLE TRE CARTE

Un insieme di fattori impedì la concreta possibilità di un successo militare significativo e, psicologicamente, di enorme impatto a livello internazionale all'atto della dichiarazione di guerra, vanificando la sorpresa.

1)   La mancata predisposizione di un piano operativo verso obiettivi strategici primari: primo fra tutti, per rilievo tattico: l'isola di Malta. Virtualmente indifesa e nel giugno 1940, indifendibile.

2)   Il sabotaggio del Canale di Suez, in modo da paralizzare l'afflusso di rifornimenti alle truppe britanniche e dell'Impero dislocate nell'area mediorientale (vedere nella prima parte del presente studio il piano elaborato e proposto da S.A.R. il Duca d'Aosta).

3)   Un'avanzata preventivamente organizzata e strutturata e pronta a scattare immediatamente dopo la dichiarazione di guerra con una spinta, decisa, almeno sino a Marsa Matruh e con successiva intensa minaccia aerea sulla base di Alessandria d'Egitto mediante l'impiego di bombardieri in quota e azioni di aerosiluranti.

4)   Il potenziamento preventivo dell'isola di Rodi, dotandola di aerosiluranti, bombardieri moderni e ricognitori armati con capacità d'azione a largo raggio e grande autonomia e realizzando, altresì, una potente difesa contraerei.

5)   Un impiego più aggressivo dei sommergibili e non la tattica ammuffita dell'agguato che umiliava il mezzo e l'equipaggio.

6)   Tra gli errori grossolani ed esiziali commessi dalla Stato Maggiore Generale: Il vuoto di piani coordinati e di addestramento interforze e l'assenza di un'idea precisa di quale guerra si volesse condurre.

Il tutto senza un comando militare unico, suggerendo al capo del governo di accontentarsi di una presenza onorifica e sostanzialmente di facciata. Un Comando unico dotato di una centrale operativa nella quale far confluire tutte le informazioni e dalla quale diramare le disposizioni operative. E non come invece accadde, ciascun Stato Maggiore di Forza Armata autorizzato a decidere autonomamente quale linea adottare, ignorando la cooperazione. In sostanza a condurre la propria guerra, difendendo con le unghie e con i denti la propria autonomia e manifestando gelosia, accidia, neghittosità.

NOTA

Il malfunzionamento dello Stato Maggiore Generale e la sua incapacità nel dirigere l'attività degli Stati Maggiori di Forza Armata (Esercito, Marina, Aeronautica) rappresentava uno dei fenomeni paralizzanti e una delle cause del pessimo utilizzo del potenziale disponibile in termini tattico operativi. Non esisteva il Comandante, inteso come colui che decide,dispone, ordina e al quale è d'obbligo ubbidire e rendere conto.
Mussolini dava disposizioni di massima, ma non pretendeva, e neppure poteva, controllare, accertare, appurare se le sue disposizioni avessero avuto applicazione nel senso che egli intendeva.
Inoltre, la struttura di vertice risentiva negativamente degli status giuridici dei sottosegretari di Stato e Capi di Stato maggiore di Forza Armata (Cavagnari e Pricolo, ad esempio e soprattutto). Ciò determinò contrasti, sospetti, gelosie, frizioni, molto gravi e un costante, dirompente antagonismo. Di fatto Badoglio si sentiva sminuito nel suo

ruolo e nell'esercizio del suo potere. Infatti, uno degli argomenti sul quale insisteva nel voler fare chiarezza era il seguente: la definizione del Comando Supremo e le conseguenti attribuzioni di funzioni e responsabilità.

Materia del contendere: la rivalità con i Sottosegretari di Stato , i quali "riferendo direttamente e singolarmente al duce, cercavano in ogni modo di sottrarsi alla mia opera coordinatrice". Così scrisse Badoglio nel suo "L'Italia nella seconda guerra mondiale" (Mondadori, 1946, pag. 34) con riferimento a una lettera datata 4 aprile 1940 consegnata personalmente al capo del governo.

Altra grave lacuna l'assenza di un Servizio Informazioni collaudato, efficiente ed efficace, soprattutto affidabile e diretto da persona non ambigua o, peggio, sostanzialmente ostile e deviata. Come in effetti accadde.

In proposito un caso emblematico fu quello *dell'armata di Weygand*.

Infatti, mentre Badoglio aveva stimato il rapporto di forze, in Africa Settentrionale, di 5 a 1 a favore del nemico, "Vi è il fondato sospetto che si trattasse di una stima di comodo per dare l'impressione negativa che evidentemente il vecchio maresciallo si proponeva". (Franco Bandini, "Tecnica della sconfitta", pag 105).

La questione "*armata di Weygand*" tornò in primo piano nella riunione dei Capi di Stato Maggiore il 6 maggio 1940. Badoglio sostenne che l'armata di Weygand "poteva affluire nella sua completezza in Egitto e premere sulla nostra frontiera oppure essere diretta alla frontiera albanese".

In ogni caso permaneva su tutti i *ragionamenti* quanto il Capo di Stato Maggiore Generale aveva sancito un mese prima: "Se si calcolano le forze inglesi in Egitto (escluse le truppe egiziane, malfide e poltrone) e si aggiungono 150-200.000 uomini sempre in aumento, di Weygand, si ottiene una tale massa che il pensare soltanto ad una nostra offensiva da quella parte è semplicemente ingenuo". La realtà era completamente, totalmente diversa.

Qual era nei primi giorni del giugno 1940 la situazione in campo britannico?

Il Comando britannico al Cairo era in ansia e si aspettava da un momento all'altro un'invasione da ovest (Libia) e da sud (Eritrea), dove le forze inglesi erano inferiori nel rapporto di 1 a 5. Preoccupazioni riguardavano anche Gibuti, nella Somalia francese, lo Yemen, nel Mar Rosso, di fronte all'Eritrea.

Da dove nasceva un tale errore di apprezzamento nel rapporto di forze da parte di Badoglio?

Insipienza, superficialità, approssimazione del Servizio Informazioni? Oppure, come svariati indizi sembrano confermare, si trattava di un'operazione concordata per esercitare una forte pressione (antidetonante) sul capo del governo e su quanti, attorno a lui, erano favorevoli alla guerra?

Una notizia taglia la testa al toro e stabilisce la realtà delle cose. Quando, dopo un anno di preparazione e sei mesi di addestramento, la Western Desert Force, al comando del generale O'Connor, diede il via (9 dicembre 1940) all'offensiva (in codice "Operazione Compass"), essa era formata dalla quarta divisione di fanteria indiana con il supporto di cinquantasette carri armati Mark II "Matilda", dalla Settima divisione corazzata e dal "Gruppo Selby". In tutto trentaseimila uomini che si apprestavano (appunto, il 9 dicembre 1940) ad attaccare un esercito che era il doppio di loro.

Lo Stato Maggiore generale italiano aveva dissipato, letteralmente sperperato le oggettive occasioni presentatesi nei cinque mesi precedenti: una netta superiorità e la possibilità se si fosse voluto (con l'aiuto delle panzerdivisionen germaniche) di conquistare l'Egitto e di cambiare il corso della guerra.

E' necessario essere ancora più chiari e dettagliati quanto alle forze britanniche, per la semplice ragione che il rapporto non solo era nettamente favorevole agli Italiani, ma anche perché si dimostra, indirettamente, la completa e fallimentare azione del servizio informazioni e si configura,con minor vaghezza, la fisionomia di un disegno oscuro di disinformazione e di autentico inganno, tuttora permanente.

In un documento del dicembre 1940 inviato al Ministero di Stato per la Guerra a Londra, il generale Wavell, al comando del Medio Oriente, dettagliava quale fosse l'effettiva consistenza delle truppe disponibili nella vasta area sotto la sua responsabilità:

Egitto: Settima divisione corazzata, comprendente la Quarta e la Settima Brigate corazzate. Quarta divisione indiana. Parte delle Divisione neozelandese. Quattordici battaglioni di fanteria. Totale 36.000 uomini.

Sudan: (con circa mille miglia di frontiera in comune con l'Africa Italiana). Tre battaglioni inglesi e la <Sudan Defence Force>: totale 9.000 uomini,

Kenya: (con settecento miglia di frontiera in comune con l'Africa italiana). Due brigate <East African>; 2 batterie leggere. Totale 8.500 uomini.

Somaliland: 5 compagnie del <Somaliland Camel Corps>, 1 battaglione del <King's African Rifles>. Totale 1.475 uomini.

Palestina: Prima divisione di Cavalleria. Due reggimenti di Cavalleria inglese. Una brigata di tre battaglioni di fanteria inglese. Due battaglioni britannici. Sesta Divisione australiana. Totale 27.500 uomini.

Aden: due battaglioni indiani: circa 2.500 uomini.

Cipro: un battaglione britannico: circa 800 uomini.

Da precisare che nessuna delle unità sopra indicate *"era interamente equipaggiata"*.

Il generale Wavell era estremamente chiaro: *"Quando prima delle fine del luglio 1940, divenne ovvio che nessun rinforzo di uomini e materiali sarebbe stato inviato nel Medio Oriente, si rivelò quanto grande fosse il pericolo della nostra incapacità a far fronte agli attacchi del nemico"*.

Poiché l'argomento riveste enorme importanza, si citano altre fonti britanniche.

Arthur Bryant, cui si devono i diari di Alan Brooke, Capo di Stato Maggiore Generale Imperiale, scrive relativamente alle forze britanniche in Egitto: *"intanto nella Valle del Nilo, 50.000 uomini delle truppe inglesi imperiali con circa 200 aerei pressoché inutilizzabili, furono lasciati, dopo la defezione delle armate francesi in Siria, Tunisia e Marocco, a fronteggiare l'attacco di 415.000 italiani"*. (Il totale di quelli dislocati in Africa Settentrionale e in Africa Orientale, n.d.a.)

Da parte sua, Lord Ismay, Segretario del Comitato di Difesa Imperiale e principale assistente militare del primo ministro Winston Churchill, nelle sue memorie scrive: *"Ora che la Francia era caduta e non se ne doveva più tener conto, tutte le forze italiane, oltre duecentomila uomini ammassati in Tripolitania, Cirenaica e lungo il confine con l'Egitto, erano disponibili per l'invasione. Noi potevamo opporre loro al massimo 50.000 uomini... Superiorità di 4 a 1...*"

Un' ulteriore notazione in merito, ripresa dalla "Storia popolare della Seconda guerra mondiale" scritta da autori vari inglesi su incarico del governo di Londra: "*Si calcola che nel giugno 1940 circa 415.000 italiani fossero distribuiti in Libia e in AOI. Di fronte ad essi il generale Wawell poteva schierare solamente: 42.016 uomini in Egitto; 7.387 uomini nel Sudan; 42.513 in Palestina e 23.098 in Kenia.(...) In tutto 118.000 uomini divisi come segue: esercito Inglese, 47%. Esercito indiano e forze Coloniali, 36%. Esercito australiano, 11,5 %. Esercito neozelandese, 5,5%*".

Infine da "Storia della Seconda Guerra Mondiale" (Vol. I – pag. 476-497) "I trentamila di Wavell di John Connell": "*Con la disfatta francese, Graziani fu liberato dall'assillo di dover combattere su due fronti e poteva, volendo, concentrare ogni sforzo contro Wavell. Ma egli si mostrava alquanto riluttante a prendere una tale iniziativa nonostante Wavell non potesse mettere insieme che 86.000 uomini in tutto l'ampio territorio a lui affidato*" (vedasi sopra, n.d.a.).

Questi 36.000 si trovavano in Egitto a corto di armi, di equipaggiamenti, di artiglierie di ogni calibro, di mezzi corazzati e di trasporto. Vi era la 7^ divisione corazzata, comandata dal maggior generale O'Moore Creagh; due delle cui brigate avevano due reggimenti carri invece di tre, e anche quelle male equipaggiate. Vi era la 4^ divisione indiana, comandata dal maggiore generale Noel Beresford-Peirse, composta di due sole brigate e il cui reggimento da ricognizione e i reparti di artiglieria erano largamente al di sotto della forza organica. Vi era la divisione neozelandese, comandata dal maggior generale

Bernard Freyberg, costituita da una brigata di fanteria, un reggimento di cavalleria meno uno squadrone e un reggimento di artiglieria da campagna. Vi erano inoltre 14 battaglioni di fanteria britannici e due reggimenti di artiglieria.

Il Medio Oriente, in estrema sintesi, era esposto al pericolo di un'invasione contro la quale i Britannici avrebbero potuto, al più, opporre un'accanita, caparbia resistenza, tipica del loro carattere e della loro formazione mentale. Risulta ampiamente documentato che al momento delle dichiarazione di guerra dell'Italia, nel Medio Oriente non esisteva alcuna unità organica e tanto meno una struttura militare idonea a manovrare su un presunto campo di battaglia. Situazione che permase sino a novembre, dicembre 1940. Graziani, subentrato a Italo Balbo nel comando superiore in Africa Settentrionale, ebbe quindi cinque mesi e forse sei (sino a tutto novembre) per organizzare un'avanzata su Marsa Matruh, obiettivo che aveva un senso tattico ben più concreto di Sidi el Barrani....

A Londra, però, non intendevano subire gli eventi nonostante in quel periodo la Gran Bretagna fosse sottoposta al violentissimo attacco della Luftwaffe e mentre il rischio di un'invasione tedesca fosse all'ordine del giorno. Ciò nonostante Winston Churchill e il Capo di Stato Maggiore dell'Impero, generale sir John Dill, non intendevano porsi in posizione di attesa e dopo una analisi spietata della situazione e sotto la pressione di quanto stava accadendo, decisero di rischiare, esattamente di giocare al buio, inviando in Egitto un battaglione di 52 carri esploratori (i noti cruisers), un reggimento di 52 carri leggeri (da 5 tonnellate, n.d.a., poco più efficienti dei nostri L.35, ma addestrati e impiegabili ben diversamente

diversamente), un battaglione di 50 carri per fanteria (Matilda); quanto sopra unitamente a 48 pezzi controcarri da campagna da 88 mm (25 libbre), 500 fucili mitragliatori e 250 fucili controcarro, il tutto completato delle relative munizioni.

Materiali che giunsero in Egitto alla metà di settembre.

Tutto questo un mese circa prima che Graziani si decidesse ad avanzare, con la fanteria a piedi, (mentre le divisioni Ariete, Trento, Trieste, Erano tenute in Italia, in... riserva) verso Sidi el Barrani. Le forze di Graziani ostacolate dall'azione ritardatrice dell'aviazione nemica, dalle mine e dal fuoco delle batterie mobili, impiegarono quattro giorni per coprire i circa cento chilometri che le separavano dall'obiettivo.

I precedenti

Per apprezzare la dimensione degli errori di valutazione dello Stato Maggiore italiano e l'inaffidabilità del Servizio Informazioni e, quindi, l'approssimazione delle scelte conseguenti, senza sottovalutare la sotterranea azione disinformatrice attuata al fine di pilotare le decisioni del dittatore, orientandolo sulla rinuncia ad ogni sia pur limitata azione offensiva, ancorandolo, incatenandolo alla <stretta difensiva>, è necessario compiere un passo indietro e ricordare che nel giugno del 1939 Londra affidò il comando del Medio Oriente al generale Wavell. Le responsabilità di questo generale, considerato da una parte della critica storica britannica uno dei migliori, se non il miglior generale dell'Impero durante la seconda guerra mondiale, si estendevano su un'area strategica enorme: coinvolgeva nove stati, parte di due continenti (Asia e

Africa) e aveva un'ampiezza di circa duemilasettecento chilometri per tremila di lato.

Per assicurare la difesa di tale superficie, il generale Wavell inizialmente disponeva di due divisioni, due brigate, una divisione corazzata al di sotto degli effettivi previsti dall'organico, sessantaquattro cannoni da campagna e un corpo cammellato di 500 uomini. L'area di competenza comprendeva: l'Egitto, Aden, la Palestina, la Somalia britannica, il Sudan, il Kenya, l'Uganda, il Tanganika, etc.

I Britannici, maestri indiscussi di guerra psicologica, ricorrevano alla terminologia militare per ingannare, o tentare di farlo, lo spionaggio nemico o potenzialmente tale. Infatti il termine *battalion* era l'unico che corrispondesse alla classificazione italiana. La *Brigade* in realtà era il nostro reggimento, *i Regiments* britannici, in sostanza, non erano che battaglioni e questo valeva anche per i reparti corazzati e un *Regiment* era articolato, in quel periodo e all'inizio della guerra, su 40 carri. Purtroppo la storiografia dell'immediato dopo guerra si è basata, per precisa scelta, sulla terminologia inglese con ciò confondendo le idee a molti, indotti ad attribuire forze sensibilmente superiori al nemico, solo a causa delle classificazioni artatamente utilizzate.

Ciò precisato, è indispensabile mettere in luce che il pensiero strategico italiano, deformazioni e obiettivi oscuri a parte, non corrispondeva affatto alla realtà della situazione geostrategica e geoeconomica. La difensiva in Tripolitania e la proclamata e ribadita rinuncia ad ogni attività offensiva in direzione dell'Egitto equivalevano ad una ammissione di debolezza, incertezza, inquietudine.

Uno degli aspetti più rilevanti della debolezza del pensiero dello Stato Maggiore Generale era rappresentato dall' inadeguato apprezzamento del rapporto esistente nel settore aeronautico e ciò ben prima del giugno 1940.

Secondo il generale Giuseppe Santoro, Sottocapo di Stato Maggiore della Regia Aeronautica dal 1°dicembre 1939 all'8 settembre 1943, la consistenza dell'aviazione transalpina al 10 giugno 1940, tra Francia metropolitana, Corsica e possedimenti in Africa, era, in totale, di 2060 velivoli, tra bombardieri e caccia.

I Britannici, sempre secondo Santoro, tra Gibilterra, Malta, Egitto, Palestina e Cipro, schieravano 620 aerei. Un totale di 2.680 velivoli da combattimento.

In realtà l'aviazione nemica raggiungeva nell'intero arco geografico dall'Algeria all'Iraq,non più di 387 velivoli.

Si tenga conto che l'ammiraglio Bernotti, nel suo "Guerra sui mari", precisa che le forze aerea britanniche nel Mediterraneo erano quelle della Fleet Air Arm (velivoli imbarcati sull'unica portaerei al momento disponibile, la vecchia Eagle, dotata di velivoli che a malapena raggiungevano i 220 km/h.) mentre a Malta vi erano solo "tre o quattro velivoli da caccia Gladiator, vecchio tipo".

NOTA:
Che gli ambienti di vertice, e in genere l'ufficialità della Regia Marina <non amassero il regime> e non apprezzassero più di tanto quanto da esso fatto per creare una grande Marina, è un fatto certo e inoppugnabile.

Purtuttavia ne godettero, vertici e ufficialità, ad ampie mani i privilegi e i non pochi vantaggi di carriera e di affermazione sociale. Il tutto funzionava benissimo in tempo di pace o in guerricciole come quella di Spagna, ma un confronto con le flotte di Francia e Inghilterra sarebbe stata tutt'altra cosa.

Anche se alcuni autori non vi attribuiscono soverchio rilievo, non si può dimenticare che nei vertici sopra citati fosse insinuata, e profondamente, una sorta di sudditanza psicologica nei confronti della Royal Navy, il cui fascino giocava un ruolo non marginale nell'orientamento psicologico degli Ufficiali in comando. Sussisteva un ingiustificato e ingiustificabile senso di inferiorità, radicato e una sfumatura di timor panico al solo pensare ad un confronto con unità britanniche.

In estrema sintesi, la Regia Marina non combatté la guerra (anzi si rifiutò di farlo) come avrebbe potuto e dovuto, rinunciando, nelle scelte operative e nell'impiego della forza e potenza disponibili, di assumere iniziative, di sfruttare le non poche occasioni favorevoli presentatesi (come vedremo più avanti in apposite pagine), richiudendosi, rintanandosi, invece, in una passività totale, rifiutandosi, inoltre, di assumere iniziative tali da provocare uno scontro in condizioni straordinariamente favorevoli (Punta Stilo e fuga britannica da Creta). Ne derivò un utilizzo del tutto insoddisfacente e rinunciatario di una forza armata tra le meglio strutturate e organizzate e duellando con le due mani legate dietro la schiena. La viltà, l'ambiguità, l'infedeltà dei vertici di Supermarina contrastò con il sublime valore di tanti, moltissimi Ufficiali e Marinai imbarcati che, oltre tutto, è indispensabile rimarcarlo a forti tinte, chiedevano, invocavano, supplicavano persino, una maggiore aggressività e combattività delle grandi unità, che nel complesso sovrastavano in velocità e gittata dei pezzi la tanto celebrata Royal Navy, nel Mediterraneo. Atteggiamento, quello degli Equipaggi, che rappresentava una critica, feroce, della prudenza e dell'inettitudine dei comandanti supremi. Una sorta di ammutinamento al contrario, una diserzione morale verso la battaglia, un atto di totale sfiducia e di condanna verso i presunti strateghi della guerra navale.

Situazione con alcune similitudini anche nel campo aeronautico.

Si documenterà a breve che la superiorità italiana era a dir poco schiacciante. Un impiego meno approssimativo e la volontà di sfruttare fulmineamente la situazione favorevole – come sarebbe stato indispensabile- avrebbero consentito ben diverse risultanze nelle prime settimane di ostilità. L'ignavia e l'ignoranza evaporarono la grande occasione.

Tra gli aspetti oscuri della conduzione operativa italiana, materia meritevole di profonda indagine, vi è quella dell'acquisizione di informazioni, in altri termini, l'attività dei servizi segreti, in sintesi dell'intelligence, difensiva (controspionaggio) e offensiva (spionaggio).

Più avanti si dedicherà un certo spazio alla tematica, ma non uno studio sistematico che, è necessario precisarlo, difficilmente potrà mai essere fatto in termini soddisfacenti per diverse ragioni: inaccessibilità di documentazione (in gran parte andata distrutta o occultata), mancanza di un archivio credibile, ostruzionismo.

Il problema dell'acquisizione di informazioni e della disponibilità di informazioni attendibili afflisse costantemente sia il Comando Supremo, sia i Comandi di settore e quelli operativi.

Tale fonte di apprezzamento si rivelò lacunosa particolarmente nel periodo della non belligeranza e nei mesi precedenti la dichiarazione di guerra, periodo in cui, lo Stato Maggiore Generale avrebbe dovuto pianificare le prime determinanti azioni offensive sfruttando la sorpresa. Ciò non accadde per insipienza, inettitudine, alterigia, incompetenza, ignoranza e quant'altro si possa e si debba dire di uno Stato Maggiore e di un Comando Supremo incapaci di vedere quale fosse realmente la situazione dell'avversario e quali, soprattutto i suoi punti vulnerabili e strategicamente fondamentali, e il cui immediato controllo avrebbe consentito uno svolgimento favorevole alle operazioni, ponendo il nemico in una situazione fortemente compromessa.

In merito allo oscure manovre finalizzate a condizionare il capo del governo fornendo dati manipolati e sostanzialmente falsi, si deve evidenziare l'azione condotta freddamente e con cinica premeditazione da Giacomo Carboni, capo del SIM. E' provato e documentato che egli ricoprendo il massimo incarico del Servizio Informazioni, agì per "*tenere l'Italia fuori dalla guerra per quanto fosse possibile*". *Carboni, tentò in ogni modo – a suo dire- di raffreddare gli entusiasmi bellicisti di Mussolini*".

Gli intenti <calmanti> di Carboni nei riguardi del capo del governo rivestono un'importanza di primo piano e configurano qualcosa che si definisce <tradimento>. Azione, quella del capo del SIM, protrattasi per alcuni mesi. Ancora prima del 10 giugno 1940 Carboni compilò una situazione manipolata delle forze francesi in Tunisia .

L'episodio, indicativo di quanto affermato, merita un minimo di spazio.

Mentre il Nord Africa francese veniva sistematicamente svuotato di uomini e di mezzi per trasferirli nel territorio metropolitano, sottoposto alla violentissima offensiva tedesca e sul punto di crollare, il generale Giacomo Carboni (Capo del S.I.M. Servizio Informazioni Militari per circa un anno dal 1939) stilava un rapporto a dir poco allucinante: affermava esservi in Tunisia un complesso di otto divisioni francesi, appoggiate da formazioni minori, un totale di almeno centocinquantamila uomini. L'informazione negava che sette divisioni avessero lasciato la Tunisia dirette in Francia e ammetteva che le divisioni richiamate erano solo due. Il documento con data 26 maggio 1940 aggiungeva che la massa di manovra era dislocata nel sud della Tunisia e che dello otto divisioni che lo componevano, due erano di cavalleria e che ultimamente si era avuto un ulteriore rafforzamento, mediante quattro battaglioni e minori unità di mezzi corazzati provenienti dall'Algeria. Altre informazioni riguardavano il rafforzamento delle difese costiere tramite batterie contraeree e reparti mitraglieri. A maggior chiarimento il documento sottolineava che a fronte di temuti attacchi mediante paracadutisti, erano state predisposte misure di protezione delle comunicazioni rotabili e ferroviarie, aeroporti e campi di fortuna e, infine, che i coloni francesi e arabi erano stati armati, mentre la sorveglianza sugli italiani colà residenti era stata aumentata.

I critici si sono sforzati parecchio per chiarire e classificare la posizione di Giacomo Carboni, chiedendosi se il suo comportamento sia sconfinato oltre il lecito e se la fornitura di informazioni sostanzialmente falsificate e <corrette> configuri il dolo o sia stata dovuta ad imperizia. Da non dimenticare e tanto meno sottovalutare il fatto che il Carboni ascriva a suo merito un tale comportamento.

In stretta sintesi, le informazioni consegnate a Mussolini tendevano da tempo a scoraggiarne la volontà di entrare nel conflitto . Le informazioni manipolate da Carboni ebbero quale risultato una netta ed esagerata sopravalutazione delle forze nemiche, impedendo di fatto l'attuazione di azioni offensive contro obiettivi di primario valore strategico, come Malta, il Canale di Suez, l'Africa

Settentrionale francese. Gli storiografi e i ricercatori si sono poi trovati immersi nelle sabbie mobili, tipicamente italiane, degli antagonismi e delle rivalità personali che affliggevano i vertici militari: Badoglio, Soddu, Carboni, e i maneggi orditi dal ministro degli esteri Galeazzo Ciano, figura equivoca, subdola, sleale, meschina e abietta.

Non si fu capaci di impiegare le forze disponibili, cadendo nella fallace convinzione che in Africa settentrionale si sarebbe combattuta (vedasi dichiarazioni ufficiali di Rodolfo Graziani) < una guerra coloniale> pur se Badoglio previde l'impiego di carri armati da parte britannica e francese, carri che si sarebbero dovuti annientare da parte di un'aviazione appena accettabile. A proposito di Aeronautica e di Aviazione nemica è il momento di affrontare l'argomento.

Lo scenario aeronautico

Una ulteriore prova dell'inadeguatezza e dell'inaffidabilità del servizio segreto si ha nel confronto tra le forze aeree accreditate dal servizio informazioni a Francesi e Britannici nel Nord Africa rispetto all'effettiva consistenza:

Africa Settentrionale francese: 420 bombardieri di cui 200 (in Tunisia) e 480 velivoli da caccia (di cui 250 in Tunisia) contro un'effettiva consistenza di 85 bombardieri e 65 caccia (In totale disponibili , 150 aeroplani) .

Siria: 70 bombardieri e 10 caccia, contro una consistenza effettiva di 13 bombardieri, 26 caccia e ulteriori 56 velivoli di efficienza bellica approssimativa. (Totale 39 velivoli).

Egitto e Palestina: secondo il servizio informazioni 112 bombardieri, 174 caccia, 44 ricognitori e 254 velivoli di tipo imprecisato; consistenza effettiva: 96 bombardieri, 75 caccia, 10 idrovolanti, 24 velivoli da collegamento (Totale 171).

Nel complesso 360 aerei.

Secondo altre fonti, tra la fine di maggio e il 10 giugno 1940 in tutta l'Africa del Nord si sarebbero trovati solo 45 velivoli da caccia e 6 bombardieri francesi, in tutto 51 apparecchi, oltre a qualche decina di vecchi Potez, privi di qualsivoglia valore bellico e impiegati solo nell'osservazione.

Uno scenario completamente diverso da quello evidenziato dal generale Santoro.

La prima edizione del suo lavoro, *"L'aeronautica italiana nella seconda guerra mondiale"*, è stata pubblicata nel 1950: avrebbe avuto ampie possibilità di appurare le cifre.

Tuttavia, senza verifiche e riscontri costanti, i dati forniti dal servizio informazioni inducevano a un diverso apprezzamento, influenzando gli orientamenti e consigliando cautela, prudenza, circospezione.

Per quanto attiene alla forze aeree, sovente ci si trova al cospetto di un balletto delle cifre.

Non vi sono dubbi che alla Regia Aeronautica non mancassero i bombardieri, mentre i caccia , pur non eccelsi quanto a velocità e armamento avrebbero, nella primissima fase bellica, potuto assicurare una sufficiente protezione ai trimotori S.79 "Sparviero", pur esponendosi a perdite significative nel confronto con i <pari classe> avversari , e in particolare con i monoplani Hurricane. E questo se i bombardieri fossero stati impiegati a massa, quale primo attacco di un'operazione combinata aeronavale, preludio all'intervento di paracadutisti e forze da sbarco appoggiate dal fuoco delle unità di superficie.

Mentre, come già evidenziato, i vertici militari italiani tendevano ad attribuire forze nettamente superiori rispetto alla effettiva consistenza, ai probabili nemici (Francia e Inghilterra); a Londra, invece, si attribuiva grande rispetto all'Aeronautica italiana, ritenuta capace di "*esercitare una tale offesa a Malta*" da "*renderla inutilizzabile*". Il Ministero dell'Aeronautica Britannico insisteva affinché fosse creata "*una nuova base aerea in Tunisia per contrastare le incursioni italiane*".

Indubbiamente se il dispositivo aeronautico italiano fosse stato a disposizione dei Britannici, l'impiego sarebbe stato estremamente diverso ed effettivamente Malta o qualsivoglia altro obiettivo sarebbe stato rapidamente annientato.

Sempre in tema di disinformazione e di false informazioni, meritano ulteriori <gemme> le forze di Weygand:

Sinteticamente si deve precisare che nella primavera del 1940 la cosiddetta armata di Weygand non raggiungeva i quarantamila effettivi. Truppe prive di artiglieria, pezzi controcarro, contraerea. Soprattutto erano truppe prive di quella che tecnicamente si definisce <mobilità strategica>, cioè di mezzi di trasporto autonomi ed efficienti. In tali condizioni l'armata di Weygand non avrebbe potuto costituire una minaccia per alcuno e, in effetti, non ebbe mai modo di lasciare la Siria, né di configurarsi in unità organica di qualche spessore. Negli ambienti dello Stato maggiore Generale italiano, al contrario, l'armata di Weygand ebbe un ruolo di primissimo piano e un peso specifico assoluto quanto a capacità di condizionare e determinare la linea strategica dell'Italia in Africa Settentrionale e nei Balcani.

Se mai un *bluff* ebbe un ruolo, unico, straordinariamente formidabile nella storia militare, questo fu certamente quello dell'armata di Weygand e sicuramente non per un'abile manovra del nemico, ma per la stolta credulità di

Badoglio (o del suo cinico disegno?) .

L'armata di Weygand ebbe un ruolo di grande rilievo nella formulazione delle direttive strategiche del capo del governo. Infatti Mussolini scrisse nelle disposizioni strategiche redatte nelle celebri otto copie; *"Libia: difensiva tanto verso la Tunisia, quanto verso l'Egitto. L'idea di un'offensiva verso l'Egitto è da scartare dopo la costituzione dell'Esercito di Weygand"*.

Questa frase può essere considerata il capolavoro dell'operazione di condizionamento attuata da Badoglio nei confronti di Mussolini.

Il capo del governo tracciò la linea strategica da attuare sotto l'influenza dell'inesistente minaccia costituita da un esercito/bluff che Badoglio aveva costruito, nelle conversazioni con Mussolini, dipingendolo come una organizzazione potente *"una massa il cui comandante ha una precisione di idee magnifica, ha una grande libertà d'azione e tiene in soggezione Turchia Grecia e noi"*.

In questi termini, sulla base di informazioni di questo spessore, e sull'ammirazione e sulla sovravalutazione veramente scandalosa verso un nemico, si decise la strategia della guerra italiana.

Precisazione

La sospensiva serve a porre in risalto il <clima> dell'epoca.

Si ricorderà che nel disegno strategico predisposto al capo del governo si attribuiva alla Regia Marina il compito offensivo nel Mediterraneo e fuori. Disposizione che in seguito Mussolini revocò, essendosi fatto convincere da Badoglio e da Cavagnari (Capo di Stato Maggiore della

Regia Marina) poiché *"i servizi informazione prospettarono un rapporto di forze di gran lunga favorevole agli inglesi, mentre la realtà era esattamente il contrario"*. (da *"Una guerra segreta. Il SIM nel secondo conflitto mondiale"* - Giuseppe Conti - Il Mulino 2009). L'autore qui citato, riferendosi alle ricerche effettuate da De Felice, scrive ancora: *"...emergono dunque le responsabilità del SIM, dovute soprattutto alla sua inefficienza, nel fornire un quadro inesatto della situazione... Questo problema (...) si ripropose sostanzialmente su tutti i fronti di guerra: Africa Settentrionale, Grecia, Mediterraneo"* (op.cit. pag.136).

Quale fosse l'approssimazione del livello informativo e dell'apprezzamento delle forze avversarie risulta dagli esiti di una valutazione al massimo livello circa il piano dell'offensiva contro l'Egitto. Italo Balbo era decisamente orientato sull'offensiva. Badoglio totalmente contrario (non si dimentichi il rapporto di forze negativo – 5 a 1 a favore del nemico - e la minaccia del fantomatico esercito di Weygand, di cui nessuno ebbe l'accortezza, la cautela, lo scrupolo di accertarne più da vicino l'effettiva consistenza; notizia, invece, inghiottita da Pietro Badoglio, in un sol boccone e ritenuta sacrosanta). I dubbi dipendevano non solo da quanto già indicato, ma anche dalla convinzione che gli Inglesi *"potessero concentrare sullo scacchiere egiziano un migliaio di aerei"*. Una ipotesi non corroborata da alcunché, buttata là come in una giocata di dadi sottobanco. L'approssimazione diveniva norma e tutto l'impianto bellico ne era infestato.

La sola ipotesi sulla possibilità britannica di concentrare un tale numero di velivoli squalifica i pianificatori. Semmai stupisce e avrebbe dovuto suscitare qualche interrogativo il fatto che un progetto quale avrebbe dovuto essere l'invasione dell'Egitto, non prevedesse l'impiego dei migliori reparti, i più selezionati, addestrati ed equipaggiati del Regio Esercito: ci si riferisce alla cosiddetta Armata del Po, la 6^ Armata, dotata del meglio disponibile in fatto di artiglierie, automezzi e carri armati, soprattutto la settantina o il centinaio di carri M.11/39 in ormai completata produzione.

Non si deve scordare, in ogni caso, che ancora il 18 novembre 1939, il maresciallo Pietro Badoglio affermava con tutto il peso del suo grado e del suo ruolo: "Pensare ad un'azione al Canale di Suez, quando le nostre forze come numero sono inferiori a quelle di fronte, è lavoro teorico e inutile".

Pochi mesi dopo gli eventi dimostrarono tragicamente quale fosse in realtà il rapporto numerico tra italiani e britannici in Africa Settentrionale e quale il criterio corretto nel fare la guerra nel deserto.

Le disposizioni in vigore per l'Africa Settentrionale stabilivano:

a)   Assicurare l'integrità territoriale della Libia, in particolare il possesso delle basi di Tobruk e di Tripoli;

b)   Prevedere esclusivamente possibili azioni controffensive.

c)   Tenere la massa delle forze in Tripolitania.

d)   Si bocciavano così le presunte velleità offensive di Italo Balbo, in attesa, fu detto ufficialmente , di "eventi eccezionalmente favorevoli senza dei quali non si può pensare a imprese offensive".

Qual era la consistenza delle truppe italiane in Libia e quale di riflesso, considerati i dati sopra esposti, il rapporto di forze con il nemico?

Italiani: 220.000 uomini con 1.811 cannoni, circa 9.000 automezzi, 2.500 motociclette, 4.600 mitragliatrici, 3.800

fucili mitragliatori, 339 carri leggeri. E una forza aerea dotata di 327 velivoli. Tuttavia il 10 dicembre 1940 (giorno successivo all'inizio della prima offensiva britannica nel deserto) il maresciallo Graziani telegrafava a Roma (documento 01/3305 ore 19.30)che erano impiegabili solo 45 apparecchi da bombardamento, 6 siluranti, 12 da assalto e 68 caccia più 4 trimotori S.82.

Da notare, in proposito che nella prima edizione della Relazione Ufficiale italiana (sugli eventi legati alla prima offensiva britannica) si legge una citazione estremamente illuminante (pag. 84) in merito alla consistenza della forza aerea: *"Trattasi complessivamente di 327 apparecchi efficienti che comprendevano numerosi velivoli ormai vecchi quali gli S.81, i Breda 65, i Cr. 32 e Cr. 42"*.

E' sorprendente che una relazione ufficiale definisca i Cr. 42 (produzione Fiat) velivoli vecchi in quanto la Regia Aeronautica aveva prescelto tali biplani per costituire la prima linea della caccia.

Settanta carri medi da 11 tonnellate armati con un pezzo da 47 mm alloggiato in casamatta e non in torretta girevole (era tutto quello che si aveva al momento, i carri da 14 tonnellate M.13 con cannone di eguale calibro ma in torretta girevole a 360 gradi erano in costruzione e una prima aliquota, in completamento) non erano stati dislocati in Libia, ma, incomprensibilmente, in Albania e solo in seguito furono trasferiti in Africa Settentrionale. Se trasportati in Libia, prima del 10 Giugno, unitamente ai 339 carri leggeri già colà dislocati e integrati da aliquote di artiglieria e di fanteria motorizzate, con dotazione adeguata di automezzi (invece di disperderli in esiguo numero tra le varie divisioni, e con la necessaria copertura aerea, avrebbero costituito ,sin dal mese di giugno 1940, una efficiente unità mobile moto-corazzata; appoggiata da strutture logistiche adeguate, avrebbe rappresentato una grande unità, idonea a costituire l'unità di punta dell'offensiva tanto attesa da Italo Balbo

* * * *

L'opinione dei Britannici

Poiché al giugno 1940, come precisato, la Regia Aeronautica disponeva di 783 bombardieri di pronto impiego di cui 403 S.79 "Sparviero", con 97 di non pronto impiego e altri 94 presso ditte, si comprendono le preoccupazioni britanniche, considerando la distanza relativa da Malta degli aeroporti meridionali dell'Italia e il potenziale di esplosivo lanciabile da formazioni massicce di bombardieri su un obiettivo tutto sommato limitato come l'Isola di Malta e il suo porto. Se ciò non accadde dalle prime luci dell'11 giugno 1940 è questione assolutamente negativa, da addebitarsi ,in toto e senza attenuanti, all'incompetenza e alla nullità professionale dei massimi conduttori delle operazioni.

Nel settore aeronautico si riscontrano le più gravi e pesanti carenze storiografiche, come pure le scelte tragiche e suicide.

Il generale Giuseppe Santoro sottocapo di stato maggiore della Regia Aeronautica, autore di un'opera sulla vicenda bellica della Forza Armata, ritenuta fondamentale, denuncia alcune falle: *"La realizzazione dei progetti, le prove dei prototipi, l'esecuzione di numerose modifiche si* **trascinavano** *per anni, anche per* **colpa** *degli organi tecnici del Ministero"*.

Conclude questa <confessione> con un'ammissione alquanto pesante: *"Alla fine della guerra non avevamo ancora in linea l'apparecchio da bombardamento Cant Z. 1018,* (si veda, in proposito, l'appendice 1 alla fine del testo,nd.a*.) il cui prototipo esisteva già prima dell'inizio delle ostilità"*. Eppure il generale Santoro aveva assunto l'incarico di numero due della Regia Aeronautica il 1° dicembre 1939, quindi sette mesi prima della dichiarazione di guerra. La sua è stata, o deve essere considerata, un'ammissione di responsabilità?

Come quasi sempre accade consultando la memorialistica, le notizie o le informazioni importanti per quanto attiene al quadro generale, quindi alla sostanza del problema, sono mimetizzate, nascoste, ma non intenzionalmente, entro frasi lunghe attinenti altro argomento o diversa finalità. Negli scritti del generale in argomento, si scorge un'ammissione rilevante in merito ai piloti da bombardamento: *"La necessità di consumare il meno possibile di carburante (...), costante caratteristica dell'Aeronautica italiana in pace ed in guerra, portò a non dare all'addestramento del bombardamento quella estensione e quella profondità che sarebbero state desiderabili"*.

Per quanto si riferiva alla ricognizione marittima, *"i piloti erano ottimamente addestrati alla navigazione sul mare; ma la loro preparazione al volo notturno e senza visibilità era ancora inferiore a quella (non sufficientemente sperimentata e collaudata) dei piloti del bombardamento"*.

Un settore carente era quello dei radiotelegrafisti. *"Il reclutamento e la possibilità di selezione riuscivano più difficili per tale categoria, considerando il carattere scarsamente industriale del Paese e le maggiori doti intellettuali e culturali che si richiedevano"*.

Premesso che la scelta dei velivoli spettava agli organi tecnici del Ministero, era la stessa Regia Aeronautica ad effettuare la selezione e a scegliere, conviene qui, per fornire al Lettore dei punti di riferimento e di confronto, dare contezza di quale fosse la consistenza dei velivoli bellici al 1° Settembre 1939, giorno dello scoppio della seconda guerra mondiale con l'attacco tedesco alla Polonia:

Velivoli da bombardamento di pronto impiego: 583.

Velivoli da caccia e d'assalto di p.i. : 517 (ma la massa, 267 aerei –oltre il 50% - era rappresentato da biplani, CR.32, nettamente superati e di nessuna utilità in un conflitto con Francia e Gran Bretagna, dotate di velivoli da caccia con velocità superiori ai 500 Km/h contro i 375 Km/h scarsi dei CR.32, biplano progettato nel 1931).

Osservazione aerea: 263 velivoli

Ricognizione marittima. 162 velivoli.

Secondo l'autore in argomento,l'Aviazione italiana nel complesso contava 5.239 aeroplani de i quali solo 2.802 erano di tipo bellico in servizio o destinati ai Reparti. Gli apparecchi di tipo moderno, secondo il generale Santoro, ammontavano a : 618 bombardieri, 191 caccia. In totale 809 aeroplani, cioè a dire il 15,44 %. Vi è da chiedersi, quali fossero i criteri delle scelte e delle selezioni se meno di un quinto dei velivoli disponibili era considerato moderno. Anche limitando il rapporto tra velivoli di tipo bellico (2802) e velivoli moderni (809), risulta che solo il 28,87 % dei velivoli bellici era da considerarsi moderno. E gli altri 1993 come dovevano considerarsi?

Al 10 giugno 1940 la consistenza della Regia Aeronautica si presentava come segue.

Velivoli da bombardamento: 783 di pronto impiego

Caccia, combattimento, assalto: 594 di p.i.

Osservazione aerea: 268 velivoli.

Ricognizione marittima: 151 velivoli.

Si già precisato quale fosse la consistenza delle forze aeree contrapposte, francesi e britanniche. E' necessario precisare che le forze aeree italiane gravitavano tutte interamente nel bacino del Mediterraneo a differenza di quelle nemiche in quanto la Francia era impegnata in un lotta che la vide soccombere con la Germania e analogamente accadde alla Gran Bretagna che riuscì a scongiurare l'invasione, ma non il confronto con la Luftwaffe che costrinse la RAF a subire perdite non marginali, segnatamente, il meglio, all'epoca, dei suoi piloti da caccia.

Sulla base dei dati sopra elencati e di quelli più sopra riguardanti le forze aeree britanniche, soprattutto, considerato che la Francia uscì presto di scena, si può affermare che la superiorità italiana era veramente schiacciante. A tal proposito viene spontanea una domanda: per quale ragione il potenziale aereo non fu utilizzato in tutta la sue capacità e potenzialità operativa?

La risposta esula dalle questioni operative ed esclude responsabilità dello Stato Maggiore della Regia Aeronautica, almeno in questa fase, che si protrasse per un paio di mesi e non di più. Si trattava di direttive politiche, alquanto improvvisate e non certamente brillanti e basate su presupposti fragili per non dire completamente fallaci.

Superaereo, così denominato lo Stato Maggiore nell'organigramma di guerra dei vertici militari,aveva avuto disposizioni dal capo del governo, di non dare alle azioni un'intensità eccessiva, tale da essere in contrasto con le direttive avute, di cui non si ha traccia documentale se non nel senso che si aveva convinzione che la guerra avrebbe avuto durata di qualche mese. Secondo quanto afferma il generale Santoro, nel suo libro, il ciclo bellico si sarebbe concluso prima dell'inverno.

Quanto precede induce a ritenere che le direttive del capo del governo e del Capo di Stato Maggiore della Forza Armata furono sovente discordanti tra di esse e totalmente errate dal punto di vista militare: infatti impedirono all'Aeronautica di esplicare le sue capacità operative sfruttando, ad esempio, non solo la netta superiorità, ma prima di tutto la sorpresa, tenuto conto che il ventaglio degli obiettivi era molto ampio e il nemico non poteva garantire adeguata sicurezza a protezione a tutti gli obiettivi sensibili, stante la limitatezza dei velivoli disponibili e la non certezza di rinforzi.

Francamente non si riesce a comprendere sulla base di quali informazioni e/o apprezzamenti si sia formata la convinzione che la guerra sarebbe durata sino all'inverno 1940. Nessuna fonte diplomatica o governativa e tanto meno militare, aveva delineato, tratteggiato, sia pure a livello di pura congettura, una simile ipotesi.

La stasi operativa voluta dal Comando Supremo italiano, particolarmente sul fronte terrestre dell'Africa Settentrionale permaneva ancora alla fine di novembre del 1940. Non si era pensato in quell'ampio lasso di tempo di potenziare il dispositivo esistente, trasferendo in Libia ad esempio il meglio disponibile in fatto di grandi unità organizzate facendo norma di quanto a suo tempo aveva osservato il Capo di Stato Maggiore Generale in merito all'addestramento e alla compattezza delle divisioni che necessitavano di un giro di vite per renderle idonee al combattimento. Tutto era rimasto come prima.
Sul fronte opposto, si ragionava su basi completamente diverse: si era costituita la Western Desert Force, al comando del maggior generale O'Connor.

Per tutto il mese di giugno e parte di luglio le forze di O'Connor agirono all'attacco, pungendo gli italiani, apparendo fulmineamente, aprendo il fuoco con l'artiglieria mobile e scomparendo poi nell'immensità del deserto e così obbligando Graziani a tenere forze consistenti nell'immediatezza della frontiera, truppe a piedi, con quale sforzo e impegno logistico per sostenerle è facile immaginare. E soprattutto logorandone i nervi e mantenendo una netta prevalenza psicologica. E così per settimane. Intanto Graziani si preoccupava di far costruire una strada in pieno deserto al fine di poter poi avanzare su Marsa Matruh.

Un errore clamoroso, discendente dalla convinzione che si stesse combattendo un conflitto coloniale, del tipo di quelli combattuti e vinti in Abissinia. Stupisce che nessun ufficiale superiore dello stato maggiore di Graziani o di Berti, comandante la 10^ Armata, schierata alla frontiera con l'Egitto, abbia avuto l'ardire o il buon senso di osservare che la situazione era completamente diversa: i Britannici combattevano con autoblinde di vecchia concezione, ma condotte con assoluta spregiudicatezza e competenza, con artiglieria autotrainata, e con il supporto di un'aviazione modesta, ma presente e ben manovrata.

Il soldato inglese o indiano viveva il deserto senza pretendere di modificarlo: contrariamente al versante italiano dove albergavano sussiego e albagia, ispirate alla convinzione di poter civilizzare il deserto avendo la presunzione di mutarne la natura e la forza selvaggia e alla fine il deserto li sconfisse. Dopo l'avanzata su Sidi el Barrani, contrabbandata dalla propaganda come una grande vittoria, mentre si trattò solo di un'avanzata sterile di risultati, i Britannici ripiegarono ordinatamente mantenendo il contatto con retroguardie mobili e comunque sempre aggressive, Graziani a riprova della inconsistenza del suo piano operativo, fermò il movimento e le truppe si trincerarono. In ciò vi era la nefasta eredità della Grande Guerra: la difesa del territorio. Né Graziani né il Comando Supremo avevano appreso la lezione: la fanteria a piedi nel deserto era condannata a perire. Inoltre, l'avanzata e poi la sosta indicavano senza ombra di dubbio che Graziani si era mosso solo e soltanto per rispondere alle sollecitazioni del capo del governo e senza una idea chiara di quale obietivo conseguire. Altrimenti non avrebbe disposto la sosta e il trinceramento.

Bisogna dire che il maresciallo era lungi dall'essere un fulmine di guerra e di avere capacità e carisma tali da elettrizzare le truppe e non disponeva certo, come invece accadeva sul fronte opposto, di uno stato maggiore formato da gente esperta del deserto, delle truppe mobili e dell'impiego di mezzi blindati e corazzati.

I Britannici, dopo aver ripiegato con il grosso sulle posizioni predisposte a Marsa Matruh, rimasero in vigile attesa. Aspettavano che Graziani riprendesse l'avanzata. Mussolini premeva, Graziani manifestava riluttanza e contrarietà. Wavell da parte sua giunse alla seguente conclusione: se Graziani non si muove, O'Connor deve uscire e attaccare. Il 21 Settembre 1940 impartì al suo capo di stato maggiore, generale Arthur Smith l'ordine di avanzare, con l'obiettivo di riprendere Sidi el Barrani, occupare Bardia, l'oasi di Giarabub e, infine, Tobruch. Nel frattempo era giunto in Egitto, indenne, il convoglio che trasportava i materiali già descritti e inviati in Egitto per la ferma ferrea volontà di Churchill. Sul fronte italiano, invece, nulla di quanto possibile per conquistare l'Egitto, scarsamente difeso, venne fatto. Il meglio dell'Esercito rimase nella valle del Po.

Si ebbe in quel periodo la prova provata dell'incompetenza di Badoglio e di Graziani.

Il maresciallo Graziani dopo l'avanzata su Sidi el Barrani scrisse nel suo rapporto inviato a Roma: " Ci si domanda quando gli Inglesi cominceranno a capire che hanno a che far col più attrezzato esercito coloniale del mondo e quando finalmente impareranno a conoscere il valore del soldato italiano. Lo apprenderanno quanto prima".

Da osservare che il capoverso qui riprodotto non venne pubblicato nella prima edizione della Relazione Ufficiale. La vergogna per una simile idiozia, evitò una fucilata alle spalle del già ampiamente sputtanato dalla propria nullità, Rodolfo Graziani.

A seguito della indecisione di Graziani e della volontà aggressiva di Wavell, i Britannici si disposero all'avanzata impegnando 35.000 uomini con 120 pezzi di artiglieria, 60 autoblindo e 275 carri armati suddivisi in 145 carri leggeri da 5 tonnellate, 80 cruisers e 50 carri da fanteria. Era la prima offensiva britannica nel deserto: *"l'Operazione Compass"*.

DISTRUZIONE DI UN ESERCITO

Persino l'estensore della seconda versione della relazione ufficiale della guerra in Africa Settentrionale (ministero della difesa, Roma-1984) è costretto ad ammetterlo: stupisce il fatto che nessuna delle tre divisioni corazzate e delle due divisioni motorizzate fosse stata preventivamente dislocata in Libia.

Gli interrogativi si accumulano, così come le valutazioni negative sul livello tecnico e professionale dei comandanti. Nessuno aveva riflettuto sull'inferiorità qualitativa dei mezzi corazzati rispetto a quelli francesi e britannici, e nessuna considerazione sulla debolezza dei cannoni contro carri.

Si ha la netta sensazione di un appiattimento gerarchico di fronte alle disposizioni e alle scelte, una sorta di completa sottomissione psicologica, una totale incapacità di reagire denunciando carenze, limiti, inadeguatezze,una specie di sacro terrore di perdere benefici e privilegi. Ci si riferisce ai comandanti di grandi unità. Si è documentato l'errato apprezzamento circa la consistenza delle forze britanniche e francesi in Africa Settentrionale e nel complesso del Medio Oriente, ma è indispensabile sottolineare che lo Stato Maggiore orientò la sua linea operativa sulla base di questo apprezzamento totalmente falso e inattendibile.

Sovravalutazione delle forze avversarie, vincoli ferrei, parossistici alla difensiva, divieto di qualsivoglia iniziativa oltre il confine con l'Egitto, impiego totalmente sbagliato della superiorità aerea, criteri superati e improduttivi nell'impiego dell'arma sottomarina, complesso d'inferiorità nei confronti della marina inglese da parte dei massimi esponenti di Supermarina, il comando supremo della Regia Marina.

La Regia Marina si rifiutò sostanzialmente di fare la guerra e ancora oggi tenta in ogni modo, ingannevolmente, di candeggiarsi l'orrenda, schifosa, lurida reputazione(a livello di alto comando) conquistata tra il giugno 1940 e il settembre 1943.

Nelle sue pubblicazioni ufficiali, ad esempio, bara sull'entità delle forze disponibili al 10 giugno 1940 e nel mese successivo, indicando in due unità la forza in navi da battaglia, quando in realtà le corazzate erano quattro e ben presto divennero cinque e, a ottobre, sei.

Capitolo estremamente negativo poi quello degli aerosiluranti, indice di ristrettezza mentale, sintomo di gelosia e di meschinità criminale nelle conseguenze e assolutamente privo di qualsivoglia giustificazione, tecnica e dottrinaria. Dimostrazione di ignoranza e di mancata documentazione circa quanto realizzato all'estero e di cattivo uso delle informazioni provenienti dagli addetti militari quando, addirittura, di cattivo impiego dei medesimi.

La teoria secondo la quale le bombe sganciate su un bersaglio navale dai bombardieri in quota sarebbero state più efficaci rispetto ai siluri aviolanciati, non poggiava su alcun riscontro oggettivo e i fatti lo dimostrarono, tragicamente per noi, nell'immediato della guerra. Novembre 1940, Taranto; marzo 1941, Matapan.

L'ignoranza (forse, più correttamente, l'infinita malafede degli ammiragli di Supermarina) era superiore al loro sussiego. Si erano mai documentati sulle non rare pubblicazioni edite negli ambienti ministeriali e dall'editoria civile oppure sugli annuari, ad esempio quello notissimo , e fortemente, documentato,edito in Francia e ricco di informazioni anche sulle industrie impegnate a vario titolo in produzioni militari?

Qual era il ruolo e quali i compiti degli addetti militari. e i loro rapporti erano letti, studiati e analizzati nelle opportune sedi e ai giusti livelli? Si tenevano periodicamente conferenze con gli stesi addetti, convocati in Italia, riservatamente, al fine di coordinare la loro attività con tutto il corredo di disposizioni e soprattutto valutandone i requisiti, e le effettive competenze o predisposizioni nella delicata materia dello spionaggio indiretto?

Nessuno allo Stato Maggiore della Marina, nel 1937-1938, era a conoscenza che la Royal Navy aveva progettato e stava costruendo portaerei con il ponte di volo corazzato? Oltre a potenziare massicciamente gli organici dell'aviazione di marina?

L'autore delle presenti note in più occasioni, ha evidenziato e scritto che tra i gravi fattori negativi della condotta della guerra vi fu la mancanza di una conduzione tattica adeguata delle operazioni.

Ebbene, la prima dimostrazione di tale carenza, e con esiti disastrosi, si ebbe nell'autunno-inverno del 1940.

L'avanzata su Sidi el Barrani (vedi parte seconda delle presenti note), iniziatasi il 13 settembre 1940, dopo non poche esitazioni e una preparazione alquanto approssimativa (per un'analisi approfondita si veda, del medesimo autore *"Generali nella polvere"*, edizioni Settimo Sigillo, Roma, 2001, n.d.a.) , si esaurì quattro giorni più tardi. Alcune ricognizioni anche in una certa profondità (una trentina di chilometri) ebbero quale risultato l'accertamento dell'inesistenza di nuclei esploranti nemici. I Britannici, consci della loro debolezza, avevano concentrato le forze disponibili a Marsa Matruh, un campo trincerato di una certa consistenza e più vicino alle basi di rifornimento site in Egitto. E questo nella convinzione che gli italiani avrebbero puntato su quell'obiettivo, tatticamente pagante. Marsa Matruh sarebbe stata una posizione interessante per portare la minaccia aerea sulla base della Mediterranean Fleet dislocata ad Alessandria d'Egitto.

Invece, dopo ave rinunciato ad un'avanzata più consistente e organizzata su Marsa Matruh, disegno rinviato sulla base di valutazioni afferenti le difficoltà del terreno, le conseguenti complicazioni da parte del servizio logistico, l'inadeguatezza dei mezzi ruotati disponibili,oltre che per mancanza di competenza e coraggio corroborati e alimentati dal difettoso apprezzamento delle forze nemiche e la mancata pianificazione preventiva di un disegno offensivo, razionale, il maresciallo Rodolfo Graziani, comandante superiore in Libia e - nel contempo - sempre capo di stato maggiore del Regio Esercito (??), predispose una sistemazione alquanto complessa e sicuramente farraginosa delle forze. In realtà un'occupazione statica e rinunciataria del terreno <conquistato>. Sostanzialmente una rinuncia a sfruttare la superiorità numerica, di artiglieria e di manovrabilità, a condizione di meglio sfruttare gli automezzi disponibili intensificando l'addestramento della truppa (fattore che sarebbe dovuto essere affrontato ben prima della dichiarazione di guerra).

Situazione di stasi, quella scelta da Graziani, che si protrasse per oltre due mesi. A tutto vantaggio dei Britannici.

Eccone il dettaglio:

1° Settore (zona di Sidi el Barrani): generale Gallina: comando gruppo divisioni libiche: 1^ divisione libica, generale Cerio, 2^ divisione libica, generale Pescatori; 4^

divisione Camicie Nere (CC.NN.) <3 Gennaio> (in seconda schiera) generale Merzari.

2° settore (zona di Bug Bug) generale Spatocco: comando XXI corpo d'armata; raggruppamento <Maletti>, generale Maletti; divisione <Cirene>, generale De Guidi; divisione <Catanzaro> (in seconda schiera), generale Amico.

3° settore (Sollum): generale Bergonzoli: comando XXIII corpo d'armata; divisione< Marmarica>, generale Tracchia, 1^ divisione camicie nere (CC.NN.) "23 Marzo", generale Antonelli; 2^ divisione camicie nere (CC.NN.) "28 Ottobre", generale Argentino.

Alle dipendenze dirette del maresciallo Graziani vi erano: comando XXII corpo d'armata, generale Pitassi Mannella con la divisione <Sirte>, generale Della Mura, la brigata corazzata, il comando artiglieria di manovra.

Le gradi unità di prima schiera italiane erano dislocate lungo un fronte di sessanta chilometri (in linea d'aria) tra Sidi el Barrani e Bir Sofafi- Alam el Rabia: il fronte aveva una profondità di 45 chilometri.

Tale schieramento richiede ulteriori precisazioni:

La 1^ divisione libica, era organizzata a difesa di El Maktila, 20 chilometri a oriente di Sidi el Barrani;

La 2^ divisione libica, sistemata su tre capisaldi a sud ovest: Alam el Tummar ovest; Alam el Tummar est, Ras el Dai.

Tra le due divisioni libiche era stato creato un caposaldo intermedio, Sanyet Abu Gubeira (da notare che le due grandi unità divisionali non erano appoggiate da gruppi mobili corazzati).

Veniva poi il raggruppamento libico <Maletti>, articolato su due capisaldi, a sud della 2^ divisione libica. I capisaldi erano: Alam Nibeiwa, Alam el Iktufa. Il raggruppamento era appoggiato da 22 carri M.11, dislocati all'esterno del caposaldo di Nibeiwa. Da considerare che queste postazioni non poterono, per carenza di mine, rendere più efficace la loro difesa, anche se potevano appoggiarsi a vicenda col fuoco delle artiglierie.

Proseguendo nella descrizione dello schieramento disposto da Graziani, abbiamo la divisione <Cirene> che era sistemata su quattro capisaldi sul rilievo collinoso e roccioso di Bir Sofafi, molto a sud del raggruppamento <Maletti>. I capisaldi erano dislocati ad Alam el Rabia, Quadrivio di quota 236, quadrivio di Qabr el Mahdi, quota 226 di Bir Sofafi.

Alle spalle di quanto precede, la 4^ divisione camicie nere (CC.NN.)"3 Gennaio" era schierata a difesa della base logistica di Sidi el Barrani (depositi di munizioni, carburanti, viveri, acqua, etc.). Anche in questo caso un dislocamento a capisaldi rafforzati con artiglieria.

Molto più a occidente la divisione di fanteria "Catanzaro" era suddivisa in ben otto capisaldi e disponeva di un battaglione di carri leggeri "L".

Il dispositivo, nel suo insieme, mostrava una debolezza trasparente che non sfuggì alla ricognizione britannica .

Infatti le cinque divisioni di prima schiera e il raggruppamento "Maletti" furono il primo obiettivo dell'offensiva nemica.

Per meglio evidenziare l'inconsistenza dello schieramento si rimarca quanto segue.

La brigata corazzata (la forza corazzata a disposizione di Graziani consisteva in 74 carri medi armati con cannoni da 37 e 47 mm e oltre 200 carri leggeri L.35, armati con due mitragliatrici) era dislocata a 40 chilometri a ovest di Bardia, ma era considerata, con notevole coraggio, unità di prima linea. Inoltre nella zona di Sollum-Halfaya era dislocata la 2^ divisione camicie nere <28 ottobre>; a

Bardia vi era la 1^ divisione camicie nere <23 Marzo> mentre nella zona Sidi Omar/Gabr bu Fares gravitava la divisione <Marmarica>.

Lontani dalla prima linea, a disposizione del maresciallo Graziani, vi erano, sulla litoranea, all'altezza di Gambut ,la divisione <Sirte>, il comando artiglieria di manovra e la citata brigata corazzata imperniata su 72 carri armati dotati di cannoni da 37 e 47 mm.

Così illustrata la disposizione delle forze della 10^ armata italiana non rende l'idea della sua vulnerabilità e dell'inconsistenza della capacità di poter opporsi efficacemente all'attacco nemico. Un ulteriore esame, legato alle distanze chilometriche, consentirà di avere un quadro maggiormente efficace circa l'errore concettuale compiuto dall'alto comando delle forze dislocate come sopra tratteggiato.

-la brigata corazzata distava dalla prima linea poco meno di 120 chilometri. Una distanza abissale che la privava della capacità di un intervento massiccio e decisivo .

-quando il generale Spatocco, comandante del XXI corpo d'armata, avvertì la debolezza delle linee sulle quali erano schierate le sue divisioni, ritenendo necessario disporre di aliquote corazzate, più precisamente di un elemento tattico di manovra (in quanto i vari capisaldi erano separati da distanze eccessive (da 20 a 27 chilometri), egli, ma con colpevole ritardo e assenza di sensibilità tattica oltre che di un minimo di visione strategica sia pure limitata all'orizzonte del quadro operativo locale,sollecitò interventi, ma i carri <L>, uniche forze su cui poteva contare, al momento dell'attacco britannico non erano ancora pervenuti.

-sempre in termini di distanze, la divisione <Marmarica> era dislocata a 40 chilometri dalla divisione <Cirene> e a circa 80 chilometri dalla 1^libica (che, si ricorda, era la grande unità più a oriente dell'intero schieramento, esattamente 20 chilometri a est di Sidi el Barrani).

-La divisione <Sirte> dislocata a ovest di Bardia, sulla via Balbia, distava la bellezza di 160 chilometri dalla 1^ libica, mentre altre aliquote di tale divisione si trovavano a sud est di Derna, a oltre 300 chilometri dal fronte. E non si dimentichi che la fanteria, cioè la totalità delle forze che costituivano le divisioni, era appiedata. |

Ma non è tutto: aliquote del 10° raggruppamento artiglieria di corpo d'armata si trovavano a Soluch, a sud di Bengasi; il 20° raggruppamento era a Bengasi, mentre altre aliquote del 10° erano a Tobruk.

Tra la 1^ e la 2^ libica e Bardia, dove era sistemato il comando della 10^ armata, da cui dipendevano tutte le forze sin qui elencate, la distanza era di almeno 100 chilometri in linea d'aria; tra la divisione <Cirene>, che costituiva l'ala destra dello schieramento, e il comando dell'armata la distanza era la medesima.

In estrema sintesi, tra Bengasi e Sidi el Barrani erano disseminati 4.500 ufficiali, 100.000 sottufficiali e truppa, 1.100 pezzi d'artiglieria, 2.700 automezzi.

Da quanto emerge dalla descrizione di cui sopra, la divisione <Sirte> e la brigata corazzata erano le unità più arretrate dell'intero dispositivo.

Si deve subito notare che nessuno dei generali al vertice della piramide gerarchica avvertì che la brigata corazzata, (forte di carri medi M.11 e M.13, di 2 battaglioni di carri <L>, di un battaglione di bersaglieri motociclisti, di un gruppo di artiglieria da 75/27 e di un gruppo da 100/17) avrebbe potuto fungere da elemento tattico di manovra in appoggio diretto e rapido (se correttamente dislocata e adeguatamente supportata quanto ad automezzi e artiglieria idonea al fuoco controcarri) a sostegno dei campi trincerati e costituire, nel contempo, un'efficace risposta alla prevista offensiva britannica, preannunciata per tempo sia dai servizi informazioni, sia dalla ricognizione aerea che aveva segnalato gli intensi movimenti del nemico.

Vi è altro da considerare e si ritiene opportuno farlo immediatamente: il maresciallo Graziani, sensibilizzato dal generale Tellera, suo capo di stato maggiore, attirò l'attenzione del comando della 10^ armata sul <vuoto> esistente tra il raggruppamento Maletti e la divisione <Cirene>, un pericoloso <vuoto> di una trentina di chilometri.

1)   Graziani suggerì (???) di assumere i necessari provvedimenti "allo scopo di evitare possibili infiltramenti di mezzi meccanizzati nemici".

2)   L'informazione fu trasmessa anche al generale Spatocco, che aveva il comando del settore di Bug-Bug.

3)   Tuttavia in quei giorni la 10^ armata era al comando interinale del generale Gariboldi, in quanto, il comandante effettivo, generale Berti, era in Italia per "pressanti ragioni personali", in realtà banali questioni di salute, espediente sfruttato e supportato da vari benevoli, quando non corroborati da condizioni oggettive, certificati medici.

4)   Secondo Gariboldi, la creazione di un nuovo caposaldo si sarebbe rivelata un errore, avrebbe allarmato i britannici che avrebbero potuto reagire violentemente.

Impelagati in disquisizioni di lana caprina, gli alti comandi non assunsero alcun provvedimento: il vuoto rimase tale, anche se le informazioni e gli esiti degli interrogatori dei prigionieri concordavano sul fatto che il nemico stava costantemente ammassando truppe e mezzi proprio in direzione del noto varco, tra i due capisaldi di

Nibeiwa e Sofafi, senza che da parte italiana si provvedesse a intervenire per contrastarne i movimenti, né con azioni aeree, né con puntate da parte di nuclei corazzati e neppure mediante pattuglie esploranti.

5) *"Sorprendentemente* - ha scritto un memorialista – *un buon terzo di tutti i pezzi controcarro da 47/32 giaceva nei magazzini dell'Intendenza di Tripoli; solo quando il pericolo si addensò sulle frontiere della Cirenaica, questi cannoni furono frettolosamente distribuiti ai presidi di Bardia e di Tobruk"*.

Ovviamente senza alcun addestramento preventivo del personale, senza una preparazione specifica circa i criteri di impiego e di sistemazione sul terreno. Senza alcuna concezione di quale dovesse essere l'azione a fuoco controcarri. Infatti lo Stato maggiore generale mai aveva affrontato la questione, considerando il carro armato unicamente, esclusivamente un semplice supporto al servizio della fanteria, naturalmente appiedata.

Senza minimamente considerare che i britannici dal momento della dichiarazione di guerra, avevano agito mediante l'impiego di autoblindo e artiglieria mobile.

Il generale O'Connor, comandante tattico britannico, attaccò lo schieramento italiano il 9 dicembre 1940, disponendo di 31.000 uomini circa, 120 cannoni, 275 carri armati e 60 autoblindo. E non, si ripete NON, come invece è scritto nelle relazioni ufficiali italiane, con 300.000 uomini e 16 divisioni.

In tre giorni, i britannici distrussero quattro divisioni, ne ridusse a mal partito altre due: 38.000 prigionieri, 237 cannoni, 73 carri armati, 1000 automezzi e imponenti depositi di viveri, carburanti, munizioni e ben quattro generali catturati, furono il trofeo di O'Connor. L'attacco venne sviluppato proprio penetrando nel varco lasciato completamente a disposizione del nemico, sul quale questi fece perno per dividere e attaccare <sul rovescio> le forze italiane, annientandole, poi, sistematicamente una alla volta, senza che i comandi superiori italiani intervenissero per coordinare la difesa e predisporre i contrattacchi.

L'analisi particolareggiata degli avvenimenti è possibile leggerla in "Generali nella polvere" del medesimo autore, edizioni Settimo Sigillo, Roma.

Circa settanta ore durò la battaglia di Sidi el Barrani.

Per meglio comprendere quale fu il piano elaborato dal generale O'Connor, facilitato dall'ignavia dei vari generali italiani responsabili della prima linea costituita dai vari capisaldi di cui si è detto, si tenga conto di quanto segue.

1)   La 4^ divisione indiana e i 57 carri Matilda all'alba del 9 dicembre attaccarono i capisaldi del raggruppamento Maletti e subito dopo a nord-est quelli della 2^ libica, mentre la Brigata <Selby> impegnava le posizioni della 1^ divisione libica, incontrando una durissima resistenza. Infatti la brigata fu l'unica unità britannica che in quella giornata non raggiunse gli obiettivi assegnati.

2)   Intanto la 7^ divisione corazzata, comunque non al massimo degli organici, ma molto determinata, frapponeva le sue brigate (in effetti reggimenti) tra la zona dei combattimenti e i campi trincerati della divisione <Cirene> (all'estremo sud dello schieramento italiani) e quelli della divisione <Catanzaro> (sistemata a nord della <Cirene> e a ovest della 2^ libica e del raggruppamento Maletti).

3)   Sfruttato il varco, O'Connor aveva "vivisezionato le linee italiane, tagliandole a fette".

Mentre i generali italiani, Graziani, Gariboldi, Gallina, Cerio, Pescatori , Spatocco, De Guidi, Amico e Maletti rimasero inerti, subendo passivamente le iniziative del nemico, le truppe si batterono eroicamente pur in condizioni di assoluta inferiorità per mancanza di coordinazione delle forze disponibili.

4) Nel pomeriggio del 10 dicembre dei 57 Matilda (carri armati di oltre 26 tonnellate) entrati in battaglia ne rimanevano disponibili solamente 8 . Il raggruppamento Maletti ebbe le seguenti perdite: 490 morti, 700 feriti su una forza complessiva di 3.500 uomini: ufficiali, sottufficiali e truppa libica. Anche il comandante, il generale Maletti, cadde in combattimento.

5) Le informazioni sugli ammassamenti nemici nella zona di Marsa Matruh (o Matruk) e le rivelazioni dei prigionieri non determinarono alcun mutamento nella linea operativa italiana, come pure l'attività nemica nella zona del varco, attività che non venne minimamente disturbata. Dai documenti ufficiali italiani risulta che "tutti i comandanti di grandi unità restavano orientati sulle linee generali della nostra offensiva in preparazione".

6) Invece di opporsi alle manovre nemiche, Graziani, in preda al panico, sotto l'influsso malefico dell'incubo dell'accerchiamento da parte dei mezzi corazzati britannici, ordinò ripiegamenti ingiustificabili, abbandonando posizioni cruciali senza combattere, consentendo a O'Connor di realizzare penetrazioni, tagliando fuori le grandi unità chiuse a Bardia e a Tobruk che, attaccate senza alcun contrasto se non la disperata difesa entro la cinta delle due piazzeforti, caddero miseramente, aumentando a dismisura le perdite. Decine di migliaia di prigionieri e quantità enormi di rifornimenti. Tra cui almeno ottantasette carri armati intatti più di 200 cannoni " e tanti automezzi che "nessuno si prese la briga di contarli", rivelano fonti britanniche, ma che furono utilmente impiegati dal nemico, che ne avvertiva la mancanza.

7)   Il disastro si completò a Beda Fomm, nei primi giorni di febbraio,con la distruzione e la cattura quasi completa dei resti della 10^ armata, protagonisti di una convulsa e tragica ritirata. Una disfatta imponente. La prima vittoria britannica nella seconda guerra mondiale. Ottenuta soprattutto con la <collaborazione> degli alti comandi italiani, incapaci di apprezzare le situazioni, di impiegare i mezzi disponibili; di esercitare il comando tattico.

8)   Quale fu l'errore capitale di Graziani e degli altri generali? La difesa rigida del territorio, la convinzione che si dovesse opporre al nemico non una difesa manovrata e quindi elastica e idonea a costituire una minaccia bensì una difesa accanita del terreno, come sul Carso e sulla Hermada, sul Sabotino nel 1915.

Difetto gravissimo risalente all'orientamento principale e condizionante dallo Stato Maggiore Generale e discendente dalle esperienze della Grande Guerra, in cui i successi della guerra di trincea si misuravano in decine o, eccezionalmente, in centinaia di metri di terreno conquistato. I britannici, invece, combattevano nel deserto applicando in certa misura i criteri della guerra navale, con l'obiettivo, primario, di distruggere il nemico.

9)   Qual era la situazione dei Britannici? Dopo Sidi el Barrani, O'Connor proseguì la sua offensiva (secondo i piani originali doveva trattarsi di un'azione esplorativa limitata, di cinque giorni…) con i residui 70 carri cruiser e i 120 carri leggeri della 7^ divisione corazzata e con la 6^ divisione australiana che poteva contare su 120 cannoni e 23 carri Mark I. Inoltre, gli australiani erano a corto di equipaggiamenti; disponevano di due soli reggimenti di artiglieria invece di tre e uno di essi era equipaggiato con cannoni risalenti alla guerra 1914-1918. Infine la

compagnia controcarri aveva 11 cannoni controcarro da 37 mm invece di 27.

10)   La conquista di Bardia portò ai Britannici:40.000 prigionieri, 400 cannoni, 13 carri medi,115 leggeri, e ben 706 autocarri. Il dettaglio dei pezzi di artiglieria catturati è così stato elencato dalle fonti inglesi: 33 cannoni costieri di medio calibro, 220 cannoni da campagna , 26 pezzi pesanti contraerei: 40 pezzi per fanteria (65 mm), 146 cannoni controcarro.

11)   La piazzaforte di Bardia fu conquistata dai Britannici impiegando 20.000 uomini, 120 cannoni e 23 carri armati.

12)   Nei primi giorni di febbraio 1941 i resti della 10^ armata furono annientati tra i km 38 e 55 della via costiera Balbia. Ventimila prigionieri, 112 carri medi, 216 cannoni, 1500 automezzi. Questo l'ultimo bottino dei Britannici (battaglia di Beda Fomm) in quella campagna.

13)   Non si può non considerare che l'*intelligence* del comando dell'armata di Graziani acquisiva le sue informazioni ascoltando il notiziario radiofonico di Radio Londra, senza minimamente sospettare che le informazioni fossero manipolate per indurre gli italiani a trarre conclusioni errate e favorire in tal modo l'azione di O'Connor, senza sottovalutare il potere persuasivo e il condizionamento psicologico esercitato da notizie accuratamente costruite, proprio allo scopo di demolire il morale del nemico.

14)   Gli italiani continuavano a ritenere tali informazioni attendibili, mostrando clamorosa ingenuità e totale impreparazione, senza che nessuno intervenisse per porre fine a tale scandaloso, criminale comportamento in un settore tra i più delicati dell'attività bellica.

15)   Uno degli aspetti più tragici della ritirata e della drammatica fine della 10^ armata, è da individuarsi nel fatto che i carri armati della brigata corazzata che avrebbero potuto essere determinanti a Sidi el Barrani come pure a Bardia e a Tobruk ebbero il melanconico, amaro destino di formare la retroguardia della ritirata. Il XXI battaglione lanciatosi irrazionalmente all'attacco, per spezzare l'accerchiamento e consentire la ripresa del movimento retrogrado, venne annientato dal fuoco controcarro delle batterie disposte per tempo dai britannici.

16)   Solo settemila nazionali e trecento libici riuscirono a sfuggire alla morsa britannica. Era tutto quello che rimaneva di oltre centomila uomini.

17)   Dal 9 dicembre 1940 al 7 febbraio 1941, le perdite subite furono le seguenti: un comando d'armata (10^), 3 comandi di corpo d'armata (XX,XXII,XXIII); un comando di gruppo divisioni libiche; 5 divisioni di fanteria: Sirte, Catanzaro, Cirene, Marmarica, Sabratha, tranne il comando e alcuni elementi di quest'ultima, Tre divisioni di camicie nere: 3 Gennaio, 28 Ottobre, 23 Marzo; 2 divisioni libiche (1^ e 2^); un raggruppamento Oasi meridionali.

18)   *"Le particolari circostanze di guerra non hanno consentito di conoscere con esattezza il numero dei morti e dei feriti durante la prima offensiva britannica in Africa settentrionale. Per alcune unità, infatti, è stato possibile accertarlo soltanto parzialmente, mentre per altre non si è potuto disporre di alcuna notizia al riguardo"*. Così l'epitaffio della Relazione Ufficiale, sul disastro subito.

Notazioni dell'autore:
Relativamente a Beda Fomm, un memorialista, Dino Campini, scrive: *"Se la brigata corazzata avesse potuto disporre del VI battaglione carri medi 13/40 e del XXI,*

impiegati irrazionalmente, le sorti della giornata forse sarebbero state diverse".

Con ogni probabilità la valutazione di Dino Campini sarebbe stata confortata dai risultati se un diverso criterio d'impiego avesse ispirato l'azione di corazzati. Quando si dispone di oltre 140 carri medi, due terzi dei quali con un cannone più potente di quello degli avversari, quindi con un <braccio> più lungo, non ci si gingilla con telegrammi e con le<memorie> piagnucolose; non si disperde la forza di cui si dispone in tanti piccoli inutili nuclei corazzati disarticolati, costretti al passo della fanteria appiedata. Si contrattacca a massa, costituendo reparti ad hoc. E questo non a Beda Fomm, ma molto, molto prima. O, meglio, si attacca.

Sulla litoranea non erano più reparti militari quelli che defluivano, erano caotiche accozzaglie di fuggitivi.

I pochi reparti ancora in grado di ragionare con lucidità e disciplina, tenendo sotto controllo la marea del panico che saliva a vista d'occhio, si sacrificarono nel tentativo di spezzare l'accerchiamento che era stato pianificato in completa tranquillità, in mancanza di una efficace azione ritardatrice. Sia attiva, sia passiva. Non ha senso, pertanto, parlare di battaglia di Beda Fomm e neppure ipotizzare l'impiego coordinato in quella occasione di quattro battaglioni carri (III. V. VI. XXI.).

Una considerazione del genere trova migliore collocazione a Sidi el Barrani, a Bardia, a Tobruk, invece di fare un grazioso omaggio agli inglesi di quasi 150 carri medi tra "11" e "13"; si sarebbero dovuti impiegare tali carri in combattimento manovrato, con adeguato supporto di artiglieria motorizzata o auto-trainata e con aero-cooperazione.

I tedeschi in Polonia e in Francia, non avevano forse dimostrato che era possibile?

I britannici non mancavano di humour anche in quelle situazioni. Lo storico britannico Correlli-Barnett narra questo episodio raccontatogli da due generali inglesi: *"Una delle cose più divertenti fu la vista di un autobus carico di donne, sedute in mezzo al campo di battaglia che si incipriavano il naso e sorseggiavano the"*. *"Erano protette da un prete in sottana"*. *"Figura estremamente inadatta"*, secondo uno dei generali testimoni della scena.

E' interessante evidenziare quali fossero gli apprezzamenti e le valutazioni che si intrecciavano nella seconda metà degli anni '30 del XX secolo tra i vertici militari italiani, mentre altrove (Francia, Regno Unito e Germania, senza dimenticare l'Unione Sovietica, fortemente impegnata in collaborazioni ufficialmente clandestine con i Tedeschi quanto a impiego di mezzi corazzati e aerocooperazione) si lavorava alacremente su diversi fattori oltre quelli indicati, che intendevano trasformare sostanzialmente i concetti e i criteri dell'impiego delle forze: motorizzazione della fanteria e dell'artiglieria, impiego dell'aviazione nell'attacco al suolo a supporto delle divisioni meccanizzate e corazzate, ricognizioni tattiche, funzionalità e compiti dei reparti esploranti. Tutto ciò, con evidenti, profonde influenze sulla mentalità dei comandanti ai vari livelli, in totale mutamento, rivoluzionario, rispetto a quanto accaduto durante la Grande Guerra e ancora radicato in molti ambienti, italiani soprattutto.

Convocato a Roma ,il maresciallo Graziani espose le sue ragioni circa i motivi che impedivano di attaccare i Britannici in Egitto. Nel corso di una riunione, ristretta ai massimi responsabili militari e presente il capo del governo, il nuovo comandante superiore delle forze in Africa settentrionale dichiarò: *"E' insomma una campagna di guerra coloniale della massima entità ed importanza..."*

Nessuno (quanta viltà morale!) obiettò ricordando quello che Badoglio aveva affermato nel corso di una riunione dello Stato Maggiore Generale e cioè: *"Abbiamo visto il valore delle trincee anche quando costruite in fretta..."* e ancora: *"Quello che prevedo* (per la Libia, n.d.a) *sono incursioni di carri armati da ovest e, particolarmente, da est* (Egitto, n.d.a.). *Con le forze terrestri, dato il difetto di armamento idoneo, si può fare ben poco contro di essi: occorre, perciò, poter contare sull'aviazione ... si deve tener presente che specie, dalla parte est, i carri armati, dopo Siwa, non hanno mascheramento di sorta e si trovano allo scoperto. Un'aviazione che si rispetti li deve maciullare"*.

Alla riunione era presente, tra gli altri, il generale Pricolo, capo di stato maggiore della Regia Aeronautica. Nessuna obiezione alla dichiarazione di Badoglio, nessuno fece presente che l'Aeronautica non disponeva di velivoli idonei all'attacco al suolo e tanto meno di armamento adeguato. Infine, ma non secondario, mai era stato affrontata la questione tattica di attacco contro mezzi corazzati presumibilmente protetti da difese contraeree. E cadde nel silenzio generale anche la successiva affermazione di Badoglio: *"E' l'unica maniera che abbiamo per fermare un'azione del genere"*.

L'immagine che si trae da quanto sopra specificato, non ha bisogno di commenti.

Eppure a seguito di una ispezione compiuta da Badoglio in Libia, per rendersi conto dei livelli di preparazione, emerse *"il prevedibile larghissimo uso di carri armati da parte dei nostri possibili avversari (Francesi e Inglesi)"*.

Circa la minaccia area, *"non esistevano mitragliere contraerei di tipo moderno"*. Inoltre (in merito alle divisioni di fanteria) mancavano del tutto alle unità i mezzi di trasporto per movimenti fuori strada.

Nello scenario confuso dei piani operativi da condurre in Libia (Italo Balbo era più che mai convinto della necessità di attaccare le forze britanniche in Egitto, mentre Badoglio era nettamente contrario), lo Stato Maggiore generale e lo Stato Maggiore dell'Esercito (dove il maresciallo Rodolfo Graziani aveva rilevato nell'incarico il generale Pariani) godeva di forte credito la tesi (e solo di tesi si trattava…) secondo cui i Britannici avessero la possibilità di concentrare nello scacchiere egiziano *"un migliaio di aerei"*; scarsissima fiducia, poi, alla possibilità per un paio di divisioni (non meglio specificate… si torni a considerare quali risultati ottenne il generale O'Connor con due divisioni!) di superare indenne i circa duecento chilometri tra la frontiera con l'Egitto e Marsa Matruh. Mentre era solida la convinzione che una volta attaccati i Britannici si sarebbero raggruppati più a ovest del Delta per dare battaglia a forze riunite. I fatti, come si è illustrato, fecero strame di tutte queste illusioni.

La dottrina basata sull'assioma,*"chiudere le porte di casa"*, si dimostrò non solo un fallimento, ma una tragica farsa. In altro lavoro l'autore ha affrontato la questione dell'inaffidabilità del servizio informazioni (*"I Condottieri della disfatta"*, Edizioni Settimo Sigillo, Roma, 2010).

Si riaffaccia qui l'interrogativo di fondo. La mancanza totale della percezione di quale tipo di guerra si sarebbe dovuta combattere nel deserto dell'Africa Settentrionale, tenuto conto delle affermazioni sopra riportate circa l'impiego dei carri armati e delle valutazioni dell'alto comando germanico, secondo cui l'ipotesi di un'offensiva da parte italiana era da considerare irrealizzabile dal momento che *"l'esercito italiano non dispone delle unità e materiali ad essa indispensabili (essenzialmente carri armati, autoblindo, artiglierie)"*. Torna alla memoria quanto ebbe a dichiarare il generale Jodl nel colloquio con l'addetto militare italiano, generale Marras. Si aggiunga, a ulteriore rafforzamento del ragionamento, quanto ebbe a dichiarare Graziani (una guerra coloniale…) e che nessuna delle nostre divisioni corazzate e motorizzate era stata trasferita in Libia prima della dichiarazione di guerra, mentre si erano chiesti alla Germania *"carri armati e autoblind*o".

Un ulteriore aspetto da evidenziare relativamente a quella <campagna> riguarda principalmente l'artiglieria.

Il maresciallo Graziani con la sua tipica enfasi, definì quella che dovette sostenere, quale comandante superiore, una lotta della pulce contro l'elefante. Dopo aver letto il <rapporto> il capo del governo commentò amaramente: *"Una strana pulce… con milleottocento cannoni…"*.

Il capo del governo, non certamente alieno da errori di valutazione , in merito ai cannoni aveva ragione. Si sarebbe dovuto domandare quale impiego ne fosse stato fatto e quale preparazione e addestramento si fossero attuati in vista del conflitto.

Al 1° giugno 1940 erano disponibili in Libia, 127 cannoni da 47 mm; 146 bocche da fuoco da 65/17; 215 cannoni da 75/27-906; 48 da 75/27-911; 236 pezzi da 75/27; 336 da 77/28; 172 obici da 100/17, 97 cannoni da 105/28. Questo per i pezzi controcarro e l'artiglieria di piccolo e medio calibro da 105/28 ed esclusi i cannoni da 120/25, 149/12, 149/35 e i mortai da 210/18.

In sintesi 1.586 bocche da fuoco.

Si tenga conto che dopo aver occupata la piazzaforte di Tobruk, riconquistata nel 1942 dagli italo-tedeschi al comando di Rommel, i Britannici durante il lungo assedio impiegarono utilmente per la difesa bocche da fuoco e proietti da 75 mm abbandonati dagli italiani.

L'AVIAZIONE... ZOPPA

Quando l'aeroplano divenne un'arma non è facile da stabilirsi. Il primo impiego bellico, o, se si preferisce, militare, avvenne durante il conflitto italo-turco (1911)per il controllo della Libia. Si ebbe infatti l'utilizzo dell'aeroplano quale strumento di ricognizione e scoperta dei movimenti dell'avversario e in seguito, ma casualmente, il lancio di ordigni rudimentali, ma in ogni caso letali, su un campo nemico. L'aeroplano divenne così, improvvisamente, un elemento della tattica e delle operazioni militari e con tale evento si aprì una lunga sovente tormentata vicenda di dibattiti, discussioni, circa il ruolo, i compiti, i limiti del mezzo e della sua <filosofia>, sia tattica, sia costruttiva, sia di impiego tout court. Un dibattito ancora oggi, primi anni del XXI Secolo, vivissimo.

La Grande Guerra 1914-1918 vide l'aeroplano quale protagonista non marginale, sia nel quadro della ricognizione e del supporto al fuoco dell'artiglieria, quale correttore dei dati di tiro, sia in quello della caccia, cioè a dire del contrasto alle ricognizioni dell'avversario, e, quindi, proteso al controllo e al dominio dello spazio aereo, e, ancora, quale vettore di distruzione del dispositivo bellico nemico, nel ruolo di bombardiere. Nel 1917/1918, sul fronte occidentale, si ebbero anche le prime sperimentazioni di supporto diretto alle truppe di terra, azioni di mitragliamento a bassa quota, condotte anche sul fronte italiano, da parte dei trimotori da bombardamento Caproni.

In sintesi si andavano delineando e definendo nelle linee essenziali, le configurazioni del velivolo: ricognizione anche in profondità, caccia, bombardamento e, con l'azione a bassa quota e il relativo mitragliamento delle postazioni avversarie, l'attacco al suolo e il supporto aereo alle proprie forze di terra.

L'esigenza di colpire il nemico nelle sue basi più protette e difficilmente aggredibili sia dai mezzi navali che potremmo definire convenzionali, sia dall'aviazione con bombe sganciate da quota, suggerì ad alcuni più attenti (in particolare Winston Churchill e Alessandro Guidoni) l'uso del velivolo quale vettore di un siluro da lanciare contro le grandi navi ancorate nelle sicure acque interne e fortemente protette dalle artiglierie sia navali, sia di terra opportunamente , queste ultime, dislocate e supportate da proiettori giganti (le note fotoelettriche, idonee a scoprire e abbagliare eventuali incursori aerei e a favorire il tiro delle armi automatiche).

Non è questa la sede per una analisi del divenire delle varie tecniche difensive e neppure dell'evoluzione del pensiero tattico dell'impiego del siluro lanciato da aereo. Sarà sufficiente dire che nel 1914 a Venezia, con l'intervento dell'ispirazione tecnica di Alessandro Guidoni, si realizzò, nell'arsenale della Marina, un idrovolante appositamente studiato e progettato per essere impiegato come aerosilurante. Seguirono da parte di Guidoni alcune prove di lancio che suscitarono l'interesse a livello mondiale. Purtroppo l'esperienza non ebbe né l'attenzione, né la curiosità, e neppure il rispetto da parte delle superiori autorità e tanto meno quelle del Governo e, finita la guerra, si chiuse virtualmente anche il periodo degli studi in materia.

Un'ulteriore dimostrazione della lungimiranza esistente nelle alte sfere militari e governative italiane.

Disgraziatamente ai massimi livelli governativi si succedettero per lunghi decenni personaggi del tutto ignoranti e unicamente concentrati sui propri interessi di parte e di bottega, quindi autenticamente alieni in fatto di tecnica, progresso scientifico e questioni connesse con la sicurezza, la difesa e il prestigio internazionale, da cui discende poi il peso specifico nel mondo economico-industriale- commerciale e negli equilibri internazionali (si pensi soltanto all'accoglienza governativa riservata alla scoperta/invenzione fatta da Guglielmo Marconi e, in anni successivi, al desolante vuoto in risposta alle scoperte del professor Ugo Tiberio nel campo del <radar> o della radiotelemetria…)

Non così altrove: nel 1915, infatti, I Britannici erano stati i primi ad usare gli aerosiluranti in combattimento e precisamente affondando nel Mar di Marmara naviglio turco per un totale di cinquemila tonnellate. Da parte loro i tedeschi colarono a picco nel Mar Baltico, nel Mare del Nord e nelle acque della Manica, impiegando aerosiluranti, un cacciatorpediniere russo e quattro mercantili inglesi.

Da ricordare comunque, a titolo di merito per quanti furono protagonisti dell'impresa (Sottotenente, Luigi Ridolfi comandante del velivolo impiegato nell'operazione) che nella notte del 20 settembre 1917 si ebbe l'attacco di un biplano trimotore Caproni armato di siluri contro le navi austriache alla fonda nel porto di Pola. Operazione non coronata da successo. I piloti, abbagliati dai riflettori, lanciarono il siluro da una quota troppo elevata e questo provocò un'avaria agli strumenti di guida dell'arma che andò perduta.

La nascente specialità non ebbe futuro, in Italia. Altrove, invece, ebbe sostegno,teorico/dottrinario, politico, industriale, finanziamenti, credito. In particolare ebbe ruolo adeguato.

Soprattutto in fatto di lungimiranza e concretezza.

Senza addentrarci nei meandri delle questioni connesse con l'argomento aerosiluranti nella dimensione italiana (ad esempio il concorso ministeriale bandito nel 1925 per un idrosilurante d'alto mare e sugli esiti), sarà sufficiente dire che dopo ulteriori prove tutto fu insabbiato.

Che accadeva invece in Gran Bretagna e negli Stati Uniti?

Si teneva nel debito conto la posizione geografica, mentre gli interessi strategici suggerivano di non sottovalutare il più pesante dell'aria sia per quanto aveva dimostrato di saper fare tra il 1914 e il 1918, e, sia, in particolare, per quanto aveva dimostrato di poter fare. Nel Regno Unito, l'Ammiragliato, forte,orgoglioso della sua potenza navale e delle sue tradizioni, si rendeva conto che l'aeroplano così come era stato utilizzato per colpire navi di superficie nel Mar di Marmara, altrettanto aveva fatto da parte tedesca nel Mare del Nord e nelle acque della Manica, quindi, sarebbe stato azzardato oltre che profondamente errato sottovalutare il rischio di una forza aerea potenzialmente avversaria e magari specificamente addestrata nell'attacco contro unità navali.

Analogo <ragionamento> fu fatto negli Stati Uniti da parte di personaggi e ambienti più sensibili al nuovo. Inoltre sia a Londra, sia a Washington non si era dimenticato quanto l'ingegnere Gianni Caproni (con la collaborazione di Giulio Douhet e di Gabriele d'Annunzio) aveva proposto alle massime autorità governative e militari dell'Intesa circa l'impiego a massa di bombardieri: creare e addestrare una poderosa forza aerea interalleata, proposta che era poi sfociata nella decisione (1917) di costruire qualcosa come quattromila trimotori da bombardamento e con essi sistematicamente attaccare e distruggere il potenziale bellico e industriale dell'Impero germanico. Un progetto rimasto sulla carta, ma non dimenticato.

In sintesi, Inglesi e americani (e giapponesi) nei primi anni venti del secolo scorso avevano posto le basi concettuali per la creazione di una forza aeronavale onde garantirsi il mantenimento del predominio sugli oceani, sulle comunicazioni marittime, sul loro monopolio economico/ commerciale e sul controllo delle materie prime strategiche provenienti dai loro dominions (carbone – all'epoca - e poi petrolio, cromo, rame, manganese, volframio, nichel... caucciù, senza dimenticare i prodotti base dell'agricoltura e dell'alimentazione: grano e mais, tanto per ricordare...)

Ne scaturì la progettazione e costruzione di portaerei e di velivoli imbarcabili. Inglesi e americani avevano capito che l'aeroplano imbarcato mentre contribuiva alla sicurezza della flotta, nel contempo assicurava una considerevole, nuova, non facilmente neutralizzabile capacità offensiva; le portaerei erano lo strumento indispensabile per portare il più vicino possibile agli obiettivi nemici i velivoli imbarcati e il loro carico bellico. portaerei uguali ad aerpoporti mobili.

Si andavano sia pure lentamente, mutando le concezioni tradizionali dei rapporti di forza e nel contempo, si andavano configurando sempre più nettamente nuove metodologie d'azione e di condotta operativa.

Non più guerra navale secondo i canoni di Coronel e dello Jutland. L'aeroplano entrava a pieno diritto quale arma a lungo raggio: armato di siluro diveniva elemento tattico con capacità strategiche. Rappresentava la possibile minaccia prima ancora che le vedette scorgessero appena sopra l'orizzonte le alberature delle navi nemiche e quindi l'avvio dei rilevamenti per aprire il fuoco con i maggiori calibri alle massime distane consentite. Concezioni a dir poco rivoluzionarie, sorrette, inoltre, dai progressi tecnici e costruttivi possibili dei velivoli: velocità e autonomia prima di tutto, e mentalità del personale.

La svolta e i retroscena

Pur non considerato dalle massime autorità governative e militari, il siluro aereo era al centro di ricerche quasi clandestine anche in Italia.

Nel 1935 i complicati problemi relativi al lancio di siluri dagli aerei furono risolti con soluzioni tecniche geniali e questo da parte di un italiano, ufficiale pilota, divenuto in seguito famoso anche a livello internazionale per i libri scritti nel dopoguerra sulle cause della sconfitta: Antonino Trizzino.

Restando in argomento, la soluzione escogitata, divenne immediatamente argomento di interesse primario nei circoli dello spionaggio internazionale. Germania, Inghilterra e Svezia si impegnarono accanitamente al fine di entrare in possesso delle informazioni e dei dati tecnici.

Nel 1937 il silurificio Whithead di Fiume costruì un siluro per aereo che poteva essere lanciato da cento metri di quota e a una velocità di trecento chilometri /ora. Qualcosa che nessuno al mondo poteva permettersi.

Quella or ora accennata è una <storia> che merita il giusto spazio.

Per inquadrare correttamente il racconto è necessario fare una breve premessa. Qual era il pensiero, quale l'orientamento ufficiale della Regia Aeronautica in merito all'impiego del siluro aereo?

Nel 1947, a sconfitta avvenuta, a disastro nazionale consumato, ad asservimento perfezionato, e tuttora in essere, alle potenze vincitrici e per loro tramite, ai servi sciocchi, ai lacchè (protetti da ogni richiamo alle terribili responsabilità accumulate sin dal 1940, in forza dell'articolo 16 del diktat imposto in quel medesimo anno e denominato pomposamente e ipocritamente <trattato di pace>...) durante un processo militare a carico del generale Valle, per lunghi anni capo di stato maggiore della Regia Aeronautica, fu esibito un documento, più esattamente un rapporto presentato al capo del governo, Mussolini, dall'allora capo di stato maggiore della Regia Aeronautica (era subentrato al Valle) generale Pricolo, che ricopriva anche la carica di sottosegretario di stato all'Aeronautica (il ministro era lo stesso Mussolini). Ebbene in tale rapporto il Pricolo nel rispondere ad una domanda chiarissima posta dal capo del governo, risposta formulata con l'intento di spiegare, motivare, giustificare <il perché>, della mancanza, nella nostra aviazione, di aerosiluranti, affermava che tale mancanza *dipendeva dalla scarsa fiducia nella specialità, considerata meno efficace e di minor rendimento delle bombe*".

Va subito sottolineato che il <rapporto> di Pricolo era dell'aprile 1941.

Mussolini non richiamò seccamente all'ordine il suo dipendente facendogli osservare che il nemico, nel caso specifico la Royal Navy, con i suoi vecchi aerosiluranti imbarcati su portaerei aveva, nel novembre 1940 silurato, a Taranto, tre delle sei corazzate che formavano il nucleo di battaglia della Regia Marina e che, il 28 marzo 1941, aveva dapprima silurato la nave da battaglia Vittorio Veneto e più tardi l'incrociatore pesante Pola, azioni che poi sfociarono nella distruzione totale della divisione di incrociatori formata da Zara, Fiume e Pola, con il corredo dell'affondamento di due cacciatorpediniere della scorta (Alfieri e Carducci) e la morte di 2.303 uomini nelle acque a sud di Capo Matapan. E tutto questo nei primi (circa nove) mesi di guerra.

E se Mussolini lo fece non ve ne è traccia documentale nella ponderosa documentazione pubblicata nel dopo guerra da parte dell'Ufficio storico dello Stato Maggiore dell'Aeronautica (*"Direttive tecnico-operative di Superaereo"*, in quattro volumi) e neppure nelle numerose pubblicazioni ufficiali e ufficiose sino ad oggi consultate. Accadde solo che nel novembre 1941 Pricolo venne rimosso dall'incarico (e non a causa della mancanza di aerosiluranti) e sostituito dal generale Fougier.

Affrontiamo ora quale fosse il pensiero tattico dei vertici della Regia Aeronautica, quali i concetti dottrinari che ne ispiravano la linea operativa, quindi, l'organizzazione strutturale bellica.

Portavoce del pensiero ufficiale aeronautico italiano risulta essere il generale Ajmone Cat, lugubre, disgustosa figura.

Ricoprì incarichi prestigiosi e di enorme rilievo dottrinario e bellico: comandante della scuola di guerra aerea, comandante dell'aviazione in Africa orientale durante la campagna etiopica, comandante dell'Aviazione in Africa settentrionale durante la guerra - dove subì durissime documentate critiche da parte del generale Rommel comandante dell'Afrika Korps e di tutte le truppe italo-tedesche impegnate in battaglia - e... infine... capo di stato maggiore dell'aeronautica... della repubblica... un percorso che lo pone in totale ideale e ambigua simbiosi con quelli del generale Marras e dell'ammiraglio Maugeri. L'alleluja dei traditori!

Il generale Ajmone Cat scriveva, ad esempio: " *Le squadriglie siluranti proponendosi candidamente lo scopo di affondare le navi nella battaglia navale, secondo modalità d'impiego aereo decisamente condannabili e con esigenze orarie molto difficilmente realizzabili, si presentano come un nuovo lusso"*. E così proseguiva: *"Gli aerei siluranti non sarebbero, dunque, che una specializzazione creata esclusivamente per un intervento ipotetico e discontinuo legato all'altrettanto ipotetica e discontinua azione delle forze navali di superficie"*.

E a conclusione affermava: *" Chi ha assistito, da bordo di un'imbarcazione, al lancio del siluro dall'aereo, non ha potuto sottrarsi alla desolante impressione dello sperpero di vite e di materiali preziosi cui prelude una così coreografica, ma ingenua forma di attività bellica e non ha potuto far a meno di riandare ai primi tempi della passata guerra, quando si umiliava l'aeroplano e se ne demoralizzava l'equipaggio attribuendogli compiti assurdi, il cui unico risultato materiale era quello di impoverire l'efficienza aerea: il cui unico risultato morale di determinare dei disperati, ma inutili eroismi: il cui unico risultato spirituale di prostrare l'animo dei rimasti"*.

In un articolo di fondo sul quotidiano il " Messaggero" del 3 luglio 1934, si leggeva: *"L'aviazione si guarderà bene di annoverare il siluro fra le proprie armi di offesa, contrariamente alla pericolosa e deplorevole tendenza cui oggi si è indotti"*. (autore il medesimo Ajmone Cat o un suo incaricato…)

L'impegno fu mantenuto, fermamente.

Infatti il 10 giugno 1940 la Regia Aeronautica non aveva in linea alcun aerosilurante e tanto meno aveva disponibili siluri per aerei.

Vediamo cosa era accaduto dopo l'invenzione, tutta e solo italiana, del sistema di aviolancio di siluri.

L'interessamento della Germania non risultò unicamente speculativo: alleata dell'Italia (patto d'acciaio), conosciuto il <segreto>, aveva ordinato all'Italia trecento siluri per aereo dotati dell'apposito dispositivo di lancio. In articoli precedenti si è evidenziato l'altissimo livello tecnico-scientifico-industriale che in quegli anni caratterizzava l'aviazione germanica, ma neppure quell'interessamento e quella commessa indussero i vertici aeronautici italiani a riflettere e a riconsiderare l'intera questione.

Furono i tragici e durissimi incontrovertibili fatti bellici a smentire, squalificare, screditare, mettere alla gogna della storia, i teorici ottusi, imbelli e stupidamente arroganti, goffi e presuntuosi della Regia Aeronautica. Fu un aerosilurante,oltretutto un vecchio biplano magistralmente condotto (analogo a quello che a Capo Matapan silurò il Vittorio Veneto), a danneggiare la corazzata Bismarck in pieno Atlantico e a consentire alle navi della Royal Navy di raggiungerla (con l'aiuto dei radar di cui erano dotate!) e colarla a picco.

L'argomento ha in sé tali e tante sfumature che non può essere chiuso con poche frasi, pur efficaci, ma non idonee a tratteggiare quale in effetti fu la vicenda e quale il suo peso nell'economia della guerra aeronavale nel Mediterraneo.

Si è detto di studi ed esperienze clandestine, in Italia.

In un suo scritto del dopoguerra, il generale Valle afferma: *"Avevo dopo lunghe esperienze condotte a Guidonia e a Fiume dal '35 al '38, creato un siluro aereo, che era riuscito a funzionare anche lanciato da ottanta metri"*.

Un risultato fantastico! Ma neppure quello smosse i massimi vertici della Regia Aeronautica. La specialità rappresentava un problema non solo tecnico. Lo conferma Pricolo nel suo rapporto al duce: le autorità aeronautiche avevano *"la costante preoccupazione che lo sviluppo dei reparti aerosiluranti, tanto appoggiato dalla marina, portasse, dato il mezzo in cui essi dovevano agire, alla dipendenza delle forze navali"*.

In parole meno vaghe: l'aeronautica temeva (paventava) che gli aerosiluranti diventassero una specialità della marina. Quindi: miserabili questioni di rivalità, sterili, falsi conflitti di competenza, futili gelosie personali, volgari dimostrazioni di incompetenza professionale. Così, su questo terreno si venne sviluppando l'analisi, lo studio, la valutazione, l'apprezzamento della <questione aerosiluranti>.

Vi sono poi squallide bugie, comportamenti degradanti, roba da plotone di esecuzione in un paese degno di tal nome e con un comando supremo veramente all'altezza del suo compito istituzionale (vedasi in tempo di guerra quali decisioni furono prese in Unione Sovietica... in presenza di disubbidienze e di errori da parte di alti comandi... e si veda con quale determinazione e rapidità Winston Churchill <silurava> i generali non ritenuti all'altezza del compito).

Per giustificarsi di fronte al capo del governo, Pricolo, capo di stato maggiore della Regia Aeronautica, dichiarò formalmente e per scritto che lamentava che studi ed esperienze sugli aerosiluranti fossero stati abbandonati, guardandosi bene dal precisare che egli non aveva mai, in alcuna occasione, spesa una, diconsi una parola a sostegno delle iniziative che si svolgevano, guarda caso!, proprio in un territorio nel quale lui stesso aveva, prima di divenire capo di stato maggiore della Forza Armata) l'alto comando dell'aviazione (Veneto e Venezia Giulia): contrariamente a un suo generale dipendente , S.A.R. Amedeo di Savoia Duca d'Aosta (pilota), non aveva mai effettuato un lancio di siluro dall'aereo; non bisogna dimenticare che Pricolo proveniva dai dirigibili ed aveva conseguito il brevetto di pilota solo per opportunismo di facciata; non aveva mai combattuto (durante la grande guerra)a bordo di velivoli e mai lo fece. Neppure in seguito (Spagna,Etiopia).

Ancora da segnalare che le prove, le sperimentazioni sugli aerosiluranti erano effettuate nel territorio sotto il comando del Pricolo e <suo malgrado>… ed egli mai presenziò in qualsivoglia forma a sperimentazioni.

I retroscena, deprimenti e autenticamente irritanti, vedono anche il generale Pricolo non solo protagonista di turlupinature nei confronti del capo del governo, ma anche insubordinato nei confronti di ordini espliciti del capo di stato maggiore generale, maresciallo Pietro Badoglio, e tutto ciò senza che alcuno intervenisse per dargli quello che meritava.

L'episodio si riferisce alla commessa dei trecento siluri fatta dalla Germania.

Se il passo della Luftwaffe non scompose minimamente Pricolo e il suo stato maggiore, rimasti saldamente ancorati alla convinzione che nulla fosse più efficace contro le unità navali nemiche del bombardamento in quota, il fatto non passò invece inosservato da parte di Badoglio che suggerì una considerazione diversa del fatto e di quanto esso significasse. Pricolo ignorò il suggerimento pervenuto mediante una lettera a firma Badoglio. Quest'ultimo, dopo breve tempo, fine 1938, scrisse una ulteriore lettera ordinando espressamente di disporre subito per richiedere formalmente al silurificio di Fiume la costruzione di trenta siluri per l'Aeronautica.

Anche questa volta Pricolo stese una coltre di fitto impenetrabile silenzio e di totale arrogante indifferenza sull'ordine del suo superiore gerarchico e, nel rapporto a Mussolini, accennò, per motivare il suo atteggiamento, a questioni finanziarie non meglio documentate e a presunti riflessi, negativi, sui rapporti con la Marina. In sostanza, alla fine del 1939 (un anno più tardi rispetto all'ordine di Badoglio) i trenta siluri erano di là da venire. E questo ancora il 10 giugno 1940.

Nessuno ebbe a eccepire, né Badoglio, né Mussolini. Tanto per dimostrare di quali panni vestissero i massimi responsabili militari italiani alla vigilia della dichiarazione di guerra all'Impero Britannico.

Riflessione

Per rispetto nei confronti del Lettore, qualora questi vi sia, si dedica un minimo di spazio (e non in una nota a piè di pagina, che ha sempre l'aspetto, deprimente, di una correzione/integrazione postuma) a quale fosse il panorama del potere aeronavale tra il 1936 e il 1939, situazione che sarebbe dovuta essere sotto gli occhi dei massimi comandi militari italiani e oggetto di serie, approfondite analisi, di costanti apprezzamenti e valutazioni interforze.

Francia: 1 portaerei (Bearn con 40 velivoli imbarcati)

Impero Britannico: 7 portaerei (Furious, Argus, Eagle, Hermes, Courageous, Glorious, Ark Royal (quest'ultima aveva una dotazione di 60 aerosiluranti Fairey Swordfish); (inoltre, erano in costruzione portaerei con il ponte corazzato classe Illustrious (inizialmente con 36 aerei, portati in seguito, dopo ampi lavori di trasformazione effettuati in un cantiere statunitense, sino a 72) e portaerei Formidable, medesima classe.

Quanto sopra era di dominio pubblico facendo parte di pubblicazioni non esclusive, ma di annuari acquistabili da tutti nelle librerie. Stati Uniti d'America al 1° luglio 1935: 1 portaerei, negli anni immediatamente seguenti: portaerei

Saratoga, Lexington, Ranger, Hornet, Enterprise, Yorktown, ciascuna con 72 velivoli imbarcati.

Giappone: al 1° luglio 1935 - 5 portaerei: Kaga, Akagi, Ryujo; in costruzione, Soryu e Hiryu; in progettazione e poi in costruzione: Zuikaku (84 aerei), Shokaku (medesima classe). Il Giappone entrò in guerra (7 dicembre 1941) con dieci portaerei tra pesanti e di media capacità operativa quanto a velivoli imbarcati. All'epoca era la più grande e più addestrata forza aeronavale esistente sulla faccia della terra. Nel medesimo periodo gli Stati Uniti disponevano di sei portaerei di cui solo tre dislocate nel Pacifico. Da parte sua la Gran Bretagna (Regno Unito) aveva in linea tre portaerei di cui solo una dislocata nell'Oceano Indiano.

Nessuna portaerei in quel periodo (1941-fine 1942) poteva stare alla pari della Zuikaku e della Shokaku: Solo nel 1943 gli Stati Uniti con la Essex disposero di un vascello che poteva competere con le unità nipponiche, quanto a potenziale aereo .

Discorso a parte meriterebbero i velivoli imbarcati.

Basti qui dire che gli americani riuscirono a costruire un velivolo da caccia imbarcato all'altezza dello Zero giapponese solo quando casualmente riuscirono a mettere letteralmente le mani su uno Zero nipponico che a causa di un banale incidente fu costretto ad un atterraggio di fortuna su una piccola isola deserta delle Aleutine. La sfortuna volle che durante la manovra di emergenza, il velivolo si impennasse uccidendo il pilota. L'aereo rimase così virtualmente intatto e, scoperto da una pattuglia americana, venne poi consegnato ai tecnici aeronautici e da questi all'industria che, limitandosi a copiare il velivolo giapponese, produsse il caccia Hellcat, più veloce e meglio armato dello Zero.

Le menzogne dopo la sconfitta

La ricerca storica sovente è fatta di incontri casuali, di lettura persino superficiale di note, allegati, etc.

Così può accadere di reperire riscontri di quanto traspariva, o si intuiva, ma senza disporre di conferme.

Si torna a citare il generale Pricolo. Infatti nel suo libro *"La Regia Aeronautica nella seconda guerra mondiale"*, uno scritto spudoratamente auto difensivo e auto elogiativo, si legge: *"La battaglia di Punta Stile del luglio 1940 avrebbe avuto un esito ben diverso se l'Aeronautica italiana avesse disposto a quell'epoca di velivoli aerosiluranti. Infatti la flotta inglese dell'Amm. Cunningham non aveva a quell'epoca neppure un apparecchio da caccia di protezione e le navi non avevano ancora alcuna particolare difesa contro attacchi di aerosiluranti. La vecchia npa Eagle poteva lanciare soltanto una ventina tra ricognitori e aerosiluranti. Lo Sato maggiore dell'Aeronautica, nel suo complesso, aveva quindi commesso un errore di apprezzamento, provocato forse dalla fatale illusione che con le bombe di piccolo e medio calibro si potessero affondare anche le grosse navi. Più tardi, molto più tardi, ossia venti anni dopo, appresi che lo Stato Maggiore dell'Aeronautica così facendo aveva anche contravvenuto a precise esortazioni, in tale materia, di Badoglio e dello stesso Mussolini. Infatti in una parte del memoriale di Badoglio riferentesi al 1939, riportato in un suo libro dal Gen. Faldella, è detto testualmente: anche la preparazione dell'Aeronautica era fortemente deficitaria (le altre FF.AA. non lo erano da meno) soprattutto per numero e specie di apparecchi. Ma una grave lacuna non può passare sotto silenzio: la mancanza di numerosi, solidi e ben addestrati reparti aerosiluranti*". L'esaltazione dell'ovvio. Purtroppo gli storici ufficiali e quelli asserviti, si sono ben guardati dal denunciare la doppiezza, l'ipocrisia, i falsi, le enormi responsabilità di quel capo di stato maggiore della Regia Aeronautica e Sottosegretario di Stato. Aggiungendo falsi a falsi, mistificazioni a mistificazioni.

Ricordato che il generale Pricolo aveva ricoperto l'incarico di capo di stato maggiore della Regia Aeronautica dal 10 novembre 1939 al 15 novembre 1941 e, quindi, aveva avuto sette mesi di tempo, prima della dichiarazione di guerra, per allestire qualche stormo di aerosiluranti,oppure, nella peggiore, delle ipotesi almeno alcune squadriglie, e, prima ancora, di garantirsi la disponibilità urgentissima di una decente scorta di siluri per aerei, suona strano, curioso, per non dire assurdo e grottesco che egli abbia avuto l'impudenza, la spudoratezza di scrivere quanto sopra riportato testualmente.

La massima, totale, completa responsabilità della mancanza di velivoli aerosiluranti e di unità addestrate alla data del 10 giugno 1940, non deve essere attribuita allo Stato Maggiore della Regia Aeronautica, nel suo complesso,come artatamente ha scritto il generale Pricolo, ma esclusivamente, unicamente al generale Pricolo stesso. Oltre tutto, reo di falsa testimonianza .

E' indispensabile qui mettere in evidenza quanto affermato profeticamente da Gabriele d'Annunzio sin dal 1917: con duecento aerosiluranti l'Italia avrebbe dominato il Mediterraneo.

La dimostrazione

Il clamoroso errore di apprezzamento e valutazione perpetrato dal vertice della Regia Aeronautica, sottovalutando gli aerosiluranti a favore del bombardamento in quota contro unità navali, fu confermato dagli esiti delle prime azioni condotte dai primi aerosiluranti tricolori.

17 settembre 1940, silurato l'incrociatore britannico Kent, (12 mesi fuori combattimento secondo la documentazione fornita nel dopoguerra da fonti ufficiali del Regno Unito (con tutte le riserve suggerite dalla non sempre corretta ammissione, da parte dell'allora nemico, delle perdite subite)

14 ottobre 1940, silurato l'incrociatore Liverpool (12 mesi fuori squadra).

3 dicembre 1940, silurato l'incrociatore Glasgow (nove mesi fuori squadra, colpito da due siluri, lanciati da due aerosiluranti al comando rispettivamente di Erasi e Buscaglia).

23 luglio 1941, silurato l'incrociatore Manchester (9 mesi fuori squadra).

Inoltre, sempre relativamente a unità da guerra:

27 agosto 1941, silurato l'incrociatore Phoebe (8 mesi fuori squadra)

27 settembre 1941, silurata la nave da battaglia Nelson (6 mesi fuori squadra)

1 dicembre 1941 silurato nuovamente l'incrociatore Liverpool, (tredici mesi fuori squadra)

18 novembre 1942, silurato l'incrociatore Arethusa (dodici mesi fuori squadra).

Con quali mezzi e quali equipaggi gli aerosiluranti agirono, ad esempio, nel settembre 1940, quando si era in guerra da circa quattro mesi? Con quattro velivoli S.M. 79 e quattro equipaggi.

E con quella forza limitata, ma condotta con straordinaria perizia dagli equipaggi, guidati da piloti privi di esperienza, ma dotati di qualità eccezionali, entro dicembre di quell'anno furono silurati e seriamente danneggiati tre incrociatori e alcuni mercantili. La documentazione disponibile non consente di accreditare l'esito positivo del lancio dei siluri in numerose occasioni, ad esempio nell'attacco condotto contro un convoglio il 13 settembre e in quello del 29 settembre durante il quale sarebbe stata colpita una unità da guerra, probabilmente un quarto incrociatore. Ulteriore successo rivendicato dagli equipaggi e non confermato dal nemico: una unità mercantile silurata durante l'attacco effettuato il 13 novembre 1940.

16 dicembre, attacco a unità di superficie al largo di Ras Azzaz, siluri sganciati a meno di 1000 metri dal bersaglio sfruttando l'incerta visibilità da parte del nemico nel periodo del crepuscolo: notata dagli equipaggi dei due velivoli "un'alta e persistente colonna di fumo scuro " che avrebbe potuto denunciare lo scoppio dei siluri. L'osservatore con binocolo ha accertato che la nave ha rapidamente sbandato sul lato sinistro di circa 40 gradi. L'azione aveva sfruttato mirabilmente la sorpresa . Il 22 dicembre il velivolo al comando di Galimberti, attacca nel porto di Sollum la nave britannica Chakla (incrociatore ausiliario). Notata dall'equipaggio una grande vampata e una colonna di fumo sul fianco della nave.

Il dettaglio delle azioni è consultabile in *"Storia degli aerosiluranti italiani"*, Edizioni Bizzarri, Roma, 1974.

Rimane scolpito nelle pagine della Storia vera, e non quella manipolata e mistificata, il fatto che dal 17 settembre al 3 dicembre 1940, "alcuni piroscafi e gli incrociatori britannici Kent, Liverpool e Glasgow furono silurati dai quattro S.79 e dai primi equipaggi della specialità, guidati da abili e coraggiosi comandanti: Buscaglia, Deodato, Erasi, Muri, Robone e Sabatini" (così ha scritto, Giorgio Evangelisti nella premessa a un libro dedicato agli aerosiluranti).

Mentre le maggiori potenze navali si preparavano al conflitto costruendo portaerei, velivoli specifici per il lancio di siluri e addestrando il personale, creando le opportune scorte di siluri, in Italia ci si cullava nell'illusione di poter affondare le unità navali nemiche con il bombardamento in quota con bombe di piccolo e medio calibro. Nacque in quel periodo la leggenda di un'Italia da considerarsi come una immensa portaerei. Contrariamente alle esigenze, l'industria non realizzò alcun progetto in merito a un velivolo monoplano a grande autonomia pensato quale aerosilurante, (e neppure il Ministero ritenne di sollecitare studi in merito), quindi con la capacità di poter agire autonomamente, con ampi margini di sopravvivenza forniti da robustezza, armamento difensivo, velocità e autonomia (n.d.a.: Il bimotore Cz.1018, velocità massima 524 Km/h, più veloce dei velivoli da caccia scelti dalla Regia Aeronautica, il cui progetto era pronto agli inizi del 1939 venne mai considerato, ipotizzato utile a codesto scopo?). Tanto meno lo Stato Maggiore ritenne di dover pensare e realizzare una rete, più correttamente, una <maglia> di aeroporti dai quali far decollare gli aerosiluranti e nel contempo consentire ai velivoli in difficoltà di trovare rifugio e assistenza, tecnica. Osservando una carta del Mediterraneo non serve essere uno stratega per vedere che Pantelleria, prima di ogni altro punto, rappresenta una base di enorme rilievo, (e perché non Lampedusa?) seguita da Rodi e ancora, da aeroporti allestiti sulla costa occidentale (e perché non anche quella orientale della Sardegna e in tutta la fascia meridionale, da est a ovest, della Sicilia, non trascurando, ad esempio, la penisola Salentina, l'area orientale della Calabria, senza dimenticare che avevamo l'intera fascia libica, da Tripoli a Tobruk e Bardia e oltre per creare, organizzare, strutturare basi aeree ad hoc. E questo dagli inizi degli anni "Venti" del secolo scorso.

La Regia Marina dopo aver avvertito, nell'imminenza della campagna d'Etiopia, l'esigenza non di una, ma di tre portaerei (avviati gli studi di fattibilità!) decise poi di rinunciarvi, concentrandosi invece sul conflitto di competenze sugli aerosiluranti e avviando un dibattito su chi dovesse pagare, controllare, comandare e impiegare la <specialità>: uno squallido litigio con l'Aeronautica. indegno persino delle lavandaie (con tutto il rispetto per la memoria delle medesime) di infimo livello del Regno.

Non si può non evidenziare che le menti pensanti dell'Aeronautica militare italiana, ammesso che ve ne fossero, dimostrarono anche una profonda ignoranza, una dabbenaggine <biblica>, e una mancanza totale di curiosità. Infatti sarebbe bastato sfogliare alcuni testi per scorgere fotografie di velivoli armati di siluri se non addirittura fotografie di lanci di siluri da aereo: ad esempio l'aerosilurante tipo Blackburn che agì nel mare del Nord contro la flotta imperiale germanica; un Sopwith "Cuickoo" fotografato appena dopo aver lanciato l'ordigno, un biplano Swordfish con siluro in posizione ventrale (il velivolo standard della specialità aeronavale della Royal Navy, protagonista dell'attacco di Taranto, di quello contro la corazzata Bismarck e prima, marzo 1941, dell'azione contro la squadra navale italiana nelle acque di Matapan).

In ultima analisi, i vertici della Regia Aeronautica non <pensavano> proprio agli aerosiluranti!

Invece gli Inglesi, profondamente convinti che in tempo di pace gli Stati maggiori debbano progettare e pianificare gli attacchi al potenziale nemico, sin dalla metà degli anni 930 avevano studiato, progettato, pensato e approfondito, aggiornato costantemente, il piano di attacco alla flotta da battaglia italiana, nella sua base più protetta, Taranto. L'ammiragliato britannico non aveva minimamente sottovalutato il significato di una flotta italiana agguerrita posta al centro strategico del Mediterraneo a poche miglia da Malta e in possibilità di tagliare in due il Mediterraneo isolando Alessandria d'Egitto, il Canale di Suez, il Medio e il Vicino Oriente, con tutte le conseguenze connesse.

Al contrario, la Regia Marina non aveva alcun piano per conquistare Malta immediatamente dopo la dichiarazione di guerra; Tobruk e Bardia non erano state trasformate in poderose basi aeronavali e neppure Rodi, dove erano stati dislocati velivoli vecchi quali gli S.81 che a malapena superavano i 300 Km/h e persino alcuni patetici Fiat CR.32, caccia biplani, già superati negli ultimi periodi della guerra di Spagna! A Rodi i Fiat C.R. 32 erano schierati nell'aeroporto di Gadurrà.

I brillanti successi dei quattro trimotori S.M.79 in versione aerosiluranti, non ebbero la dovuta attenzione da parte di uno stato maggiore generale vecchio, stantìo, ammuffito, ottusamente esclusivamente preoccupato di tutelare la sua supremazia burocratica e protocollare, assolutamente impreparato concettualmente ad affrontare una guerra aeronavale, del tutto ignaro, perché incolto, intellettualmente povero, di quanto era accaduto – ad esempio – dall'1 settembre 1939 alla fine di maggio 1940 e del significato strategico degli eventi accaduti in circa nove mesi, soprattutto di quanto avevano predisposto i potenziali nemici (Francia e Inghilterra).

Si tentò invano di recuperare il tempo malamente colpevolmente, criminalmente perduto: solo a fine ottobre

1940 fu costituito a Gorizia il primo centro di addestramento per aerosiluranti. Si erano gettati al vento cinque anni durante i quali si sarebbero potuti organizzare, armare, addestrare collaudare interi stormi di aerosiluranti. Le operazioni belliche mostrarono che i nostri piloti e gli S.79 non avevano alcunché da invidiare ad alcuno. Se avessero avuta la disponibilità di un numero maggiore di velivoli e di siluri, gli esiti di molti attacchi sarebbero stato molto diversi. Purtroppo mancando un cervello tattico e stratagico alla guida della Forza Armata (e non era la sola a soffrire di questo malefico cancro), le grandi opportunità disponibili non furono sfruttate, e malamente vanificate.

• L'aviazione militare italiana era come un'anatra zoppa.

• L'ottusità, la vanagloria, la supponenza , l'ignoranza, la privarono di un'arma vincente, il siluro. Le impedirono di esprimersi come avrebbe voluto e potuto e come in certi momenti, a dispetto di capi incompetenti, riuscì a fare, senza essere compresa, aiutata e sostenuta.

• Il suo fu un battito di ali imperioso, orgoglioso, velato di amarezza e di soffuso, malinconico declino.

Asterisco

La Regia Aeronautica italiana entrò nel conflitto il 10 giugno 1940, con una " linea caccia" basata sul biplano Fiat C.R.42 armato con due mitragliatrici e con una velocità massima di 440 Km/h teorici. Inoltre non disponeva di bombardieri strategici pur potendo disporre di tempo, mezzi e capacità produttiva per utilizzare quanto già disponibile e invece ignorato (si veda in proposito, delle Edizioni Settimo Sigillo, "I condottieri della disfatta").

Il trimotore SIAI Marchetti S.M. 82 reggeva il confronto con i bombardieri inglesi in quel periodo disponibili (tutti bimotori), con il vantaggio di un carico bellico (4.000 Kg.) pressoché doppio. Il dramma consisteva nel fatto che nel giugno 1940 l'Aeronautica aveva in linea 12, diconsi dodici, velivoli di questo tipo. E non nel ruolo di bombardieri. Nel corso del conflitto ne furono costruiti 875 esemplari, ma non per il ruolo di bombardieri, bensì per quello di trasporto (li utilizzò anche la Luftwaffe).

Sempre in termini di velivoli e di compiti, non si disponeva

a) di aeroplani, concepiti, studiati e progettati per lo specifico ruolo di aerosiluranti, e neppure di

b) ricognitori marittimi a grande autonomia con capacità antisom,

c) di velivoli per attacco al suolo e di aerocooperazione con le truppe di terra e in particolare con le colonne corazzate e motorizzate (queste ultime del tutto inesistenti e neppure <pensate>) e

d) non vi erano nel dispositivo bellico velivoli di supporto e difesa dei convogli marittimi diretti ai porti libici. Mancavamo di aeroplani dotati dell' autonomia necessaria per compiere l'intera traversata marittima (e magari anche il rientro), mantenendo costante la protezione ai mercantili e alla scorta. Nessuno aveva mai posto la questione dei rifornimenti da trasferire in Libia in caso di conflitto con Francia e Inghilterra e tanto meno aveva, sia pur a grandi linee, ipotizzato cosa sarebbe stato necessario per garantirne la sicurezza, tenuto conto che il nemico (individuato ben prima del giugno 1940) era la Royal Navy.

LE DATE CHE HANNO CAMBIATO LA STORIA

Persino gli storici più valenti e scrupolosi, sottovalutano certe date che nulla hanno di apparentemente trascendentale, che non coincidono con eventi straordinari, tali da catturare l'attenzione internazionale e da lasciare stupefatti, ma che, nella sostanza, sono l'origine di mutamenti fondamentali nel divenire umano. Uno di questi anni è il 1934 che si accompagna al 1935.

Ci si riferisce, quindi, a un periodo lontano, ben 75 anni fa. Cosa accadde quasi quattro generazioni or sono? Che due signori, l'ingegnere inglese Reginald Joseph Mitchell e il <collega> tedesco Willy Messerschmitt, ognuno per conto suo, e sulla base di <specifiche> dei rispettivi Ministeri dell'Aria, <concepirono> e progettarono due velivoli, monoplani da caccia, macchine che veramente hanno fatto la Storia sia pure su due fronti opposti. Sul fronte britannico lo <Spitfire>, su quello germanico il <Messerschmitt Bf.109>. Non si vuole qui trattare delle caratteristiche e dell'impiego bellico, e neppure degli sviluppi e dei risultati conseguiti, qui si vuole solo indicare come l'aviazione si sia trasformata, in virtù sia delle intuizioni di menti direttive, ma soprattutto di progettisti di gran calibro, capaci di <vedere> il futuro e di tradurlo in realtà.

Sino alla metà degli anni '30 del XX secolo, gli esperti e gli specialisti dell'aviazione militare ritenevano il biplano più che idoneo a rappresentare la soluzione vincente . Il biplano, eroico protagonista della Grande Guerra, la macchina del "Barone Rosso" (esattamente un triplano), di Francesco Baracca, di Fulco Ruffo di Calabria, accreditato, quest'ultimo di 20 vittorie ufficiali, ma in realtà di ventotto e forse trenta abbattimenti (di cui una decina <probabili>).

Neppure l'apparizione di monoplani di provenienza sovietica nei cieli di Spagna nel 1937/38 indusse numerosi Stati maggiori (tra cui principalmente quello italiano) a riesaminare la questione e a valutare l'opportunità di abbandonare il biplano che ormai aveva raggiunto il massimo dei suoi possibili sviluppi tecnici e passare decisamente al monoplano. L'intuizione fu di britannici e tedeschi che nel 1939 disponevano di potenti e modernissime, velocissime macchine da combattimento. L'Italia invece era ancora ferma al 1918: dal punto di vista tecnico, intellettuale e industriale, in campo aeronautico, aveva optato per il biplano esattamente il " Fiat CR.42". Non solo ed esclusivamente sulla base di analisi e valutazioni tecniche operative, ma soprattutto perché influenzate dall' industria, Fiat in particolare..., che in tal modo sfruttava ulteriormente le linee di montaggio e i criteri costruttivi, evitando nuove ricerche e soprattutto ulteriori investimenti.

All'1 settembre 1939, scoppio della seconda guerra mondiale, la Gran Bretagna disponeva di 497 caccia "Hurricane" e di 300 "Spitfire": il primo con una velocità di 515 Km/h e 541 Km/h nella versione bellica; il secondo, lo Spitfire, con una velocità di 571 km/h, salita poi, nelle versioni più avanzate,(Spitfire IX-1943) a 656 Km/h e a721 Km/h nella versione MK.XIV. Il Fiat CR. 42 (biplano) raggiungeva a malapena i 430 Km/h e lì si fermò. Non sarebbe sufficiente una intera enciclopedia per trattare adeguatamente gli aerei da caccia di quel periodo (1935/1945) sfociati poi nei primi aviogetti di concezione, produzione e impiego germanico. Per avere un'idea e un implicito confronto tra i criteri britannici e quelli italiani, sarà sufficiente notare, oltre alla velocità (già messa a confronto), che il biplano della Fiat era dotato di due mitragliatrici, mentre il caccia britannico disponeva di otto armi, che potevano sparare diecimila colpi in un minuto.

Il 1934/35, dunque, il biennio magico dell'aviazione, la nascita del monoplano, il momento i cui l'aeronautica ha fatto il salto di qualità, il primo di tanti che sono seguiti e che seguiranno. Un periodo storico magico per la creatività aeronautica, segnato dall'assenza completa dell'industria e dei progettisti italiani. In seguito, ma con fatica, si ebbero soluzioni straordinarie, di cui si dirà, ma in ritardo e ostacolate dalle viscide trappole burocratiche e tecniche dominanti i vertici della Regia Aeronautica. Se non addirittura periodo cosparso di sabotaggi, tradimenti, voltafaccia e quanto altro immaginabile in tale cupa, oscura, tenebrosa dimensione.

IL BUIO... INFORMATIVO

Qualsiasi Stato Maggiore, qualsivoglia Comando militare o industriale basa le proprie decisioni operative sulla scorta di informazioni, di notizie, opportunamente verificate, scrupolosamente analizzate, e quando ciò sia difficile o impossibile, ricorre a valutazioni, apprezzamenti sulla base di quanto disponibile e reperibile in ogni forma possibile e praticabile, persino mediante la corruzione, il ricatto, le minacce, nessuna esclusa, compreso il furto, le rapine, le intrusioni, il sequestro , senza escludere pettegolezzi di salotto, delazioni, pressioni, indagini da camera da letto, etc.

La fantasia non ammette, non consente confini allo spionaggio.

Nei dieci mesi circa della <non belligeranza> italiana (Settembre 1939 – 10 giugno 1940) si ebbero tali e tante dimostrazioni di incompetenza, imperizia, ignoranza, superficialità, inettitudine, approssimazione, inabilità difficilmente catalogabili e soprattutto ammissibili, sia pure come semplici,involontari errori di percorso.

In sintesi, gli Stati Maggiori commisero clamorosi, giganteschi errori di valutazione e si dimostrarono non solo incompetenti, ma persino sospetti di malafede e di doppio gioco a danno del Paese, quindi passibili di fucilazione per palese, documentato tradimento.

Nessuno storico, salvo Franco Bandini con il suo *"Tecnica della Sconfitta"* (primo volume *"Una guerra preventiva"*, secondo volume, *"Le sei incredibili settimane"*) ha affrontato la tematica con la necessaria, indispensabile precisione e concretezza.

Sia consentita una digressione: chi scrive le presenti note ha conosciuto Franco Bandini. Non ci siamo frequentati abitualmente, esclusivamente per distanza di residenza, di ambienti professionali, di impegni e di progetti, di attività professionale nei vari scacchieri, eppure ci si intese automaticamente, avendo in comune, la propensione alla ricerca e all'analisi, espressione di caratteri analoghi quanto a riservatezza, riflessione, caparbietà, costanza, tenacia, sete di verità e, mi si consenta, di meticolosità e persino puntigliosità nella localizzazione dei particolari.

Bandini, tra le molte cose scritte, ha segnato il suo tempo e il nostro del XXI secolo con le seguenti parole: "*Abbiamo abbandonato la feconda strada della politica spassionata, per abbracciare il modo di vedere irritabile, irragionevole e pericoloso delle grandi masse democratiche, con tutte le loro irrazionali pressioni sui governi, spesso più costretti ad adattarsi dilettantisticamente all'opinione comune del momento che abituati a seguire una fredda e sicura strada delle lunghe prospettive*".

Conviene subito ricordare, a scanso di equivoci, che il confronto tra concezioni e obiettivi e il relativo fatale scontro ebbe, sia nel 1914, sia nel 1939, al suo centro, il potere navale, più esattamente aeronavale, argomento meritevole di una trattazione a parte.

Per ora ci si limita ad affrontare, sempre schematicamente, la delicata e complessa questione delle informazioni, dell'Intelligence, intesa come acquisizione di elementi dai quali trarre norma d'azione e di condotta.

Nello scenario di quel periodo (non belligeranza), vi sono alcuni episodi, se così vogliamo classificarli, straordinariamente illuminanti, ed è di questi che qui intendiamo dire, non senza premettere che a tanti anni di distanza dagli eventi nessuno, si ripete nessuno, ancora, salvo qualche raro esempio marginale, che non ha certo beneficiato dell'attenzione della grande critica e quindi privo di risonanza, e tanto meno della diffusione, nessuno, si ripete , ha inteso trattarne e in tal modo smascherare i falsi storici e denunciare le occasioni disponibili, e ben note, gettate al vento.

In forza di quali fonti e di quali elementi le pubblicazioni ufficiali e ufficiose sulla situazione delle forze avversarie verso la fine del mese di maggio 1940, quindi nell'imminenza della dichiarazione di guerra all'Inghilterra e alla Francia da parte del Regno d'Italia, fondino le loro affermazioni non è dato sapere. Rimane il fatto conclamato che a oltre sessant'anni dalla fine della guerra, quelle cifre (false e manipolate) sono tuttora come scolpite nel bronzo o nel marmo, se si preferisce.

Ci si riferisce allo schieramento avversario oltre mare, segnatamente in Africa Settentrionale e in Africa Orientale, dove le colonie italiane confinavano con quelle imperiali britanniche e in parte francesi (Tunisia, Ciad e Gibuti).

Rispettando l'esigenza di non sperdere lo spazio disponibile in interessanti, ma pesanti ulteriori considerazioni, diremo che l'analisi dello scenario strategico secondo le valutazioni dello Stato Maggiore Generale Italiano era orientato alla <stretta difensiva>, nel concetto di <chiudere la porta di casa> in attesa di quale sarebbe potuto essere l'esito degli attacchi germanici, fermo restando che Badoglio, massima autorità militare - seconda solo al capo del governo - manifestò reiteratamente il suo punto di vista sui Tedeschi; egli era preoccupato esclusivamente di tenerli accuratamente fuori da qualsiasi ingerenza, considerandoli *"invadenti e prepotenti"* (si veda in proposito quanto evidenziato in un articolo precedente, in merito agli aiuti offerti da Hitler e rifiutati).

Ebbene quale fosse la stima delle forze nemiche nello scacchiere africano, risulta dalle seguenti cifre:

314.000 Francesi In Algeria, Tunisia e Marocco; 100.000 Inglesi ed egiziani in Egitto: 200.000 dell'armata di Weygand in Siria. Sulle frontiere della Libia, in sintesi, gravava qualcosa come un totale di oltre 400.000 uomini, arrotondando le cifre. A breve distanza e minacciosa nella sua consistenza, si stagliava, inoltre, l'armata di Weygand. Un rapporto di 1 a 5 a nostro sfavore, secondo le conclusioni di Badoglio, presentate formalmente al capo del governo.

Mussolini, sulla base di quelle informazioni, era fortemente preoccupato e sollecitava un rafforzamento delle forze schierate in Libia, al momento 140.000 uomini, divenuti poi 220.000, ma ancora lontani da una consistenza appena accettabile per una <onorevole resistenza>.

Tutti gli apprezzamenti, tutte le disposizioni, tutte le valutazioni da parte dello Stato Maggiore Generale, scaturirono, quindi dalle cifre sopra riportate. Fu quello il riferimento di ogni decisione, progetto, piano (non ne esisteva alcun...!!, né per l'Africa Settentrionale, né per Malta).

La <stretta difensiva> era la regola assoluta, ovunque, su ogni fronte.

Ma qual era in realtà la consistenza del nemico, mentre la Francia crollava sotto i terribili, tremendi, micidiali colpi del Blitzkrieg e la Gran Bretagna era sull'orlo della catastrofe (solo la decisione di Hitler di fermare le divisioni corazzate nei pressi di Dunkerque impedì la cattura integrale del corpo di spedizione, di fatto dell'intero esercito britannico disponibile all'epoca...).

Per Badoglio e i suoi accoliti annidati nello Stato Maggiore generale a Roma, In Egitto dovevano esservi 100.000

britannici e non poco meno di 36.000; nel Sudan 30.000 e non 9.000, dei quali solo 2.400 inglesi; in Kenia 50.000 e non 8.500; nel Somaliland (Somalia inglese) 10.000 e non 1.500; in Siria 200.000 e non (probabilmente meno di) 40.000. Si aggiunga che Aden era difesa di due battaglioni di truppe indiane.

N.B. Si tenga conto che le cifre qui riportate degli effettivi delle forze britanniche furono confermate ufficialmente dal generale Wavell, comandante in capo del medio Oriente, in un rapporto ufficiale inviato il 10 dicembre 1940 al Ministero di Stato per la Guerra a Londra.
Si precisa ancora per fornire al Lettore il quadro sia pure sintetico dello scenario strategico:
Il Sudan aveva circa mille miglia (milleduecento miglia, secondo fonti ufficiali inglesi) di frontiera in comune con l'Africa Italiana; Il Kenya settecento miglia (ottocentocinquanta, secondo fonti ufficiali britanniche). (Un miglio terrestre uguale a 1.609,3 metri),
Inoltre quando nel 1954 fu pubblicata la "Storia della Guerra Mondiale", in lingua inglese, le cifre erano sostanzialmente le stesse. Inoltre un docente di Cambridge, precisa che in Palestina gli inglesi erano in tutto 27.000.
Si confrontino le forze britanniche con gli sviluppi delle frontiere per avere un'idea di quali possibilità si offrivano ad azioni offensive, considerato che tra Libia e Impero, gli effettivi italiani superavano le 400.000 unità.

Le menti elette delle Forze armate italiane mostrarono l'assoluta mancanza del requisito essenziale: la capacità di apprezzare correttamente la situazione.
Il solo raffronto tra le cifre considerate assolutamente attendibili da parte dello Stato Maggiore italiano e quelle

relative alla concreta consistenza delle forze nemiche, dimostra con quale sufficienza, approssimazione e superficialità agirono i massimi rappresentanti militari nel predisporre la pianificazione operativa. Ne deriva l'altrettanta clamorosa inabilità e inaffidabilità, per non dire altro, dei servizi segreti militari che tali cifre, fornirono o consentirono fossero accreditate allo Stato Maggiore Generale.

Un oscuro e tenebroso sospetto aleggia cupamente da molti decenni su questa parte della vicenda: ci si riferisce alla non troppo segreta volontà di Badoglio e di ambienti della casa reale, di voler fornire impressioni negative al capo del governo, con il proposito di indurlo a non intervenire, assecondando – il che è veramente criminale – i disegni di quanti (già in quel periodo , inizi, primavera 1940) intrattenevano ameni conversari, interlocutori, tessendo le prime maglie di una fitta rete di contatti, di forniture d'informazioni, d'intese tattiche e strategiche, creando l'ordito di patti scellerati, con gli emissari dei potenziali nemici, conversari, svoltisi in un clima di contenuta, ma sicuramente malcelata soddisfazione, nelle tranquille, lussuose, confortevoli sedi <balneari> lungo il lago di Ginevra o nelle hall riservate di alberghi <extraterritoriali> a Berna, Basilea, Zurigo o St. Moritz, Losanna. etc. Interlaken, (Protagonisti, da parte italiana , ambienti vicini, o non estranei, alla principessa di Piemonte, consorte dell'erede al Trono, e con la benevola abilmente intessuta distrazione del Vaticano,come pure vicinissimi a Badoglio, particolarmente alla Fiat, alla Pirelli fortemente impegnata con i suoi massimi vertici, alla Falck, etc.).

Chiarita quale fosse l'entità delle forze britanniche e francesi, almeno in termini numerici, per seguire il criterio prescelto da Badoglio, secondo cui il numero degli uomini rendeva meglio lo scenario che avevamo di fronte rispetto a quello rappresentato dal numero delle Divisioni, soffermiamoci un momento sulla vicenda dell'armata di Weygand, e sul ruolo che essa ricoprì negli apprezzamenti del maresciallo Badoglio e conseguentemente sull'intera valutazione tattica e strategica italiana, nella primavera del 1940.

Cominciamo col dire che nei mesi invernali del 1939 e nella primavera successiva, la stampa, compresa quella italiana, diede ampio spazio all'armata Weygand, attribuendo alla medesima una forza di circa un milione e sino a due milioni di uomini. Altre testate, più prudenti o più caute, ridussero la cifra a 200 mila unità, e tale cifra entrò a far parte delle valutazioni ufficiali dello Stato Maggiore Generale, con il codicillo di una concreta possibilità (secondo uno studio effettuato da Graziani, capo di stato maggiore del Regio Esercito) di poter essere schierata ai confini orientali della Libia (con l'Egitto), nel tempo massimo di una quindicina di giorni. Il che, ovviamente, escludeva qualsivoglia ipotesi di una offensiva contro l'Egitto da parte italiana, imponendo, come già segnalato, un rafforzamento in uomini delle truppe nazionali, al fine di assicurare, se non altro, una discreta, dignitosa, se pur non decisiva, capacità difensiva.

In effetti nel periodo sopra sinteticamente indicato, il generale Weygand poteva disporre di circa diecimila uomini e non certo organizzati in unità organiche, e privi di supporto credibile di artiglieria, di automezzi, di mezzi corazzati e/o blindati, come si classificavano all'epoca, ad esempio, le autoblindate e i carri leggeri.

La stampa, in ultima analisi, accreditava una fola, agitava un'immagine inesistente, trasformando una menzogna, un falso propagandistico, in una forza, gigantesca, colossale. Nessuno, a Roma, pensò fosse necessario accertare di quali panni vestisse tale armata. E francamente stupisce che ancora oggi non vi sia chi abbia la decenza di smentire con i documenti francesi, che pure sono disponibili per chi abbia tempo e denaro per effettuare una ricerca documentale adeguata negli archivi transalpini, questo clamoroso falso.

Lo scrivente non ne ha la forza finanziaria. In caso contrario...!
In ultima analisi l'armata di Weygand fu un 'autentica truffa e, nel contempo, una beffa; al tempo stesso un'arma insidiosa nella guerra sotterranea delle informazioni manipolate e intossicate. Conflitto nel quale i servizi segreti italiani (di tutte e tre le Forze Armate) furono sconfitti,clamorosamente. Mai Weygand e i suoi pochi e scalcinati battaglioni avrebbero potuto costituire una minaccia, mai avrebbero avuto a disposizione i mezzi (terrestri, aerei o navali) per trasferirsi da Aleppo e da Damasco e schierarsi in una zona qualsivoglia del Nord Africa o dei Balcani (ad esempio, ai confini tra Egitto e Libia) e rappresentare una minaccia di qualche consistenza. Eppure essa svolse un terrificante ruolo di freno, condizionamento e di paralisi intellettuale e decisionale, inducendo Mussolini, manipolato costantemente dalle mene di Badoglio, (e mai sfiorato dal dubbio e dall'idea, di pretendere verifiche e accertamenti approfonditi) a scegliere la linea della <stretta difensiva su tutti i fronti>, segnatamente su quelli nord-africani.
Per misurare il rischio attribuito all'armata di Weygand, basterà qui aggiungere che secondo lo Stato Maggior

Generale essa poteva essere utilizzata per minacciare le nostre posizioni ai confini tra Albania e Grecia.

Le forze a disposizione di Weygand potevano tutt'al più essere considerate forze di occupazione, mentre Badoglio attribuendo a Weygand una forza inesistente, ritenne che *"il pensare soltanto ad una nostra offensiva da quella parte* (Libia orientale verso l'Egitto, n.d.r.) *è semplicemente ingenuo"*. Sicché, l'armata di Weygand, inesistente, vinse da sola, senza sparare un colpo, la battaglia del Medio Oriente, prima ancor che l'Italia scendesse in campo.

Le menzogne di Badoglio, i suoi apprezzamenti basati sul niente, soltanto su supposizioni che hanno il profilo della distorsione, della mistificazione, della manipolazione, e della più assoluta e devastante incompetenza, sfociarono in direttive mussoliniane del tutto errate. Difensiva, come si è detto, sia verso la Tunisia, sia verso l'Egitto, sopravalutazione abnorme delle forze avversarie, paralisi concettuale, incapacità di pensare, organizzare, predisporre una qualsiasi azione offensiva, sia pur locale e puramente dimostrativa. Passività, inerzia totale.

Similmente agli apprezzamenti della situazione terrestre, le valutazioni delle condizioni aeronautiche del nemico risentirono delle dilatazioni, delle lievitazioni artificiali, straordinarie delle cifre dei velivoli (non) schierati potenzialmente dapprima, concretamente (ma con contorni fantascientifici) dappoi, contro di noi. Senza dilungarci, è sufficiente dire che il potenziale aereo nemico venne ritenuto superiore di venti volte rispetto alla effettiva consistenza, secondo lo Stato Maggiore Generale. In sostanza, al giugno 1940, le forze Armate italiane, pur con tutti i limiti connessi con la carenza, se non la mancanza di mezzi corazzati, aveva una netta superiorità nei confronti delle forze britanniche schierate in Egitto e nel Medio Oriente. Ed è questo l'unico confronto fattibile, considerando che la Francia era ormai stata annientata dalle Panzerdivisionen e dalla Luftwaffe.

Quanto ai servizi segreti è accertato e documentato ufficialmente, dal punto di vista memorialistico e storiografico, che per circa due anni prima della guerra, l'attività informativa si attestò unicamente , esclusivamente sulla lettura dei giornali.

Il che la dice lunga sull'attendibilità delle informazioni reperite.

Sarebbe da irresponsabili dimenticare che l'uso della stampa e dei mezzi d'informazione in quegli anni disponibili (quotidiani, agenzie di stampa,periodici e radiotrasmissioni) rientrava negli strumenti atti a diffondere notizie depistanti, utilizzando le tecniche dell'inganno e della simulazione, materie in cui i britannici erano maestri sin dalla guerra 1914-1918.

I due esempi sin qui <illustrati> del vuoto informativo, sarebbero sufficienti da soli per trarre delle conclusioni circa l'affidabilità e la credibilità di quanti, tra il 1935 e il giugno 1940 furono incaricati di preparare le Forze Armate ad una guerra che il Capo del Governo aveva affermato essere inevitabile e ineludibile sin dal 1927.

Ma altro merita essere evidenziato.

Premesso che una analisi più approfondita e articolata può essere consultata in "*I Condottieri della disfatta*" e in "*La fabbrica della sconfitta*", ambedue delle Edizioni Settimo Sigillo, (Roma), è opportuno, qui, affrontare sia pure brevemente la vicenda della Divisione corazzata Centauro.

Nelle valutazioni dello Stato Maggiore Generale, la presenza in Egitto della Settima Divisione Corazzata britannica rappresentava una autentica, esiziale minaccia.

La sola definizione letterale incuteva rispetto e implicita ammirazione. Una specie di <bau/bau>. In realtà risultava, invece, che si trattava di "un'occasionale raggruppamento di forze" lontane dagli organici di tabella, previsti dallo stato maggiore britannico. Quella che poi venne classificata "Topi del deserto", usando il criterio dei cartoni animati (che dire allora della "21^" e "15^" Panzer e dell'"Ariete"?) nel giugno 1940 disponeva di tre modesti battaglioni, di cui solo due dotati di carri armati, di due battaglioni di fanteria portata, cioè a dire 1500 effettivi e di un'artiglieria dotata di non più di quaranta pezzi. Per quanto attiene ai mezzi corazzati, si era di fronte a 38 autoblindo e a meno di una sessantina di carri tra medi e leggeri.

Non è questa la sede per trattare della qualità dei carri e della dottrina di impiego. Basterà precisare che il Regio Esercito italiano non disponeva di una dottrina dei controcarri e dei cannoni e neppure del munizionamento necessario e che, ancora alla fine degli anni '70 del secolo scorso, quindi in piena "guerra fredda", lo Stato Maggiore dell'Esercito dovette sfiorare lo scontro aspro, spigoloso e aperto con il Ministro della Difesa e con la competente Commissione parlamentare per poter acquistare, dalla Francia, il missile "Milan" e dotarsi, almeno apparentemente, di una illusoria capacità difensiva controcarri, eminentemente dimostrativa, a livello di plotoni di fanteria. E chi scrive le presenti note ebbe l'incarico di stilare un'ampia e particolareggiata scheda tecnico-operativa circa i requisiti, le capacità, l'efficacia e l'affidabilità, quindi l'esigenza di acquisire urgentemente il sistema d' <arma>,data l'enorme inferiorità, qualitativa e quantitativa, in fatto di forze motocorazzate della NATO rispetto all'entità della minaccia delle forze del Patto di

Varsavia lungo il <fronte> orientale (la "celebre" <Soglia di Gorizia>) e questo su diretto, personale ordine dell'allora Sottocapo di Stato Maggiore dell'Esercito; ovviamente incarico coperto da rigorosa,vincolante, e sino ad ora applicata, riservatezza.

E veniamo alla Divisione Centauro. Sottovalutata la situazione nel deserto libico al confine con l'Egitto, ammessa la possibilità che i britannici avanzassero sino a Giarabub, così come apprezzate prevedibili le incursioni di mezzi corazzati, affermato da Badoglio che non si disponeva di mezzi idonei a contrastare i carri, ma sostenuto che un'aviazione che "si rispetti", (affermò perentoriamente Badoglio), li avrebbe dovuti maciullare (??) in quanto dopo l'oasi i carri non avrebbero avuta alcuna protezione nel terreno desertico, gli unici settanta carri armati disponibili (Carri M.11 di circa 12 tonnellate armati con un pezzo da 47 mm sistemato in casamatta, non in torretta girevole) erano stati dislocati in Albania. Trasferiti poi in Libia nel mese di luglio non furono raggruppati in un' unica unità dotata di artiglierie e di fanteria motorizzate, ma distribuiti <a spizzico> a varie divisioni di fanteria, con il compito di appoggiare i fanti a piedi. Cancellando, escludendo completamente la manovra e l'azione d'urto.

Era questa la <filosofia> dei mezzi corazzati imperante allo Stato Maggiore Generale.

Da quanto precede emerge che lo Stato Maggiore generale e quello delle tre Forze Armate (Esercito, Aeronautica e Marina) disponevano di informazioni del tutto inadeguate e insufficienti, per non dire inattendibili e false.

Un ultima notazione. Riguarda la Regia Marina.

Le pubblicazioni ufficiali e ufficiose relative appunto alla Marina e segnatamente al confronto delle forze presenti nel Mediterraneo e più specificamente riferite alla disponibilità di navi da battaglia da parte dell'Italia, affermano uno dei tanti falsi storici di cui è costellata la storiografia ufficiale .

Ebbene: i sacri testi affermano che l'Italia disponeva di due navi da battaglia, mentre in realtà la Regia Marina allineava cinque corazzate: esattamente Giulio Cesare, Conte di Cavour, Vittorio Veneto, Littorio e Duilio (poco tempo dopo sarebbe entrata in linea anche la corazzata Doria). Sarebbe superfluo insistere qui in merito a quanti giorni il Vittorio Veneto e il Littorio erano in Squadra. Il Vittorio Veneto (da due mesi e mezzo) faceva parte della prima Squadra ed era l'ammiraglia della IX Divisione (ammiraglio Carlo Bergamini). Analoga destinazione ebbe la corazzata Littorio (in servizio da cinquanta giorni). Affermare, come fanno le fonti ufficiali, che le due corazzate non erano pronte al combattimento al momento della battaglia di Punta Stilo, è falso, fuorviante , mistificatorio. Tipico della storiografia ufficiale.

L'ammiraglio Carlo Bergamini sollecitò più volte (l'8 luglio) Supermarina per avere l'autorizzazione ad uscire in mare e a dare battaglia alle navi di Cunningham quel 9 luglio 1940, ma l'alto comando navale gli negò l'autorizzazione. ... Se l'ordine di uscire fosse stato dato, tre corazzate inglesi, di cui due vecchie e con una velocità massima di 22 nodi (e che a Punta Stilo, proprio per questo handicap, non riuscirono a entrare in contatto balistico con la Squadra italiana), si sarebbero trovate di fronte quattro corazzate italiane, di cui due, Vittorio Veneto e Littorio, armate nel complesso con 18 cannoni da 381 millimetri.

Le guerre si perdono per ottusità, ignoranza, incompetenza, viltà , tradimento e per decisioni di questo genere.

LA STORIA HA BUSSATO QUATTRO VOLTE

La Storia ha i suoi riti e i suoi Ordini monastici.

I primi riguardano le procedure, i secondi si vanno componendo, formati dagli episodi, dai momenti magici, spesso risultato di una combinazione spontanea di eventi, associazioni psicologiche, intuizioni, perspicacia. Alle volte gli avvenimenti subiscono influenze e repentini mutamenti di rotta, quindi risultanze di un apprezzamento del tutto estraneo, per nulla afferente all'oggetto, frutto non premeditato di considerazioni, quasi un lampo illuminante scaturito autonomamente e pur geniale e decisivo se carpito, catturato, gelosamente conservato nella sua interezza.

Molto, se non tutto, dipende dallo spessore culturale, dalla personalità, dalla capacità selettiva e dalla prontezza percettiva. Requisiti essenziali e prioritari in diplomazia, dove le sfumature costituiscono il nocciolo e le allusioni volutamente oscure, il tempismo, e anche l'ironia opportunamente calibrata, formano la sostanza e la chiave interpretativa del linguaggio, naturalmente cifrato, entro cui avvolgere intenzioni, comunicazioni, informazioni altrettanto confidenziali e persino confezione di segreti, suggerimenti appena tratteggiati, incoraggiamenti, qualcosa che ha il profilo di una speranza se non addirittura di un sogno vicino a realizzarsi.

Ecco, quindi, l'esigenza di sapere coordinare nel tempo e nello spazio conversazioni, considerazioni, pur se banali e scandite in più <capitoli> come in un romanzo a puntate. Ciò vale soprattutto a certi livelli di personaggi e di argomenti, personaggi adusi a fare del dialogo formalmente ineccepibile e lessicalmente perfetto, la forma più raffinata di comunicazione, dove le pause, l'intonazione, le apparenti incertezze, le dosate ripetizioni, nonché i sottintesi riferimenti, ne formano la sostanza.

L'assenza della corretta percezione di messaggi subliminali rappresenta il limite penalizzante di un interlocutore, così come la superficialità analitica del messaggio, i limiti di un'indagine semantica, sono i prodromi del fallimento.

Ciò accadde nell'agosto 1940 ed ebbe il suo tragico apogeo nell'autunno - inverno di quell'anno.

Il 20 giugno 1940 il maresciallo dell'aria, Italo Balbo, comandante superiore delle Forze Armate in Africa Settentrionale, scriveva una lunga (accorata) lettera al capo di stato maggiore generale, maresciallo Pietro Badoglio, lamentando *"grave deficienza di automezzi, vetustà del materiale"* e sottolineando *"i mezzi anticarro sono per la più parte di ripiego; quelli moderni difettano, in genere, del munizionamento adatto"* (citazione da "Ministero della Difesa –Stato Maggiore Esercito – Ufficio Storico: *"In Africa Settentrionale La preparazione al conflitto. L'avanzata su Sidi el Barrani – Ottobre 1935-Settembre 1940- Roma 1955, pag. 93"*).

Il cortese Lettore ricorderà quanto sottolineato nelle pagine precedenti.

Il maresciallo Balbo così concludeva: *"Ora che la guerra in Francia volge al termine, sarebbe possibile ottenere dai tedeschi per la Libia una cinquantina dei loro magnifici carri armati e autoblindo(...) Costituirebbero la punta d'acciaio dell'offensiva che vogliamo condurre contro l'Egitto"*.

Tale offensiva prevedeva, in linea teorica, una prima avanzata su Sidi el Barrani, una seconda su Marsa Matruh, due manovre preliminari in vista dal balzo su Alessandria d'Egitto.

Va considerato che in presenza delle travolgenti vittorie germaniche, (Belgio, Olanda e Francia letteralmente annichilite, Norvegia e Danimarca occupate con fulminee operazioni) l'offensiva italiana in Africa Settentrionale assumeva contorni e contenuti di primaria importanza sotto l'ottica politica, militare e di prestigio. L'addetto militare italiano accreditato a Berlino, generale Efisio Marras. ebbe l'incarico – come già precisato- di chiedere ai Tedeschi *"una sollecita cessione di mezzi e materiali all'esercito italiano"*. Una decisione che Badoglio aveva sempre osteggiato e rimandato molte, molte volte, temendo di dover poi subire le pressioni tedesche tese a interferire nella condotta bellica italiana e a piegarla, così ragionava il maresciallo, ai desiderata di Hitler e dello Stato Maggiore della Wehrmacht. In altre parole Badoglio paventava il ischio di vedere le forze armate italiane e il suo personale ruolo trasformati in un vassallaggio servile e unicamente passivo, dello strapotere germanico.

Marras, conscio di quale fosse l'orientamento del suo capo, dovette comunque agire nel solco delle procedure protocollari in essere: prospettò quindi la questione al generale Jodl, Capo Ufficio Operazioni della Wehrmacht. Il 3 settembre 1940, come già opportunamente rimarcato, riferiva l'esito del colloquio in un rapporto indirizzato al maresciallo Pietro Badoglio, capo di stato maggiore generale, massima autorità militare, secondo solo al capo del governo, Benito Mussolini.

Il rapporto del generala Marras riveste un'importanza storica fondamentale nell'apprezzamento degli sviluppi militari e strategici del conflitto in quel periodo (estate-autunno 1940) quando tutto , si ripete tutto, era ancora intatto, non pregiudicato e la Gran Bretagna, ancora sotto choc per le vicende di Dunkerque e il crollo della Francia, era quanto mai vulnerabile, aggrappata solo ed esclusivamente alla sua tenacia e al sostegno politico e industriale degli Stati Uniti, che comunque erano in attesa (di <scegliere partito>) tenuto conto, freddamente se non cinicamente , di quali sarebbero potuti essere i successivi sviluppi delle vicende militari, a seguito della scesa in campo dell'Italia e della complessità dello scacchiere mediterraneo e mediorientale, non sottovalutando, nell'ottica britannica, la minaccia aerea e quella del centinaio di sommergibili, ch avevano la massima considerazione da parte di Churchill.

Si ritiene indispensabile dedicare una maggiore attenzione al contenuto delle dichiarazioni rilasciate dal generale Jodl, numero <tre> della massima gerarchia militare germanica, all'addetto militare italiano e sopra ampiamente riportate, e questo in considerazione dello scenario rappresentato e delle prospettive delineate.

Il generale Jold, espose il pensiero dell'alto comando germanico sullo scacchiere del Mediterraneo. Ricordato che secondo l'alto ufficiale tedesco le operazioni tedesche contro l'Inghilterra avrebbero potuto non essere *"condotte a termine entro il prossimo autunno"*, il generale tedesco osservava, acutamente: *"In questo caso converrebbe utilizzare l'inverno – stagione di limitato rendimento per le operazioni contro le Isole britanniche - per liquidare la situazione nel Mediterraneo, ossia occupare Egitto e Palestina, distruggere o cacciare le forze navali inglesi dal Mediterraneo, occupare Gibilterra"*. Sin qui una considerazione ovvia. Non si deve dimenticare che in quei giorni del 1940, la Germania era in condizione di realizzare qualsivoglia operazione, come dimostrò l'attacco al dispositivo fortificato di Eben-Emael, al confine tra Belgio e Germania, fortificazione che dominava il passaggi sulla Mosa e sul Canale Alberto, operazione condotta da una ottantina di paracadutisti/genieri germanici.

Badoglio e lo Stato Maggiore generale, come pure il capo del governo, non meditarono sufficientemente sul messaggio inviato dal generale tedesco a nome dell'alto colmando germanico in un momento decisivo delle sorti del conflitto nel Mediterraneo: *"Per le operazioni in Egitto la Germania potrebbe concorrere con proprie forze terrestri, oltre che con l'invio di materiali"* e precisò subito dopo: *"Potrebbero venire inviate, anche a breve (pronte nei porti d'imbarco italiani entro sei settimane dalla decisione) una o due divisioni corazzate. Queste, osservò il generale germanico, porterebbero il contributo della loro esperienza, e operando fuori dell'estate, non sarebbero ostacolate dai forti calori"*.

L'ultima considerazione del generale Jodl assume un rilievo straordinario: *"Stabilito il concorso delle unità tedesche anche il problema dell'invio di materiali sarebbe stato facilitato"*. E' utile, qui, elencare quali fossero gli organici di una Divisione Panzer nel 1939-1940:

Comando: 1 Brigata carri (Panzer Brigade) su due reggimenti carri (panzer regiment). 1 Brigata motorizzata (Schutzenbrigade) su 3 battaglioni motorizzati e 1 Btg. motomitraglieri. 1 Battaglione esplorante. 1 Battaglione controcarro. 1 Reggimento di artiglieria motorizzato. 1 Gruppo di artiglieria contraerei. 1 Battaglione pionieri motorizzato. 1 squadriglia da ricognizione con 12 velivoli. Servizi vari. In totale : 11.000 uomini, 270 carri, di cui 130 carri medio-pesanti,

50 autoblinde, 24 obici da 105 mm.

Moltiplicare i dati di cui sopra per due (x 2) onde avere l'esatta componente di potenza di penetrazione, volume di fuoco e capacità di manovra dell'aiuto offerto dal Cancelliere tedesco, al Capo del Governo italiano, nei primi giorni di settembre 1940.

Quale fosse la sottile percezione germanica della vanità, della vacuità e della presunzione italiane si coglie in una frase del rapporto di Marras: Si legge,infatti, testualmente: "Egli (Jodl, n.d.a.) ha accennato infine all'ipotesi che le unità tedesche possano portare il loro concorso in un secondo tempo, dopo che le forze italiane abbiano compiuto un primo balzo in Egitto".

La Germania era pronta a scendere in campo a fianco dell'Italia per chiudere con un colpo solo la questione mediterranea. Vale la pena riflettere su cosa avrebbe significato una possibile affermazione nel caso dell'impiego di due divisioni corazzate tedesche con il supporto, automatico del potere aereo, nell'avanzata su Alessandria d'Egitto, (probabilmente il sicuro successo dell'operazione, nel Mediterraneo, con conseguenze estremamente positive sulla situazione dell'Impero).

A dimostrazione di quanto evidenziato circa la concreta possibilità di successo di un'azione congiunta italo-germanica in Africa Settentrionale nell'autunno-inverno 1940, nel rinviare il cortese Lettore al testo "Una vittoria tradita" (edizioni Settimo Sigillo, Roma 2008) si nota qui che nel novembre 1941, quando Rommel disponeva di due sole piccole divisioni corazzate con il supporto dell'Ariete, organizzata con i criteri dello Stato Maggiore italiano, quindi ben lungi dal potenziale di una divisione panzer, gli italo-tedeschi sconfissero nettamente l'8^ Armata britannica e solo la defezione di due generali italiani,

Gambara e Piazzoni, di fatto una diserzione di fronte al nemico nel pieno di una battaglia (reato infamante da punire con la fucilazione!) costrinse Rommel a ripiegare e a rinunciare ai formidabili successi conseguiti sul campo.

L'insensibilità, la presunzione, l'alterigia, la supponenza di Badoglio e soci si evidenzia clamorosamente in quanto scritto da Marras nella sua relazione al capo di stato maggiore generale circa l'ipotetica scesa in campo germanica al fianco degli italiani: la massima istanza militare del Terzo Reich "vedrebbe con favore anche un intervento diretto della Germania nel Mediterraneo; tuttavia, sottolineava il Marras, una tale eventualità avrebbe richiesto di "tenere bene in mano le unità tedesche" in ciò allineandosi servilmente a quanto in più occasioni affermato da Badoglio durante le riunioni dello Stato Maggiore Generale, quando i tedeschi erano classificati invadenti e prepotenti.

Il rapporto del generale Marras è indicativo di come l'addetto militare italiano a Berlino valutasse la situazione strategica italiana, e le possibilità di concludere rapidamente un'offensiva in Africa Settentrionale, alla luce delle insistenti richieste di Balbo in fatto di carri armati, di armi e munizionamento controcarri: da tenere ben presente che l'Italia, nel giugno 1940, non disponeva di carri armati medi e neppure pesanti e tanto meno delle autoblindo invocate dal maresciallo dell'aria.

Dal punto di vista critico non vi sono dubbi sull'errore colossale commesso dal capo del governo nel lasciarsi manipolare da Badoglio e da Graziani (una guerra coloniale...??) circa le possibilità di risolvere la questione nord-africana da soli. Inutile ipotizzare cosa sarebbe potuta essere la svolta nel conflitto con la presenza di due divisioni corazzate germaniche in Africa Settentrionale alla fine di ottobre/ inizi novembre 1940. Resta il fatto che la proposta fu fatta e rifiutata. Tutto il resto è critica e occasione straordinaria, se non risolutiva, gettata al vento.

Si aggiunga che nel maggio 1941, quando già in Africa Settentrionale era impegnato l'Afrika Korps di Rommel, giunto in Africa a seguito delle, pressanti, tardive e umilianti richieste italiane, dopo la tremenda, tragica sconfitta subita da Graziani tra il dicembre 1940 e i primi giorni di febbraio 1941, Hitler offrì ben tre divisioni corazzate per chiudere la questione nord-africana, precisamente la $6^\wedge$, $7^\wedge$ e $10^\wedge$ panzerdivisionen, equipaggiate per il fronte africano. Il comando italiano nel timore di essere messo in seconda fila, rifiutò nuovamente e così si perdette la grande occasione di dare una svolta decisiva alla guerra nel deserto. Ottusità, gelosia, incompetenza, falso orgoglio nazionale, inettitudine, mancanza di obiettività, presunzione, albagia furono i fattori che guidarono sia le scelte, sia l'azione.

La Storia aveva bussato e con tempestività, generosità e decisione all'uscio del destino italico, ma non fu ascoltata. La porta fu ancor più sbarrata con i chiavistelli dell'arroganza, della supponenza, più semplicemente, dell'idiozia.

Nessuno ebbe il buon senso di riflettere, di considerare cosa sarebbe stato possibile fare con tre divisioni corazzate tedesche. E questo, si ribadisce, neppure nell'ottobre-novembre-dicembre 1941 quando Rommel al comando delle forze italo-tedesche sconfisse durissimamente l'$8^\wedge$ armata britannica, come sopra segnalato.

Le tre divisioni sopra indicate furono poi dirottate, nel giugno 1941, sul fronte russo.

Hitler, dunque, aveva non solo intuito correttamente il rilievo preminente dello scacchiere mediterraneo nell'economia del conflitto, tanto è vero che inviò in Mediterraneo numerosi sommergibili che inflissero perdite rilevanti alla flotta britannica, ma aveva altresì, e nel momento più opportuno, offerto sul classico piatto d'argento a Mussolini l'occasione per conquistare l'Egitto e il Canale di Suez isolando in tal modo la Gran Bretagna dai suoi preziosi possedimenti mediorientali, aprendo nuovi orizzonti a possibili intese politiche nei confronti di Turchia e dei potentati arabi che non erano certamente in luna di miele con gli Inglesi.

Purtroppo né il Comando Supremo e neppure la diplomazia italiana e tanto meno il capo del governo avevano una visione chiara e corretta della situazione strategica del conflitto. Solitamente, si perdono le guerre che non si vogliono e che non si sanno combattere…

Il generale Marras, da parte sua, manifestò una sospetta povertà di giudizio e una presunzione che debordava dai pur angusti confini della boria di cui era fortemente dotato. Il generale Jodl, forse con il tipico stile freddo e distaccato e con sfumature di disprezzo, che caratterizzava gli ufficiali germanici, era stato lo <strumento> utilizzato per offrire, con essenzialità, ma con totale chiarezza, un contributo straordinariamente rilevante in quel settembre 1940, quando l'esercito italiano aveva in linea, solo ed esclusivamente, carri leggeri, di tre tonnellate e mezzo, armati con due inadeguate e patetiche mitragliatrici, mentre i tedeschi offrivano il contributo di divisioni corazzate organiche, imperniate su carri armati da 20 e 24 tonnellate dotati di cannoni di 50 e 75 mm; il tono con il quale Marras redasse il rapporto al maresciallo Badoglio è vergognoso e indegno di un incarico di tale rilievo e di una colloquio di così alto contenuto. Soprattutto là dove egli suggerisce, con evidente spocchia, quale sarebbe stato l'argomento più consono (le questioni logistiche) per giustificare il rifiuto. Un rapporto che squalifica e distrugge, annientandoli, i capi militari cui era indirizzato.

Per rafforzare la sua preconcetta, sostanziale posizione negativa e ostile nei confronti dei Tedeschi, egli scrisse: *"Conviene tenere distinte le due questioni della cessione di materiali e del concorso di Grandi Unità tedesche, sottolineando l'urgenza dei primi"*. In sostanza, decideva da solo quale <tattica> tenere e lo affermava esplicitamente: *"A queste linee mi atterrò anche nei futuri contati"*.

Il generale Marras non aveva la benché minima idea e conoscenza di quale fosse stata l'azione condotta dalle forze armate germaniche prima contro i polacchi e in seguito contro belgi, olandesi, francesi e britannici e quale fosse stato il ruolo e la potenza espressi dalle divisioni panzer appoggiate dall'aviazione, in quelle campagne. E non aspirava alla vittoria delle armi italiane La sua posizione agnostica era di indifferenza e di supina accettazione delle direttive del suo mandante, Badoglio.

Il suo dovere di soldato di carriera e l'incarico prestigioso di addetto militare gli avrebbero dovuto imporre di acquisire informazioni, notizie, dati,in modo tale da sapere, e da far sapere a Roma, con chi si aveva a che fare, considerato che l'Italia era alleata della Germania e che la decisione di entrare in guerra era fuori di ogni dubbio, almeno sino dai primi mesi del 1940. Si comportò invece in modo opposto e forse proprio per questo dopo il 1945 fu elevato (1947) al rango di capo di stato maggiore dell'esercito della repubblica, incarico ricoperto sino al 2 dicembre 1950 quando assunse quello di capo di stato maggiore della difesa (ruolo che era stato del suo <maestro> Badoglio) e che tenne sino al 15 aprile 1954. In precedenza, dal novembre 1940, era stato assegnato nuovamente a Berlino, quale capo della Missione italiana, in collegamento con il Comando Supremo germanico, incarico che ricoprì sino al 9 settembre 1943. L'uomo sbagliato al posto sbagliato. E non il solo, purtroppo.

Vale la pena di aggiungere che la "*Relazione ufficiale del Ministero della Difesa*" sopra citata, contiene una considerazione altamente indicativa sul rapporto di Marras a commento del colloquio con il generale Alfred Jodl: Infatti alla pagina 28 della prima edizione di tale Relazione ufficiale si attribuisce "*eccessivo ottimismo*" alle parole del generale Jodl circa gli obiettivi da raggiungere nel Mediterraneo e questo, si legge ancora, "*ottimismo evidentemente influenzato se non determinato dai vistosi successi conseguiti dalle forze armate tedesche sul teatro di guerra europeo*". Ogni commento per evitare - con enorme sforzo - il linguaggio scurrile… è superfluo.

Sempre nel quadro degli apprezzamenti dei vertici militari italiani seguiti al rapporto di Marras, il generale Roatta, sottocapo di stato maggiore del Regio Esercito e per un certo periodo nefasto capo del servizio segreto della Forza Armata, oppose alle proposte tedesche considerazioni relative alla possibile disponibilità di mezzi corazzati italiani. Esattamente- precisa il testo della relazione Ufficiale (cit.) "le nostre forniture ci avrebbero consentito di disporre di un battaglione Carri M/13 (meno potenti dei similari avversari) ogni due mesi, ad iniziare dalla fine di ottobre". Il che la dice lunga circa la tempestività delle scelte e della pianificazione industriale (senza dimenticare che un battaglione raggiungeva un massimo di una quarantina di carri armati(mentre una divisione panzer aveva un organico già collaudato di oltre duecento mezzi corazzati); come pure è rivelatore della tempistica delle forniture industriali italiane, tenendo nella debita considerazione che una volta avuti i carri dalle industrie (una quarantina di mezzi ogni due mesi?!), era indispensabile addestrare il personale oltre che disporre delle forze di accompagnamento (fanterie e artiglierie motorizzate, reparti del genio, logistica, comunicazioni, etc.).

Infatti, per l'intera durata del conflitto nel deserto africano (giugno 1940, maggio 1943) mai le forze armate italiane ebbero in linea qualcosa che sia pure da lontano somigliasse vagamente ad una divisione panzer, pur in presenza di espliciti inviti di Rommel, intesi a ottenere un cospicuo rafforzamento, ad esempio, della divisione Ariete. Inviti respinti con asprezza e arroganza dall'alto comando italiano.

Circa la preparazione delle Forze Armate italiane, è in corso di pubblicazione uno studio specifico da parte delle edizioni Settimo Sigillo di Roma (“*I Condottieri della disfatta*”).

Oltre al senso di amarezza e di totale incapacità di trovare giustificazioni al cospetto del tracotante rifiuto dell'appoggio germanico al fine di risolvere la questione mediterranea e nord-africana, stupisce che nessuno a Roma abbia ritenuto di riflettere e di considerare cosa avrebbe significato la conquista dell'Egitto sin dall'inverno del 1940-1941 e quali avrebbero potuto essere le ripercussioni di carattere politico a Londra e in tutti gli stati gravitanti sull'area mediorientale, non esclusa la situazione nell' l'Impero.

IL DNA DELLA STORIA

Non sempre è possibile collegare i fenomeni di causa ed effetto e nella ricerca storica, se ciò accade o diviene fattibile, è unicamente per una serie di coincidenze o, se si preferisce, di casualità.

Secondo autorevoli storici, tra le cause della seconda guerra mondiale, più che la questione del <corridoio> di Danzica e dei non facili rapporti tra Berlino e Varsavia, del rifiuto sprezzante dei polacchi alle proposte di Hitler per ammorbidire il contrasto e avviare a soluzione il problema (forse che qualcuno veramente voleva "morire per Danzica"?), vi sono almeno due altri moventi, di cui il primo (una guerra preventiva, secondo il giudizio di Franco Bandini, in proposito si veda il "rapporto di Oslo") probabilmente è il più credibile, mentre il secondo, le conseguenze dello "Spirito di Tauroggen", (da non sottovalutare) ha il fascino perverso e calamitante dello spiritismo, il profilo cupo della negromanzia, l'energia irresistibile dell'ossessione,con riflessi medianici e metapsichici, il potere condizionante della certezza assoluta, o la sottomissione ad una fideistica interpretazione dell'ispirazione.

Non si può affermare con assoluta certezza che la domanda abbia avuta una risposta definitiva ed esauriente: sarebbe necessario compulsare con maggiore distacco e oggettività l'intero dossier polacco/tedesco degli anni'30 del secolo scorso, ammesso che sia ancora disponibile, e probabilmente si scorgerebbero tracce nuove nel confronto verificatosi tra i due Paesi, anche laddove la Polonia riteneva inesistente, o neutralizzabile, la potenza militare germanica nonostante i consigli alla cautela e alla prudenza avanzati familiarmente dalla Francia, tramite il suo ministro degli esteri. Difetto di presunzione (di cui la Polonia e la sua classe dirigente abbondano) di falso orgoglio, di superficialità, e di cattivi orientamenti, pilotati essenzialmente da Londra.

Ciò premesso, valga quale prologo, nell'agganciare la presente <rievocazione> al movente o stimolo alla scelta strategica, il ruolo svolto, nel subconscio e nel processo meditativo dei vari personaggi sfilati, sullo sfondo dell'incertezza e dell'inquietudine, negli anni dal 1934 al 1939.

Potrà apparire forzato il voler far risalire le motivazioni di una guerra alla connessione tra un evento del 1812 e una decisione del 1937, ma fu quello lo starter di quanto accadde in seguito.

Che cos'è lo spirito di Tauroggen?

Non si tratta di esoterismo, occultismo, non di magìa nera e neppure di riti satanici, ma solo di una particolare, specifica <dottrina> generata da un episodio del 1812 e permeante una linea di orientamento particolare nei rapporti intellettuali, con sfumature ideologiche e psicologiche, tra ambienti dello stato maggiore tedesco e quello prima russo e in seguito sovietico. Una proiezione di affinità, una speciale intesa automatica, inspiegabile in termini psichici e genetici, ma autentica, più profonda e coinvolgente di quanto comunemente si ritenga possibile.

Un orientamento, quello emerso nel 1812, che si è proiettato nel tempo e tuttora permane, anche se protetto da rigorosa riservatezza.

Procediamo con ordine.

Tauroggen era il nome germanico della località lituana di Tauragè (Unione Sovietica), località sita a 32 chilometri a NE di Sovetsk, dove il 30 dicembre 1812 fu stipulata una convenzione tra il generale prussiano Yorck von

Wartenburg e il generale zarista Diebitsch. La convenzione, concordata dopo la sconfitta francese sulla Beresina e la drammatica ritirata da Mosca, stabiliva la <neutralità> dell'esercito prussiano e lasciava via libera alle forze russe attraverso il territorio della Prussia. Di fatto sanciva il passaggio dell'esercito prussiano sul versante della coalizione anti-Napoleone. Un accordo, è doveroso sottolinearlo, stipulato contro la volontà e in disprezzo degli ordini del re di Prussia.

Un voltafaccia che segnò la dura sconfitta di Napoleone e l'avanzata dei russi sino a Parigi.

Il retroscena di quanto concordato la sera del 30 dicembre 1812 è quanto mai sorprendente e illuminante: l'intesa tra militari d'altissimo rango prussiani e russi fu il risultato di negoziati condotto a Mosca dai baroni von Stein e von Clausewitz (proprio quello degli studi raccolti in seguito (1832) nel volume (postumo) *"Vom Kreige"* (*"Della Guerra"*).

Definire i due <von> dei congiurati e dei traditori è quanto mai corretto.

(Una notazione di colore: la prima traduzione in italiano dell'opera di von Clausewitz è del 1942...)

Negli ambienti dello Stato Maggiore tedesco lo <spirito di Tauroggen> permase anche dopo la Restaurazione e le risultanze capestro del Congresso di Vienna. Uno spirito dormiente, d'accordo, ma non evaporato, non rifiutato, soprattutto soffuso di una certa nostalgia.

Non si dimentichi, nel 1917, la vicenda del *"treno piombato"* con il quale Lenin e il suo entourage attraversarono la Germania e raggiunsero la Russia con l'incarico di sovvertire il decadente potere zarista e far uscire la Russia dalla guerra, con l'intento di concentrare poi tutte le forze imperiali germaniche sul fronte occidentale e così sconfiggere Francia e Regno Unito, prima che l'esercito americano, in trasferimento e addestramento con i primi reparti sbarcati in Europa, entrasse in linea.

Anche il <treno piombato> scaturiva dallo spirito di Tauroggen.

Il ritorno sulla scena internazionale della Germania, dopo la disfatta del 1918, si ebbe nel 1922/1923 (a seguito del Trattato di Rapallo, firmato il 16 aprile 1922 tra Germania e Unione Sovietica).

E in quel periodo ebbe inizio una vicenda ancor più intricata e significativa dello <spirito di Tauroggen>.

Il <treno piombato> fu un'idea del colonnello Nicolai, figura dominante, ma nella penombra, dello spionaggio germanico/sovietico e delle trame intessute dai primi "anni venti" e sino al 1943 del secolo scorso. E' bene chiarire che lo spirito di Tauroggen non coinvolgeva direttamente i governi dei due Paesi, ma solo ed esclusivamente gli eserciti e, in particolare, i circoli più rilevanti e riservati e, proprio per questo, ambienti decisionali, difficilmente individuabili e smascherabili, con sfumature massoniche. *In parole povere, si trattava di una intesa tra gli ambienti più rilevanti dei due Stati Maggiori.*

Solo nel 1943 Walter Schellenberg riuscì a smascherare il colonnello Nicolai, e i suoi collegamenti con lo spionaggio sovietico e soprattutto la rete di informatori che da anni agiva al servizio del Cremlino. Ma ormai era troppo tardi.

E il colonnello Nicolai godeva di fortissime protezioni proprio da parte di personaggi dei Servizi della polizia politica nazista.

Tra i fautori della ripresa della collaborazione con i russi, risalente, come detto, al 1923, vi furono il ministro della guerra Gessler e, soprattutto, il generale von Seeckt, l'artefice della rinascita dello Stato Maggiore germanico e del suo potenziamento intellettuale e dottrinario. Nell'ombra agiva sempre il colonnello Nicolai.

In forza della collaborazione, gli ufficiali tedeschi si addestravano in Russia con le armi che erano proibite dal trattato di Versailles alla Germania. In particolare velivoli e carri armati e in cambio essa forniva le sue esperienze e conoscenze tecniche e strategiche e la preparazione accumulata dai componenti dello Stato Maggiore.

In seguito la collaborazione si estese: al controvalore di certi brevetti, l'Unione Sovietica consentì alla Germania di costruire, soprattutto carri armati, nell'Unione Sovietica, cui seguì una sempre maggiore e stretta collaborazione con le industrie belliche di Stalin. Ad esempio: la Junkers (velivoli da bombardamento, aerosiluranti e Stuka) aveva uno stabilimento aeronautico sotto mentite spoglie. Il Cremlino, in estrema sintesi, sosteneva il nazionalsocialismo tedesco e il riarmo clandestino della Germania.

Stalin si proponeva di mobilitare la Germania contro l'Occidente, e puntava sull'alleanza segreta con lo Stato Maggiore, autentico cervello della potenza militare che si andava formando e perfezionando come sopra tratteggiato.

Il disegno in atto, non sfuggì agli industriali tedeschi, contrari agli orientamenti filorussi e favorevoli ad intese con le potenze occidentali.

Gli industriali, il cui rappresentante di punta era Arnold Rechberg, consigliere politico del generale Hoffmann vero promotore del disegno antibolscevico, miravano all'unione delle forze occidentali contro il pericolo del bolscevismo.

Il progetto concettuale si proponeva l'unificazione di Francia, Gran Bretagna e Germania, la fusione dei rispettivi interessi politici, industriali e militari, con il sostegno finanziario degli Stati Uniti. Dopo il 1920, al disegno elaborato da Rechberg aderì anche il generale Ludendorff. Si avviarono contatti con eminenti personalità e influenti uomini politici britannici e francesi, ma i governi non si resero conto del subdolo pericolo rappresentato dal bolscevismo e le varie iniziative rimasero senza esito.

Si ebbe allora il tentativo di fondere le industrie europee; i fautori del progetto si resero conto che nulla sarebbe potuto sfociare senza l'appoggio concreto dei vari governi. Allora applicarono un mutamento tattico. Nel 1926 fu raggiunto un accordo tra le industrie pesanti di Francia e Germania, cui seguirono le intese con le industrie di Belgio e Lussemburgo; altri accordi furono raggiunti nei comparti chimici e persino un considerevole gruppo di industrie britanniche aderì all'iniziativa franco-tedesca. Si giunse persino ad intese di massima con il maresciallo di Francia Foch, preludio a contatti effettivi a livelli governativi. Le iniziative, tuttavia, cozzarono contro la durissima opposizione dei capi militari tedeschi, del tutto contrari alla rottura dei rapporti con i russi.

La vicenda, ebbe risvolti <gialli>. Nel 1927 L'ideatore del progetto iniziale, l'opposizione alla collaborazione dello Stato Maggiore con i Sovietici, il generale Hoffmann (era stato capo della delegazione tedesca ai negoziati di Brest-Litovsk nel 1918 e aveva trattato la resa russa con Trotzky) morì in circostanze non chiare e mai chiarite.

Seguì il ritiro dal progetto del generale Ludendorff che poi aderì alla politica di Hitler.

Una pagina con molti lati oscuri.

Si aggiunga che alla metà degli anni '30 de secolo scorso Adolf Hitler rimase lungamente incerto sulla direzione da prendere in politica estera: a favore dell'Occidente o dell'Oriente russo?

Non si può sottacere che le potenze occidentali dopo aver letteralmente strangolata la Germania sconfitta, manifestarono irritazione e non larvate preoccupazioni a fronte della politica nazionalista/espansionista del cancelliere Hitler, deciso a rinegoziare, anche con brutalità, le risultanze della conferenza di Versailles. E questo spinse sempre più Berlino nella direzione di Mosca, rafforzando indirettamente la posizione di quanti nello Stato Maggiore propendevano e sostenevano a vario titolo le intese con l'Unione Sovietica.

Da quanto precede emerge quale fosse il fattore comune delle politiche sovietica e tedesca, almeno sino alla metà e poco oltre del primo periodo,del cancellierato di Hitler.

Il dna emerge dagli orientamenti, da certe scelte, dagli obiettivi conseguiti, tutti a danno politico dell'occidente che aveva creato una cintura non proprio amichevole attorno alla Germania (protezione anglo-francese dei nuovi Stati, inventati e costruiti sulle rovine dell'impero asburgico, garanzie sempre più palesi verso la Polonia, con chiara intonazione anti-germanica, Polonia, di cui si tollerava un atteggiamento arrogante e provocatorio nei confronti di Berlino, in particolare la questione di Danzica). (Un'analisi oggettiva delle vicende relative a Danzica e alle sue conseguenze non è ancora stata fatta).

Sin qui potremmo dire di essere al preludio degli avvenimenti importanti e decisivi della vicenda.

Passiamo ora ai momenti clou.

Entravano in scena il maresciallo dell'Unione Sovietica Tukacevsky e Reinhard Heydrich, potente capo dell'SD, luogotenente di Himmler.

Una fonte russa di Heydrich, esattamente il generale russo bianco Skoblin, a suo tempo rifugiatosi in Germania a seguito degli eventi della rivoluzione bolscevica e comunque in contatto con ambienti di rilievo a Mosca, informò il capo della SD di un complotto che si stava perfezionando: Tukacevsky stava organizzando un colpo di stato contro Stalin, d'intesa con lo stato maggiore germanico.

Passata l'informazione a Hitler cominciò un periodo breve, ma intenso di riflessione, analisi, considerazioni, apprezzamenti e valutazione sulla miglior linea da seguire con l'obiettivo di indebolire lo stato maggiore sovietico e, soprattutto la sua capacità di agire nell'ambito dell'organizzazione operativa.

Hitler si trovò al cospetto di un dilemma davvero epocale, la sua scelta avrebbe impresso un corso senza ritorno alla Storia. Nel frattempo Heydrich, (di presunte origini ebraiche e intimamente avverso all'Occidente), aveva provveduto a far allestire dei documenti falsi per corroborare l'informazione avuta dal generale russo bianco Skoblin e questo per rafforzare la consistenza delle accuse contro il maresciallo Tukacevsky.

La vicenda si arricchì di ulteriori tessere: mentre Hitler si dibatteva nelle sue incertezze (il Fuhrer era contrario alla guerra contro l'Inghilterra) circa la scelta da effettuare, informare o non informare Stalin? Utilizzare o non utilizzare quella carta? Heydrich giocò da par suo la partita. Prima di tutto ottenne la massima segretezza circa l'informazione acquisita sul complotto dei generali contro Stalin e in tal modo escluse il rischio che qualcuno dello stato maggiore germanico facesse filtrare l'informazione sino allo stato maggiore russo, in secondo luogo autorizzò un'incursione notturna di una sua squadra con il supporto di esperti scassinatori per frugare negli archivi segreti dello stato maggiore tedesco e negli uffici dell'Abwehr, il servizio informazioni dell'esercito, al cui vertice era l'ammiraglio Wilhelm Canaris. La ricerca portò all'acquisizione di materiale concernente la collaborazione tra militari tedeschi e russi, come pure, e si trattava di informazioni preziose, di conferme negli archivi dell'ammiraglio Canaris. L'intrusione venne mascherata appiccando un grosso incendio; in tal modo le squadre riuscirono a dileguarsi.

Intanto le riflessioni e le meditazioni di Hitler erano pervenute a una conclusione. Aveva deciso di prendere contatto con il dittatore sovietico.

Piuttosto curiosa e intricata la procedura seguita: tramite un agente sotto copertura diplomatica fu preso contatto, a Praga, con un amico del presidente cecoslovacco, Benes. Questi scrisse una lettera a Stalin e per la medesima strada pervenne la risposta ad Heydrich, con l'invito a prendere contatto con un certo personaggio dell'ambasciata sovietica a Berlino. Attuato il contatto, il personaggio dell'ambasciata raggiunse Mosca in aereo e tornò a Berlino accompagnato da un emissario di Stalin. L'emissario, studiati i documenti (falsi, predisposti da Heydrich) pagò, senza fiatare, il prezzo richiesto (tre milioni di rubli) e se ne tornò immediatamente in Russia. Questo accadeva nel maggio 1937.

Tukacevsky e numerosi altri generali furono arrestati il 4 giugno e l'11 giugno processati, condannati e fucilati.

Si apprese in seguito che i documenti predisposti da Heydrich ebbero un ruolo sostanzialmente ininfluente, in quanto Stalin già sospettava e la Ghepeù teneva sotto stretto controllo il maresciallo e i suoi <alleati>.

Vi era dunque più di un indizio sul complotto.

Notazione amara per Heydrich,: i rubli si rivelarono segnati: infatti non appena uno degli agenti tedeschi operanti nell'Unione Sovietica tentò di spenderli fu immediatamente tratto in arresto.

Il Fuhrer, in sostanza favorì il riavvicinamento della Germania all'Unione Sovietica: l'affare Tukacevsky fu la prima pietra del trattato di non aggressione(firmato a Mosca il 23 Agosto 1939): la garanzia di non dover combattere su due fronti.

P.S.

Potrà apparire assurda, se non una forzatura, la sottolineata affinità psicologica tra Tedeschi e Russi, ma è soltanto una realtà. Infatti, schematizzando, per questioni di spazio, i Tedeschi del Volga (in lingua tedesca Wolgadeutsche o Russlanddeutsche) furono una popolazione di etnia appunto tedesca che visse lungo il basso corso del fiume Volga (a valle della città di Saratov), nella parte meridionale della Russia europea.

Da evidenziare, inoltre e con le dovute sottolineature, che nel 1762 Sophie Fredericke von Anhalt-Zerbst, tedesca originaria di Stettino, sostituì il marito, Pietro III di Russia, sul trono imperiale, assumendo il nome di Caterina II.

Per più di due secoli la Germania fu il Paese modello a cui tutti i riformatori russi ispirarono le loro idee e le loro politiche. Dalla Germania i Russi <importarono> l'organizzazione della pubblica amministrazione, dell'istruzione universitaria, della ricerca scientifica, delle forze armate e degli studi musicali.

L'industrializzazione del Paese negli ultimi decenni dell'Ottocento,avvenne con il determinante contributo di industriali, tecnici e, spesso, capitali tedeschi. I padrini e i numi tutelari di quasi tutti i grandi movimenti rivoluzionari e sociali russi, furono i tedeschi, da Karl Marx a Friedrich Engels, da Eduard Bernstein a Rosa Luxemburg. La prima lingua della Terza Internazionale fu il tedesco.

La collaborazione russo-tedesca del primo dopoguerra, dopo le risultanze del Trattato di Rapallo, fu la naturale continuazione dei fitti rapporti economici che i due paesi avevano intrecciato sino alla vigilia del conflitto del 1914.

Il Primo Piano quinquennale lanciato da Stalin nel 1929, non avrebbe prodotto i risultati straordinari conseguiti, se non avesse avuto il contributo determinante dell'industria tedesca (sull'altro versante impegnata nel disegno di cui si è fatto riferimento nelle note di cui sopra, n.d.a.).

Esistono periodi nei quali i due Paesi si combattono ferocemente, ma non appena depongono le armi Russia e Germania si rimettono a lavorare insieme con grande naturalezza. Così accadde dopo la Grande Guerra, dopo il patto Molotov-Ribbentrop, dell'agosto 1939, come si verificò dopo la visita del cancelliere Adenauer a Mosca del 1955. Chiunque sia l'inquilino del Cremlino, la Germania è quasi sempre il maggior partner economico della Russia, L'amicizia tra il Cancelliere Schroeder e il Presidente Putin e il grande gasdotto del Mare del Nord, dimostrano che i due Paesi quando non cercano distruggersi a vicenda, sono fatti per intendersi.

Il Trattato di Rapallo del 16 aprile 1922, sottoscritto dal ministro degli esteri della Repubblica di Weimar, Walther Rathenau e dal suo omologo sovietico,Georgij Vasil'jevic Cicerin sancì la decisione dei due Paesi di rinunciare alle rispettive riparazioni dei danni bellici, mentre la Germania rinunciò agli indennizzi per i beni espropriati e nazionalizzati in seguito alla rivoluzione russa.

In tal modo furono poste le basi per una pacifica ripresa degli scambi commerciali. Parte integrante del Trattato era anche un protocollo aggiuntivo segreto, relativo alla cooperazione militare tra i due Paesi (secondo alcune fonti, prevedeva anche l'intesa per la spartizione della Polonia). Il protocollo aggiuntivo, prevedeva la possibilità per i tedeschi di testare le proprie armi in territorio sovietico, aggirando in tal modo la demilitarizzazione imposta da trattato di Versailles.

CHI NEGO' IL RADAR ALL'ITALIA?

Le inchieste si propongono di individuare i colpevoli, di mettere a fuoco il movente e le conseguenze, il *cui prodest* e la dinamica nel quadro dei parametri ortodossi: opportunità, occasione, finalità.

Tutto il resto è marginale e fa parte del corredo dei libri gialli. Esigenze di copione. Necessità di costruire lo scenario entro cui diluire, per lo spazio necessario, i vari ingredienti.

L'indagine si protrae per il tempo/spazio ritenuto indispensabile.

L'inchiesta, invece, deve andare il più direttamente possibile alla sostanza, al cuore e colpire, direttamente, implacabilmente, definitivamente.

Vi è un che di misterioso e di arcano nella vicenda che intendiamo offrire, qualcosa che ha la configurazione delle leggenda, il risvolti del mito, il fascino dell'occulto, il sapore disgustoso dell'orrido, l'amaro della disillusione. Si sviluppa nell'intricato percorso sovente indecifrabile del pensiero, nella sua inesplicabile genesi, miracolosa, magica sconvolgente , ma incantevole sintesi. Un processo, impossibile a rendersi visibile, a tradursi in parole, racconti, descrizioni. E' originato dall'intuito, dalla genialità, dalla trascendenza.

La ricerca ha un inizio: una scintilla scoccata nella mente prodigiosa del suo massimo sacerdote: Guglielmo Marconi. Una combinazione di molteplici fattori: impossibili a delinearsi, definirsi: osservazione acutissima, riflessioni automatiche, coordinazioni fulminee e formare l'immagine, a definirne contorni e sostanza, estrarne la formula, fissarne il cammino, il fine l'obiettivo.

Un autentico vaticinio. Risale al 1922.

"Come venne mostrato per la prima volta da Hertz, le onde elettriche possono essere completamente riflesse dai corpi conduttori. In qualcuna delle mie prove avevo notato gli effetti della riflessione e della deflessione di questa onda da parte di oggetti metallici posti a miglia di distanza. Mi sembra che sarebbe possibile progettare apparati per mezzo dei quali una nave potrebbe irraggiare o proiettare un fascio divergente di questi raggi in ogni direzione desiderata. Questo raggi qualora incontrassero un oggetto metallico, ad esempio un piroscafo o un'altra nave, potrebbero essere riflessi indietro a un ricevitore, schermato dal trasmettitore e rilevarne allora immediatamente la presenza e, questo, anche in caso di nebbia o scarsa visibilità. Un altro grande vantaggio di tale apparato sarebbe il seguente: esso sarebbe in grado di dare un avvertimento della presenza e del rilevamento di navi nel caso in cui queste fossero sprovviste di ogni tipo di radio".

Le parole pronunciate da Guglielmo Marconi davanti a scienziati e tecnici altamente qualificati dell'<Institute of Radio Engineers> degli Stati Uniti d'America e sicuramente non trascurate o sottovalutate dai Servizi d'Informazione di non poche potenze, industrie e ambienti scientifici in generale, rappresentano il movente e al tempo stesso il propellente del <delitto> che ci proponiamo di investigare nelle presenti note.

Quanto Guglielmo Marconi tratteggiava nel 1922 ebbe in seguito (al di là delle intense e sovente complicate sperimentazioni condotte dallo scienziato sino al 1937, anno in cui prematuramente scomparve) una conferma autorevole: "Vi garantisco che si può vedere di notte" disse lo scienziato, in via personale e confidenziale a Benito

Mussolini, duce del Fascismo, capo del governo e pluriministro, (anche della Guerra).

E' noto, nelle sue linee generali, quale fu il ruolo bellico dell'apparato inizialmente denominato Radiolocator, Radiotelemetro, RDT (Radio Detector Telemetro) RDF (Radio and Direction Finder) e RDF (Range and Direction Finder) infine Radio detecting and ranging (da cui, dal 1943, l'acronimo RADAR).

E' nota altresì la pressoché nulla attenzione che le autorità italiane dedicarono alla questione pur disponendo del "Radar" sin dalla fine del 1939. (Per chi voglia approfondire si consiglia *La guerra dei radar- Il suicidio dell'Italia 1935-1943*" - Edizioni Greco & Greco, Milano, 2007).

Quando l'autore del lavoro sopra citato si dedicò al preventivo lavoro di ricerca documentale per realizzare il libro, riesumò dal suo archivio personale (disordinatissimo, inguardabile) gli appunti semistenografati di un lungo colloquio avuto con il professore Ugo Tiberio, lo scienziato artefice del radar navale italiano. Nella sia pur disordinata congerie di notazioni, appunti, bozze, etc. scorse il nome di un ammiraglio con il quale aveva avuto contatti estremamente interessanti sulle tecniche di scoperta e localizzazione di sottomarini nucleari sovietici all'epoca (piena guerra fredda) dislocati, sia pur temporaneamente, nel Mediterraneo, mediante l'impiego a rastrello di sonar trainati da aliscafi.

Nelle pause di quei colloqui, tra un caffè e l'altro e sigarette, viva la Marina!, e una più che piacevole conversazione, accadde di affrontare anche aspetti della guerra sul mare e ovviamente il giornalista non perdette l'occasione di pilotare il discorso sul radar. Ebbero un ruolo prevalente la fortuna e forse un pizzico di perspicacia. L'ammiraglio, l'autore sapeva per informazioni precedenti, era uno dei massimi esperti e specialisti della Marina Militare relativamente alla guerra elettronica e depositario di conoscenze preziose e tassativamente confidenziali, circa il <presente> (1978) e pure il < passato> (ad esempio: l'iter del radiolocalizzatore ideato e realizzato da Professor Tiberio).

L'inchiesta su quelle pagine non ancora scritte sul radar italiano, più volte avviata e fatalmente interrotta per difficoltà oggettive (ostacoli procedurali insormontabili, documentazione privata irraggiungibile, pubblicazioni rare e non corredate da notizie certe e verificabili, mancanza di riscontri incrociati, forza maggiore: impegni di lavoro prevalenti... bisognava pur guadagnarselo lo stipendio, non avendo una rendita di famiglia, causa sperpero fatto dagli avi, rifuggendo dal mecenatismo rischioso e compromettente, ancorché umiliante e degradante e amando sovra tutto la libertà d'azione e di pensiero) era sul punto di sbloccasi; tutto ciò considerato, il colloquio con l'ammiraglio era un autentico, inaspettato colpo di fortuna, una svolta straordinaria, decisiva, il premio alla pazienza e alla perseveranza, il rispetto rigoroso della verità documentale e il <passo> decisivo verso la soluzione dell'inchiesta.

L'alto ufficiale fornì, infatti, la prova che nessuno sino a quel momento (fine anni '70 del secolo scorso), aveva potuto o ritenuto utile reperire.

Fu come quando in un notte di pece e di mare in burrasca e spumeggiante, una fascio di luce di una fotoelettrica squarcia l'oscurità e mostra il profilo ostile e minaccioso del bersaglio.

Non è senza emozione che l'autore ascoltò le parole pronunciate dall'Ammiraglio, Comandante la IV Divisione Navale, con semplicità, probabilmente senza rendersi conto completamente della formidabile importanza delle stesse e del rilievo storico delle sue rivelazioni. Era non solo la conferma del disinteresse sempre manifestato dai vertici dell'allora Regia Marina nei confronti dal radiotelemetro, ma dell'ostilità manifestata e consolidata (come l'ammiraglio la definì esplicitamente) e dell'enorme, irripetibile occasione gettata al vento nell'imminenza di scendere in campo contro Francia e Regno Unito, in conflitto che sul mare avrebbe avuto le sue fasi decisive.

L'ammiraglio sottolineò scrupolosamente che *"l'analisi e la valutazione del progetto radar del professor Tiberio vennero affidate a ufficiali di Marina prevalentemente orientati nel campo della direzione del tiro"*.

"Il radio/detector/telemetro – puntualizzò l'ammiraglio – *era considerato non un mezzo di scoperta, bensì, ed esclusivamente ,un potenziale ausilio al puntamento. Venne riscontrato un errore di 150 metri e il progetto fu ritenuto insoddisfacente per quanto atteneva al precipuo compito di base per lo sviluppo di un radiotelemetro"*.

L'ammiraglio aggiunse, inoltre, che nell'ambito della Marina Militare vi sono specializzazioni che assumono nei vari periodi, la veste *"di fiori all'occhiello"*. Dapprima, precisò ulteriormente l'ammiraglio, tale ruolo venne rivestito dai direttori del tiro, poi dalle comunicazioni, in seguito dai SIOC. All'epoca dei fatti riferiti erano in auge i primi dal momento che da poco erano nate le centrali di tiro prodotte dalla Galileo. Uno scarto di 150 metri fu considerato enorme. Di giorno e di notte.

Insomma, uno scandalo!

Nessuno, commentò con amarezza il giornalista, osservò che, in ogni caso, scoprire nell'oscurità un bersaglio anche con uno scarto di 150 metri sulla posizione effettiva, era pur sempre meglio che non scoprirlo affatto.

Le parole dell'ammiraglio, confermavano che l'apparato del professor Tiberio era stato <provato> dalla Marina e tragicamente bocciato. Questa parte della storia non è mai apparsa sulle pubblicazioni ufficiali e tanto meno su quella ufficiosa. In sostanza, si era appurato che il radiotelemetro a livello di prototipo localizzava bersagli navali nell'oscurità, con uno scarto (errore?) di 150 metri rispetto alla posizione effettiva.

Il rilevamento venne considerato del tutto inutile. Nessuno, si ripete, rifletté sul significato autentico di quella prova, cioè la capacità dell'apparato di <vedere> di notte e di scoprire. Qualcosa che sino ad allora nessuno aveva neppure ipotizzato.

La sentenza impedì di impiegare sin al 1940 il radiotelemetro e soprattutto di concentrare ogni sforzo, tecnico, scientifico, industriale e finanziario per eliminare l'errore di 150 metri e di installare il radiotelemetro sulle navi della Flotta prima del 10 Giugno 1940.

In conclusione: i primi apparati operativi furono consegnati dalle industrie 18 mesi dopo le prove ufficiali che si tennero a Livorno nell'aprile 1941, dopo il disastro di Matapan e ben 35 mesi dopo l'ordine diramato dal Comitato ministeriale (dicembre 1939) che sovrintendeva al programma del radiotelemetro; Comitato che, sorvolando sul giudizio dei direttori del tiro e sull'errore di 150 metri, aveva disposto l'immediata costruzione di radiotelemetri, che in ogni caso permettevano di vedere il nemico di notte anche con qualche decina di metri di scarto. In analogia (ma lo si apprese soltanto nel dopoguerra) con quanto ordinato da Winston Churchill che si infischiò apertamente delle obiezioni degli ammiragli che pretendevano (come i <colleghi >italiani) la perfezione, e pretese l'installazione dei radiolocators, pur non ancora perfezionati, sulle unità della Royal Navy. Si tenga conto che il gruppo navale britannico che attaccò Taranto la notte sul 12 novembre 1940 aveva ben quindici unità dotate di radar, mentre a Capo Matapan (28 marzo 1941) erano quattro le navi di Cunningham fornite di radar (incrociatori Orion e Ajax, Corazzata Valiant, portaerei Formidable) Infatti, l'incrociatore Pola, immobilizzato da un siluro aereo, venne scoperto dapprima dal radar AVS dell'incrociatore Orion e, in seguito, da quello della corazzata Valiant; in forza di tali avvistamenti l'Ammiraglio Cunningham decise di andare vedere di persona, con il risultato di colare a picco tre grandi incrociatori (Zara, Pola, Fiume) due cacciatorpediniere (Alfieri e Carducci) e uccidere 2.308 marinai italiani.

L'ordine del Comitato Ministeriale, fu. invece, inghiottito dalla palude della burocrazia o da che altro? Nessuno indagò né all'epoca e neppure nel dopoguerra. A chi si devono tanti disastri?

Un giallo, quello del radar italiano, irrisolto, pur in presenza di prove inoppugnabili. Uno dei non pochi <misteri> che costellano la cupa, dolorosa storia della guerra italiana.

"GLI AEROPLANI CHE NON VOLARONO"
Chi ha paura della Verità?

I soliti noti. Coloro i quali da decenni, instancabilmente e solidamente foraggiati, spargono menzogne, mistificazioni, disinformazione, continuando ad avvelenare, a intossicare la società. Una cricca di specialisti dell'inquinamento intellettuale, della falsificazione della storia, autori del condizionamento e dell'intimidazione. Un'operazione subdola, priva di ogni parvenza di credibilità, esclusivamente basata e sostenuta dal controllo assoluto delle cosiddette <fonti> documentali, sistematicamente manipolate, su controllo dei mezzi di comunicazione e diffusione e sui relativi <vettori>. Se fosse necessario si potrebbe documentare l'affermazione, ma non cambierebbe alcunché, in quanto il controllo di cui sopra è ferreo, assoluto, *conditio sine qua non* della conservazione del potere dominante la comunicazione, l'editoria, e la quasi totalità della stampa nelle sue varie espressioni, con appendici negli ambienti dello spettacolo, etc.

Dalla fine della seconda guerra mondiale si è fatto scempio della verità storica: altro che stupri, molestie et similia…

Sulle rovine accuratamente "protette" della verità, si è costruita la piramide dei falsi storici sulla partecipazione dell'Italia alla seconda guerra mondiale, falsi che in oltre sessant'anni, si sono moltiplicati, incancreniti, costituendo il <vangelo> e il terrificante monumento alla dottrina eretica dell'impreparazione, della mancanza di mezzi e di capacità.

Chi si azzardi a dissentire documentando l'assunto di quando era disponibile e non utilizzato, diventa

automaticamente un bersaglio, uno –se appena possibile–
da togliere di mezzo. Isolare, marchiare a fuoco.
Gli apostoli dell'inganno, sono lungi dall'esporsi, dal
mostrarsi disponibili a un dibattito, a un contraddittorio
non meramente propagandistico, ma concreto, su
documenti e fatti oggettivi e non sulle favole delle
capacità, potenzialità e ruolo militare della <resistenza>.
Gli impostori, gli specialisti della distorsione, della truffa
storica e storiografica, spargendo a piene mani la frode
storica, irretendo il pecorume della loro docile, malleabile
plebe, coltivata da decenni, si guardano bene
dall'ammettere ciò che in effetti accadde.
Si intende qui aprire una breccia nel muro orrendo e
opprimente delle panzane, delle fandonie, dell'impostura,
della calunnia con cui si è impastata la storia propinata agli
italiani, che per la loro stolta credulità, per l'incorreggibile
compiacenza nei confronti del potente di turno, per
opportunismo, acquiescenza, per non dire dabbenaggine,
stolidezza, minchioneria e sostanziale mancanza di dignità
e di orgoglio, non meritano la maiuscola.
Facciamo una sia pur breve e documentata escursione nella
dimensione aeronautica e precisamente alla metà degli
anni "Trenta" del XX secolo, esattamente dal 1934 al
1941, uno squarcio di sette anni e vediamo cosa accadde.
Parafrasando una frase dettami anni fa dall'indimenticabile
Franco Bandini a proposito del suo (fondamentale e
irrinunciabile per chi voglia conoscere la verità) "Tecnica
della sconfitta": "E' stato difficile scriverlo, è difficile
leggerlo", dirò anch'io (e mi si perdonerà la presunzione)
che questo articolo ha richiesto un impegno non
secondario e impegnerà non poco chi vorrà leggerlo. Più
per quanto induce a immaginare che per la fraseologia.

Gran Bretagna, 1934 - L'Hurricane fu il primo intercettore monoplano della Royal Air Force, la cosiddetta mitica R.A.F. I primi studi ebbero inizio nel gennaio 1934 per iniziativa di Sidney Camm, capo progettista della Hawker Aircraft, e questo dopo aver appreso che la Rolls-Royce era intenzionata a realizzare un potente e nuovo motore raffreddato a liquido: il PV-12. Nel mese di maggio, dopo un periodo di riflessione e analisi tecnica, Sidney Camm prese a lavorare sul progetto in dettaglio. Si trattava di costruire un velivolo, compatto, elegante, funzionale attorno a un potente motore.

Sugli esiti del suo lavoro fu predisposta la specifica siglata F.36/35 e sottoposta all'esame dell'Air Ministry. L'autorizzazione a procedere venne diramata nel gennaio 1937, ma già in precedenza, dalla metà di ottobre 1934, l'industria aveva avviati i lavori. Il primo progetto prevedeva un armamento composto da due mitragliatrici Vickers Mk V in fusoliera e due Browning alari, ma, poco dopo, esattamente il 20 luglio 1935 il contratto fu modificato in modo da consentire l'installazione di otto mitragliatrici Browning nelle ali.

Il prototipo dell'Hurricane si alzò in volo la prima volta il 6 novembre 1935 propulso da un motore Merlin <C> da 900 c.v. (così era classificato il PV-12, elica bipala in legno a passo fisso Watts). Durate le prove nel febbraio 1936 si ebbero i seguenti risultati: velocità massima di 510 Km/h in volo orizzontale a 4.950 metri di quota. L'industria, convinta dell'arrivo a breve di cospicui ordinativi organizzò d'iniziativa una produzione di mille unità. Infatti, il 3 giugno pervenne un ordine ufficiale di seicento esemplari.

Una dimostrazione di quale spessore fosse, oltre Manica, la capacità organizzativa, l'intuito strategico della

<componente industria> e la tempestività dell'autorità competente, sullo sfondo di una dominante preoccupazione per la difesa.

Superate anche alcune pastoie burocratiche e tecniche (sostituzione dei motori Merlin I con Merlin II), il primo Hurricane di serie (sigla L 1547) si alzò in volo il 12 novembre 1937. Seguirono rapidamente le consegne alla RAF, tanto è vero che la prima unità ad essere equipaggiata con il nuovo velivolo fu il 111° Squadron a Northolt (dicembre1937/gennaio 1938). A breve seguirono il 3° e il 56° Squadron. Quindi:agli inizi del 1938 la R.A.F. aveva già tre Squadron dotati del nuovo velivolo da caccia.

Allo scoppio della guerra (1 settembre 1939) 497 Hurricane equipaggiavano 18 Squadroni. Si trattava della spina dorsale della difesa aerea.

Il velivolo fu costruito in numerose versioni, con armamento poderoso. La versione Mk IIC (1941) raggiungeva i 545 Km/h a 6700 metri di quota ed era armata con quattro cannoni da 20 mm. e 454 Kg. di bombe. Si ricorda, ancora, che la versione Mk.IIB era armata con dodici mitragliatrici.

In totale furono costruiti, nelle varie versioni, ben 14.233 Hurricane.

Terzo Reich, 1934- Il progetto del Messerschmitt Bf. 109 ebbe inizio nell'estate del 1934. Era la riposta dei progettisti Willy Messerschmitt e Walter Rethel ad una specifica del Ministero dell'Aria germanico che richiedeva un intercettore monoplano, monoposto, per rimpiazzare i biplani Heinkel He.51 e Arado Ar.68 in servizio nei reparti caccia della Luftwaffe. Il risultato fu un velivolo eccezionale che, dotato del propulsore Daimler Benz DB 601, nella serie E raggiungeva la velocità massima di 550

Km/h a 4.000 metri di quota, con un armamento formato da due mitragliatrici e due cannoni da 20 mm. I primi esemplari della serie iniziale lasciarono le linee di montaggio nel febbraio del 1937. La produzione (numerose le versioni, l'armamento e le velocità espresse) non conobbe soste dal 1936 al 1945 e in totale uscirono dalle catene di montaggio 35.000 esemplari. Il numero più alto in assoluto di un aereo da combattimento prodotto durante il secondo conflitto mondiale. La serie Bf.109 K-4 nel 1944 raggiungeva i 727 Km/h a 6.000 metri di quota. Nel solo 1939 le industrie germaniche costruirono 1.540 esemplari.

Gran Bretagna 1936. Derivato dai concetti ispiratori degli idrocorsa realizzati per la Coppa Schneider, Il Supermarine Spitfire volò la prima volta il 5 marzo 1936, raggiungendo la velocità di 562 Km/h. Al termine dei collaudi (giugno 1936) ne furono ordinati dalla RAF 310 esemplari. Entro il 1939 le commesse raggiungevano le quattromila unità. La produzione ebbe inizio nel 1937 e gli <Spit> divennero operativi nel Fighter Command nel giugno 1938. La versione F.22,(1945), raggiungeva i 725 Km/h. In totale gli Spitfire vennero costruiti in oltre ventimila esemplari e in circa quaranta versioni.

Germania 1939 – Come si era verificato nel Regno Unito, dove dopo l'Hurricane venne lo Spitfire, anche in Germania non ci si limitò al Messerschmitt. Il 1° giugno 1939 volò per la prima volta il prototipo del Focke Wulf che è stato giudicato il miglior caccia germanico della seconda guerra mondiale. Costruito in 13.367 esemplari combatté sino agli ultimi giorni di guerra. Progettato da Kurt Tank, direttore tecnico dell'industria costruttrice, la Focke Wulf Flugzeugbau GmbH, l'aereo entrò in servizio nel luglio 1941; raggiungeva la velocità di 626 Km/h a

5.500 metri di quota ed era armato con quattro mitragliatrici e due cannoni da 20 mm. La versione D-9 (1944) raggiungeva i 685 Km/h ed era in grado di competere con il potente caccia americano Mustang P.51D. Senza dimenticare che la Germania costruì e impiegò (1944) i primi aviogetti da combattimento.

Italia 1937-Mentre nel Regno Unito e in Germania l'industria, sulla spinta dei Ministeri dell'Aria, e su propria autonoma iniziativa, progettava, collaudava e produceva i caccia sopra descritti (sinteticamente analizzati nei dati essenziali e questo unicamente per ragioni di spazio), in Italia solo nel 1937, quindi con oltre tre anni di ritardo, si studiava il progetto di un aereo da combattimento monoplano, monoposto, il Macchi M.C.200, il cui prototipo volò la prima volta il 24 dicembre 1937.

Dopo una messa a punto lunga e laboriosa, il velivolo soffriva di difetti gravissimi, l'autorotazione spontanea.... Risultato poi, stranamente, vincitore del concorso ministeriale del 1938, fu ordinato in grande serie. I primi esemplari uscirono dalle catene di montaggio nell'estate del 1939. Allo scoppio delle ostilità, 10 giugno 1940, solo 144 velivoli di questo tipo erano in servizio presso i reparti caccia della Regia Aeronautica. Paragonati alle produzioni tedesche e britanniche...

Il Macchi M.C. 200 raggiungeva la velocità massima di 512 Km/h a 5.000 metri di quota ed era armato, secondo le disposizioni del Ministero dell'Aeronautica, con due sole mitragliatrici da 12.7 mm. piazzate nel muso.

Il Macchi M.C. 200 era stato preceduto, ma di poco, da un altro monoplano da caccia, il Fiat G.50, monoplano ad ala bassa a sbalzo, monomotore, monoposto a struttura interamente metallica. Primo volo 26 febbraio 1937, velocità massima 483 Km/h a 4.500 metri di quota, armamento le solite due mitragliatrici da 12,7 mm sempre alloggiate nel muso e sparanti attraverso il disco dell'elica, come durante la Grande Guerra.

Il velivolo soffrì di una lunga e noiosa fase di messa a punto, anche in questo caso per difetti di progettazione: si verificava anche qui il gravissimo, in alcuni casi letale per il pilota, fenomeno dell'autorotazione. La progettazione si era protratta dall'aprile 1935 all'estate 1936, mentre altrove già si costruivano caccia con una velocità più elevata, di oltre 50/70 Km/h, e un armamento superiore, per numero di armi e volume di fuoco, di quattro/sei volte. Al 10 giugno 1940 risultavano in linea poco più di cento Fiat G.50. Le esperienze belliche, nonostante il valore, la competenza, la dedizione, il sacrificio dei piloti e dei tecnici, risultarono penose. Velocità troppo inferiore rispetto ai velivoli avversari, armamento inadeguato. In totale furono costruiti 782 esemplari.

Incomprensibile, a proposito del Fiat G.50 e in genere nei confronti dell'industria torinese, la decisione del Ministero: il vincitore del concorso fu il Macchi M.C. 200 eppure alla Fiat fu assegnata una consistenze commessa... una scelta che disgraziatamente si ripeté svariate volte in seguito, penalizzando la produzione e quindi riducendo sensibilmente il numero dei velivoli costruiti e potenzialmente costruibili; nel medesimo tempo ottenendo prodotti scadenti.

Da quanto precede, in strema sintesi, risulta che al momento della dichiarazione di guerra al Regno Unito e alla Francia, la Regia Aeronautica aveva in linea meno di 300 velivoli da caccia monoplani (per l'esattezza. 118 Fiat G.50 e 144 Macchi M.C.200 e non tutti pronti all'impiego , contro le centinaia di Hurricane e Spitfire che armavano i reparti della RAF , senza considerare l'aeronautica francese, pochi giorni dopo, è vero, fuori della lotta perché sconfitta dalla Luftwaffe e dal Blitz-Krieg <inventato> e organizzato dal generale Guderian).

Con quale velivolo da caccia si opinava, nelle stanze segrete della Regia Aeronautica, di opporsi vittoriosamente al nemico?
Si apre qui la prima pagina della vergogna.

BIPLANI E OTTUSITA' TECNICA

Nel 1931 l'ingegnere Celestino Rosatelli progettò il biplano C.R.32, primo volo il 28 aprile 1933, velocità massima 375 Km/h, armamento due mitragliatrici, installate sulla cappotta del motore e sincronizzate per sparare attraverso il disco dell'elica; carrello fisso. Come nel 1918, appunto. Tipiche degli industriali italiani e dei settori squisitamente tecnici dell'Aeronautica Militare, la completa mancanza di ricerca e sviluppo, la fredda cinica volontà speculativa di utilizzare il lavoro creativo fatto all'estero e la sistematica rincorsa alle costruzioni su licenza, la macroscopica ignoranza di quanto si andava realizzando all'estero.

In particolare l'assenza di un analisi oggettiva di quanto si andava profilando pur nel semplice, teorico confronto tra velivoli da combattimento, segnatamente nel settore della caccia e nel quadro di quale dottrina di impiego andava formandosi.

Il Fiat C.R.32 era un biplano da caccia che si fece una discreta reputazione durante la prima fase della guerra di Spagna, ma che aveva tutti i pregi e i limiti della formula biplana: velocità ridotta e armamento scadente. Ciò nonostante i massimi vertici aeronautici italiani considerarono il biplano la formula vincente: grande maneggevolezza e manovrabilità, velocità considerata sufficiente per quanto si riferiva al classico duello aereo. Si era quindi fermi, si potrebbe dire statici, marmorei, ancorati ai criteri sfociati da quanto verificatosi tra il 1916 e il 1918, quando i biplani da caccia espressero il massimo della loro potenzialità e le tecniche di combattimento erano ancora all'a,b,c.

Altrove, invece si puntava sulla velocità, sulla robustezza della <macchina>, sulla potenza di fuoco, tenendo conto del fatto che la maggiore velocità avrebbe imposto non duelli aerei acrobatici, come durante la Grande Guerra, bensì scontri fulminei con grande potenza e concentrazione di fuoco per eliminare fulmineamente l'avversario. Neppure la presenza in Spagna, nell'ultima fase della guerra, di velivoli di produzione sovietica (caccia e bombardieri) che misero in seria difficoltà, a causa della maggiore velocità e della robustezza, i pur validi e coraggiosi piloti italiani a bordo dei Fiat C.R.32, scosse i vertici aeronautici dal torpore delle loro illusorie convinzioni, tristemente, melanconicamente cristallizzate.

Ne conseguì che mentre nella primavera del 1939 l'ultimo C.R.32 usciva dalle linee di montaggio (in totale ne furono costruiti 1.212 esemplari) usciva dalle medesime linee il primo biplano che lo avrebbe sostituito: il Fiat C.R.42, un velivolo che nasceva vecchio, superato, già surclassato dagli Hurricane dagli Spitfire, assolutamente impotente di fronte agli avversari. La Regia Aeronautica aveva accumulato un ritardo di tre-quattro anni (in termini aeronautici, una intera generazione!) rispetto all'evoluzione concettuale e progettuale del mondo industriale-aeronautico mondiale. Eppure l'alto comando italiano scelse quel patetico biplano quale <prima linea> della caccia, un aereo che raggiungeva a malapena i 430/440 Km/h a 6.000metri di quota;ovviamente il carrello era fisso, ma... carenato. Il 10 giugno 1940 erano disponibili circa 300 C.R.42 a fronte, sulla carta, del rapporto strategico, con i circa 500 Hurricane e alcune centinaia di Spitfire britannici. E' vero anche i britannici impiegavano, nelle prime settimane di guerra, alcuni biplani Gloster Gladiator, ma più veloci e più maneggevoli dei Fiat CR.42 e armati con quattro mitragliatrici, e in numero ridicolo, poche decine. Quel biplano agì da traghettatore dal biplano al monoplano e non costituiva certo la prima linea della RAF. In sintesi dal Gladiator all'Hurricane e allo Spitfire. Una concezione operativa profondamente diversa da quella applicata dalla Regia Aeronautica che entrò in guerra con un velivolo da caccia risalente come concetto e criterio al 1918, per favorire la Fiat.

In totale, sino a oltre la fine del 1943, l'industria torinese costruì e consegnò alla Regia Aeronautica oltre 1.700 esemplari del biplano C.R.42.

Il paradosso, se così vogliamo generosamente definirlo, consistette nel fatto che anche un numero non marginale di vecchi, obsoleti Fiat CR.32 formava la prima linea della caccia italiana nel 1940 e sino ai primi mesi del 1941. Qualcosa che grida vendetta e squalifica senza appello i massimi responsabili dell'Aeronautica demandati alla preparazione della forza armata e alla conduzione delle operazioni. Sia sufficiente qui dire che il primo combattimento aereo sul fronte dell'Africa Settentrionale vide alcuni biplani da caccia Fiat C.R.32 tentare di opporsi a una formazione di bombardieri britannici che effettuò un'incursione su un campo d'aviazione italiano nella zona a sud di Tobruk. Quale possa essere stata la valutazione del nemico di fronte all'intervento difensivo di patetici biplani, nettamente meno veloci degli attaccanti, si può facilmente immaginare. La guerra è fatta essenzialmente di mezzi, è vero, ma l'aspetto psicologico gioca un ruolo primario sia nell'atteggiamento del nemico, sia in quello delle proprie unità impegnate sulla linea del fuoco. Un velivolo adeguato incute rispetto nell'avversario e infonde fiducia nel pilota.

Quella che precede è la cornice. Ora si apre la seconda pagina della vergogna.

Prima di entrare nel nuovo argomento è necessario dire che i velivoli da caccia italiani non erano provvisti di apparati radio rice-trasmittenti; la grave, scandalosa carenza fu eliminata, solo e in parte, nel 1942.

Qualsiasi lettore, pur digiuno di conoscenze anche solo superficiali di aviazione, si chiederà, ma non c'era altro a disposizione? Veramente si volle fare la guerra con aeroplani superati, roba da museo...?!

Giusta, pertinente osservazione.

Ed è qui che si entra nel clima del <giallo>. Ancora nel 2001 la Storia non ha dato risposte alle implicite domande in essere.

Il 24 maggio 1939 si alzò in volo per la prima volta il velivolo da caccia Reggiane Re.2000. velocità massima 530 Km/h armamento le obbligate 2 mitragliatrici da 12,7 mm., montate sopra la cappottatura del motore e sincronizzate per sparare attraverso il disco dell'elica, come, ancora a vent'anni dalla fine della Grande Guerra, imponeva il Ministero.

Il caccia Re.2000 presentava soluzioni tecniche di assoluto interesse che lo rendevano superiore sia al Macchi, sia al Fiat di cui si è detto più sopra. La sua genesi merita un minimo di spazio.

Il velivolo era progettato dagli ingegneri Roberto Longhi e Antonio Alessio. Il primo nel 1936 era a capo dell'Officina Sperimentale Reggiane, industria del Gruppo Caproni. In quel medesimo anno, il capo del Gruppo, l'ingegnere Gianni Caproni, manda l'ingegnere Longhi negli Stati Uniti per un periodo di lavoro in una primaria industria aeronautica statunitense. Al rientro in Italia nel febbraio

1938 – dopo circa due anni di permanenza e di lavoro negli Stati Uniti – l'ingegnere Longhi elabora il progetto di quello che diventerà il Re.2000, caposcuola di una serie di velivoli tra i migliori e più efficienti mai progettati in Italia. Velivoli senza fortuna, sistematicamente, misteriosamente, tragicamente bocciati dalla Regia Aeronautica.

Andiamo al sodo: sin dai primi voli di collaudo le eccellenti qualità del caccia si manifestano e vengono confermate a pieno durante i collaudi effettuati nell'agosto 1939 nel Centro di collaudo ufficiale Sperimentale di Guidonia, da parte di piloti militari a ciò demandati dalla Regia Aeronautica. Una procedura cui si dovevano sottoporre tutti i nuovi prototipi.

Ebbene: i resoconti del collaudatori militari risultano estremamente positivi e favorevoli: il caccia è molto manovriero, anche negli assetti di volo più delicati non entra in auto rotazione come invece accade al Macchi e al Fiat G.50, l'ala aerodinamicamente perfetta garantisce una tenuta di volo di completa affidabilità. Basti dire che il disegno dell'ala del Re.2000 e di un secondo ottimo velivolo realizzato dalla Caproni e di cui a breve si dirà, venne utilizzato in seguito per eliminare definitivamente il rischio di autorotazione dei Macchi e dei G.50 della Fiat… con quali costi e quali ritardi è facile intuire… Ciò nonostante il velivolo della Caproni non fu riabilitato dai cervelloni tecnici dell'Aeronautica, se non in seguito e solo parzialmente, come si dirà.

Ma c'è di più.

In quel periodo erano presenti a Guidonia alcuni velivoli della Luftwaffe fra cui tre Messerschmitt Bf. 109 (velivolo di cui si è detto). L'occasione è ghiotta per mettere alla prova le qualità del Re.2000. Si effettuano diversi voli di finta caccia e dai resoconti dei piloti militari del Centro Sperimentale di Guidonia si apprende che tali voli di finta caccia dettero sempre risultati favorevoli al Reggiane Re.2000.

Addirittura clamorosi gli esiti di finta caccia tra il Reggiane e il Fiat C.R.42.

Interessante il metodo di prova: un pilota prende il C.R.42 , un altro il Reggiane: finta caccia, atterraggio, scambio delle macchine tra i due piloti, nuovo duello. Mai, in nessuna occasione, il C.R.42 prevale. Il Reggiane riesce sempre a mettersi in coda al biplano.

Ma non è tutto: si accerta anche che i dati forniti dalla ditta sulle prestazioni del velivolo non sono esatti: sono inferiori a quanto appurato dai piloti collaudatori militari del Centro Sperimentale di Guidonia. Rispetto ai valori dichiarati dalla ditta, la velocità di salita è superiore del 5%, la velocità massima orizzontale è superiore del 7/8%. Poiché i collaudatori militari pensano che possa trattarsi di un errore, ripetono le prove ,ma le nuove prove confermano di dati.

Sicché la velocità massima del Reggiane Re. 2000 non era di 530 Km/h ma, almeno, del 7% superiore, cioè di 567 Km/h. Questo pur montando un motore Piaggio (P.XI RC 40) che suscita qualche perplessità circa la tenuta. L'ingegnere Gianni Caproni era già deciso a ricorrere a un motore tedesco della medesima categoria di quello utilizzato per il celebre caccia Messerschmitt.

Invece la Regia Aeronautica bocciava il Reggiane Re. 2000 perché i serbatoi alari non erano protetti.

Da esami e analisi effettuati da tecnici competenti e affidabili risultò che tale limite non era plausibile, infatti il velivolo rifiutato dall'Aeronautica, ma autorizzato all'esportazione, fu acquistato dalla Svezia (60 esemplari) e dall'Ungheria (70 esemplari). In Ungheria, oltre tutto, si provvide alla costruzione su licenza di svariate decine di Re. 2000, con unità motrici diverse. Impiegato in combattimento dall'aviazione ungherese, il velivolo diede risultati soddisfacenti.

La vicenda del caccia Reggiane Re.2000 presenta altri aspetti veramente sorprendenti.

Una Commissione ufficiale inglese visitò le industrie aeronautiche italiane prima dello scoppio della seconda guerra mondiale (le ostilità si aprirono l'1 settembre 1939, invasione germanica della Polonia).

L'interesse degli esperti che formavano detta Commissione ,tra cui, ovviamente e come d'abitudine, si celavano agenti speciali dell'Intelligence Service sotto copertura, si manifestò nettamente nei confronti del caccia Re. 2000. Si ebbero contatti e incontri preliminari per la fornitura alla Gran Bretagna di 1.000 esemplari. Seguì un ordine fermo di 300 esemplari, ma gli incontri furono sospesi nell'aprile 1940. Anche i francesi e numerose altre nazioni si interessarono al Reggiane Re.2000. Solo l'Italia lo ignorò.

Si immagini cosa sarebbe diventato il Re.2000 propulso da un motore Merlin o, più probabilmente, da un motore <Daimler> e questo nel 1939/inizi 1940.

Tuttavia, in piena guerra, si ebbe un ripensamento dovuto solo ed esclusivamente alla mancanza di velivoli con l'autonomia necessaria per la scorta ai convogli navali e alle formazioni di bombardieri (problematica del tutto ignorata e sottovalutata dai presunti specialisti della Regia Aeronautica nel campo fondamentale della dottrina operativa).

Infatti: il Re. 2000 aveva un'autonomia di 840 Km, ma con la possibilità di incrementarla, aumentando il numero dei serbatoi. E questo poneva il velivolo in posizione privilegiata rispetto al Macchi e al G.50 che non offrivano tale possibilità . Infatti si realizzò un Re.2000 dotato di ulteriori serbatoi installati nello spessore alare (dove erano finite le obiezioni precedenti? I serbatoi non protetti non costituivano più un limite insuperabile….?) velivolo che fu designato <Re. 2000 Grande Autonomia>.

Quindi, il velivolo bocciato viene ripescato in presenza di una falla gigantesca nella organizzazione bellica delle Regia Aeronautica, la mancanza (ma non era l'unica) di un aereo idoneo a garantire la scorta ai convogli navali, ai bombardieri, agli aerosiluranti (da notare che all'entrata in guerra l'aeronautica non disponeva di velivoli e di reparti organici di questa fondamentale, e strategicamente vincente specialità, come gli eventi bellici hanno dimostrato).

Un aereo capace di impedire, contrastare gli attacchi indisturbati da parte di aerosiluranti e bombardieri britannici contro le navi dei convogli cariche di armi, munizioni, equipaggiamenti personale militare, etc. destinati alle truppe operanti in Africa Settentrionale.

Si aggiunga che nel 1939 l'Italia disponeva di un velivolo da caccia con una velocità massima di 567/572 Km/h (superiore a quella degli Hurricane e pari a quella degli Spitfire) e con la concreta possibilità di potenziarlo con un motore di produzione germanica e lo rifiutò.

All'epoca l'Hurricane volava a circa 520 Km/h e lo Spitfire a 570 Km/h.

La Regia Aeronautica decise di affidarsi a un biplano che raggiungeva a fatica i 440 Km/h.

Il <gap>, intellettuale, professionale, concettuale tattico e strategico tra la R.A.F. e la Regia Aeronautica era di quelle proporzioni.

Nessuno storico di nome ha ritenuto di evidenziare, sia pure in poche righe, tale… anomalia.

Un'altra pagina oscura del'aviazione italiana si riferisce al velivolo F.5 Caproni.

Primo volo del prototipo 19 febbraio 1939, velocità massima 496 Km/h, armamento le solite due mitragliatrici.

Velivolo da caccia costruito dalla Caproni Vizzola sul finire del 1938 e progettato dall'ing. Riparbelli su un progetto iniziale dell'ingegnere Fabrizi.

Il velivolo trasferito al Centro Sperimentale di Guidonia stupisce per le qualità e le caratteristiche: " Vola molto bene, non ha i difetti aerodinamici dei caccia coetanei".

Per mettere alla prova l'F.5, si fa giungere a Guidonia un Fiat G.50 già assegnato al 51° Stormo di Ciampino. Nei voli di finta caccia, l'F.5 "dà una superba esibizione di volo, dalla quale il G50 esce surclassato".

Tuttavia l'F.5 è bocciato "perché <arrivato> in ritardo" .

Se ne costruiranno solamente 11 esemplari di preserie.

Quanti hanno impiegato il velivolo operativamente lo considerarono superiore anche al Macchi M.C.200: eccellente manovrabilità, buona autonomia, piattaforma di tiro stabile.

Anche per l'F.5 l'ingegnere Caproni aveva già deciso di potenziarlo con un motore di produzione germanica.

N.B. Un'ultima notazione a proposito dei caccia proposti dalla Raggiane, del Gruppo Caproni:

Nel dicembre del 1941 fu completato il prototipo del Re.2005. Nella storia di questo velivolo vi è un passaggio che fa venire i brividi ancora oggi. Infatti: " Quattro mesi comunque si persero nell'attesa del motore, che inviato per ferrovia dalla Germania, sparì lungo il percorso. Solo nel maggio del 1942 il caccia poté essere approntato per i collaudi".

Nel volo del 9 maggio 1942 il velivolo a 2.000 metri di quota toccò i 678 chilometri/ora (i tecnici di Guidonia lamentarono che il velivolo... correva troppo!) Solo nel febbraio 1943 il Ministero ordinò 750 esemplari: di un caccia che sarebbe potuto essere prodotto in serie (impegnando l'intera capacità produttiva nazionale, come avevano fatto gli Inglesi dal 1937 al 1941) al più tardi tra la fine del 1941 e gli inizi del 1942.

Non si deve dimenticare che in precedenza e relativamente al caccia Re.2001 (secondo velivolo della serie 2000 della Caproni Reggiane) si era predisposto un piano di costruzioni concernente 400 esemplari con allestimento di catene di montaggio presso la Breda, la Caproni Taliedo e la Caproni Predappio; inoltre che la Svezia aveva commissionato 100 esemplari del Re. 2001 (velocità massima 545 Km/h a 5.470 metri di quota, armamento 4 mitragliatrici, due da 12,7 e due da 7,7 alari, primo volo luglio 1940 (Non sembra essere necessario suggerire al Lettore il confronto con Hurricane, Spitfire e... Fiat CR.42...). Progetto, quello di cui sopra misteriosamente <evaporato>...

L'armamento del Re.2005 era, finalmente, degno del compito di un velivolo da caccia: 2 mitragliatrici da 12,7 e tre cannoni da 20 mm; autonomia 1.250 Km, quota massima operativa 12.000 metri. La velocità di affondata, superiore del 50% rispetto alla velocità massima in volo orizzontale, supera va i 900/Km/h. In successive prove la velocità di affondata risultò tra i 945 e i 1000 Km/h. Il che lascia immaginare l'efficacia potenziale del velivolo nell'attacco da una quota superiore rispetto alle formazioni di bombardieri , tenuto conto del volume di fuoco di cui era dotato.

Molti esperti aeronautici hanno classificato il Caproni Reggiane Re.2005 "*il più bell'aereo della seconda guerra mondiale*".

Quella del Reggiane Re.2005 è una storia che meriterebbe una ricerca molto più ampia e approfondita; purtroppo i documenti della Reggiane non sono disponibili e il diario del conte Gianni Caproni, che pur esiste e indubbiamente rappresenterebbe una fonte, unica e preziosissima, di tutta un'epoca, non è consultabile per decisione, indefettibile, della Famiglia.

Poche le indiscrezioni filtrate e nessuna verificabile.

Come tali si segnalano: 1) la Luftwaffe si interessò e non poco al Reggiane Re.2005.

2) Subito dopo l'8 Settembre 1943 i piloti tedeschi provarono il caccia.

3) alcune fonti, solitamente attendibili, affermano che un certo numero di caccia fu trasferito in Germania.

L'impiego operativo contro le formazioni di bombardieri americani durante le pesanti incursioni condotte sul territorio germanico, e i risultati conseguiti, pur certi non sono documentabili.

4) E' certo invece che il 7 e 8 gennaio 1944 due pesanti incursioni alleate distrussero lo stabilimento Reggiane di Reggio Emilia.

Che il bombardamento sia stato deciso per bloccare la produzione del caccia Re.2005 non è possibile affermare e documentare (forse solo una ricerca meticolosa negli Stati Uniti d'America e segnatamente nelle carte e nei diari di guerra dei Reparti che effettuarono le incursioni potrebbe fare luce sui retroscena... e sulla base di quali informazioni e di quali fonti furono pianificati i due bombardamenti). Rimane il fatto che l'attacco non solo fu effettuato, ma, il che incuriosisce non poco, immediatamente reiterato, quasi a voler impedire qualsiasi dubbio sugli obiettivi che si proponeva. Nulla del genere, lo si noti, avvenne sugli stabilimenti della Fiat, dove, ancora nel 1943, si costruivano i patetici biplani Fiat CR.42… La vicenda del Reggiane Re.2005, come di tutti i velivoli della serie Re. (dal Re. 2000 al Re. 2005 e oltre) dimostra non solo quali furono le enormi, documentate, concrete opportunità disponibili e non sfruttate (e non furono le sole), ma anche la grettezza, il cinismo, la sprovvedutezza, l'ambiguità, la doppiezza dello Stato Maggiore della Regia Aeronautica. E della storiografia, asservita allo scopo di consolidare le mistificazioni e i falsi. Il capitano britannico Duncan Smith (19 vittorie accreditate), nel suo "Spitfire in battle" scrive: *"Essendomi scontrato in duello con un Reggiane 2005, sono convinto che sarebbe stato molto difficile per noi spuntarla, con i nostri Spitfires, se gli italiani o i tedeschi avessero avuto qualche stormo equipaggiato con questi velivoli all'inizio della campagna di Sicilia o in operazioni da Malta. Veloce e con eccellente manovrabilità, il Reggiane 2005 era complessivamente un superbo aeroplano (...) Né il Macchi M.C. 205 né il Messerschmitt 109 G potevano stare alla pari del Reggiane 2005 in manovrabilità e velocità di salita. Penso che fosse il miglior aereo prodotto dall'Italia nella seconda guerra mondiale"*. Il capitano Duncan Smith così più avanti si esprime: *"E' un peccato che nessun Re.2005 sia sopravvissuto fino ad oggi perché erano gli esempi della grande abilità ingegneristica italiana"*. Sempre per i retroscena: la Reggiane non riuscì mai ad avere la priorità nell'assegnazione delle materie prime e delle maestranze: i tempi di lavorazione del 2005 erano di 22.000 ore, 3.000 in meno rispetto al Macchi M.C.205.

Circa la vicenda del motore Daimler Benz DB-605 A, inviato in treno dalla Germania nel dicembre 1941 e misteriosamente scomparso, si tenga conto che venne ritrovato alla metà di aprile 1942, abbandonato in uno scalo ferroviario secondario di Milano, dall'ingegnere Haug della ditta costruttrice che si era adoperato intensamente per quattro mesi nelle ricerche, affiancato dai suoi tecnici.

La sparizione fu dovuta ad un atto di sabotaggio (non si hanno notizie di eventuali indagini e inchieste per scovare il o i responsabili che con ogni probabilità sfruttarono la complicità, l'indifferenza o l'acquiescenza del personale ferroviario); l'atto eversivo causò un ritardo di oltre quattro mesi nel collaudo e nel primo volo del Reggiane Re 2005 (quindi dell'avvio della produzione in serie) ,un velivolo superiore ai caccia coevi delle maggiori potenze aeree. Quale fu la valutazione della Regia Aeronautica lo dimostrano le poche cifre che seguono: nel 1942 furono ordinati alla Caproni-Reggiane solo tre, diconsi tre aerei e una serie <zero> di sedici esemplari. Da considerare infine che una volta di più la Svezia aveva avviati serrati contatti e concrete trattative per ottenere rapidamente la licenza di produzione. Non si esclude che all'interessamento svedese non fosse estraneo lo zampino dell'Intelligence Service.

Comunque fosse, una prova provata e documentata anche da osservatori stranieri e all'epoca nemici (le citazioni potrebbero essere anche più corpose) di ciò che era disponibile e sottovalutato dalle massime autorità aeronautiche, come pure dallo Stato Maggiore Generale, cui competeva non solo la condotta bellica, ma anche e ancora prima, l'organizzazione delle Forze Armate e l'armamento, l'equipaggiamento e l'addestramento delle medesime. Non c'è altro da aggiungere.

LE BUGIE HANNO LE GAMBE CORTE
(antico proverbio popolare)

La Marina Militare Italiana persiste instancabilmente, tenacemente, caparbiamente nella sua azione tendente a riscattarsi storiograficamente dalle tremende responsabilità accumulate prima e durante la seconda guerra mondiale, responsabilità culminate nella ignominiosa resa senza combattere, contrabbandata miseramente, squallidamente come doverosa, ineludibile obbedienza agli ordini del Re Imperatore.

Si aggrappa pateticamente ad ogni sembianza di salvagente o tavola di sopravvivenza le venga gettata, senza avere la cautela di analizzare adeguatamente il movente e l'attendibilità di quanto è stato scritto.

Nel numero di settembre 2009 del periodico ufficiale "Rivista Marittima", edito dal Ministero della Difesa, a pagina 171 (Rubrica Recensioni e Segnalazioni) è pubblicata, appunto, la recensione del volume di V.P. O'Hara: "Struggle for The Middle Sea, The Great Navies at War in the Mediterranea, Theater – Naval Institute Press, Annapolis 2009. Pagg. 352 – 34,95 $). Recensione di Enrico Cernuschi, firma di primo piano del periodico e autore di numerose opere e studi in materia storico-navale.

Tra gli aspetti posti in particolare rilievo, da parte del recensore, apprezzabile la notazione riguardante la: *"rivelazione di diversi danni, fino ad oggi ignorati, lamentati dalle unità britanniche, francesi e statunitensi a opera delle armi italiane e tedesche"*.

Le conclusioni, invece, sono di diverso spessore e attendibilità. Secondo l'autore statunitense, evidenzia il recensore, sulla cui correttezza nelle citazioni nessun dubbio, la Regia Marina avrebbe *"eseguito la propria missione... combattendo una guerra navale coerente con la propria strategia e frustrando sia gli scopi britannici, sia quelli tedeschi"*. (a cosa si allude?? La Regia Marina avrebbe sabotato l'azione e gli obiettivi germanici? ma con i tedeschi non eravamo alleati?).

Inoltre, la Royal Navy... mancò ,*"nonostante i vantaggi di cui godeva in termini di intelligence tecnologia e risorse materiali... sul piano strategico il proprio obiettivo avendo scelto, nell'estate 1940, di combattere una campagna che non poteva vincere"*. (?)

L'autore americano, sottolinea ancora il recensore, *"fa altrettanta giustizia,nel contempo, dei troppi luoghi comuni che, secondo le stesse parole dell'Autore, hanno fino ad oggi dominato la storia navale anglosassone"* .

Da quanto scritto dall'Autore americano, il recensore, trae la seguente <conclusione>:

"Speriamo, per il seguito, dopo la pubblicazione di questo libro destinato a far testo, di non dover più sentire certi triti temi di propaganda ancora oggi solfeggiati, con compiacimento da certa pubblicistica nostalgica e scandalistica nostrana".

Il recensore, con alta e arrogante presunzione, pretende, ma non è la prima e non sarà l'ultima volta , di dettare regole, orientamenti e giudizi, trinciando, incautamente e senza alcuna autorità, sentenze, bollando chi sostenga, documentandole, tesi contrarie e pretendendo di mettere alla gogna certa critica che non si è mai fatta e mai si farà condizionare o mettere in soggezione, anzi sfidando il recensore a un pubblico dibattito documentale sulla guerra condotta dalla Regia Marina e dallo Stato Maggiore Generale o Comando Supremo nel Mediterraneo e in Africa Settentrionale.

Da parte dell'Autore americano, così come del recensore, sarebbe stato più opportuno riflettere e tenere conto della realtà di quanto accadde tra il giugno 1940 e, ad esempio, il novembre-dicembre 1941.

Nulla da eccepire circa il fatto di apprendere che un autore americano riveli i danni inferti dalla Regia Marina alle forze nemiche e sino ad oggi occultati. La reticenza, per non dire altro, dei Britannici, non è una novità, in quanto, ad esempio, la stessa Rivista Marittima, anni fa, pubblicò un articolo nel quale si affermava (una autentica rivelazione) essere stata colpita la corazzata Warspite durante lo scontro di Punta Stilo, dal fuoco o della Cavour o, più probabilmente, del Cesare, inducendo la corazzata inglese a sospendere l'azione, articolo in cui, inoltre, si faceva cenno ad attacchi aerei contro sommergibili nemici con esiti interessanti... L'autore delle presenti note cita, quanto qui sopra precede, a memoria, non essendo all'epoca abbonato al periodico, e non disponendo del testo di riferimento.

A parte ciò, e rispondendo indirettamente all'Autore americano, ma soprattutto al recensore, si suggerisce, garbatamente, di verificare e consultare le <statistiche> degli affondamenti, effettuati dai Britannici, di mercantili e piroscafi italiani carichi di uomini, armi, mezzi, munizioni, esplosivi, carburanti nel novembre 1941 (ad esempio), quando le forze italo-tedesche, al comando di Rommel, stavano sconfiggendo durissimamente l'8^ armata britannica in Africa Settentrionale, più esattamente nel deserto della Marmarica. Affondamenti che compromisero fatalmente l'azione devastante delle forze italo-tedesche, privandole, nel momento più delicato della battaglia, degli indispensabili, vitali rinforzi e rifornimenti.

Altro che controllo strategico del Mediterraneo centrale!??!

I piroscafi italiani furono letteralmente spazzati via e i collegamenti tra la madre patria e la Libia tragicamente spezzati.

Una coincidenza invero straordinaria (e non era la prima volta). I Britannici erano alle corde? Rommel e le sue truppe italiane e germaniche stavano vincendo? Ebbene, i rifornimenti venivano sistematicamente distrutti e il collegamento interrotto. Si evita in queste note di entrare nel merito della qualità delle scorte navali ed aeree attribuite ai convogli, evidenziando, in ogni caso, il coraggio, la dedizione, il superbo valore, l'eroismo di quanti si batterono in difesa dei convogli e nei combattimenti asperrimi nel deserto della Marmarica.

Ma via! Evitiamo, però, di avallare le sciocchezze e tramutare la disinformazione, in verità storica.

Gli americano vogliono rivalutare la Regia Marina? E' uno dei tentativi di oltre oceano (quanti ne hanno fatti verso giapponesi e tedeschi?) di ammettere che la seconda guerra mondiale per loro e per i Britannici non è stata una passeggiata, che il nemico era forte e combattivo e così infliggere una stoccatina velenosa ai <cugini> Britannici. Tanto non cambia alcunché.

Trasparente l'obiettivo statunitense: in un clima internazionale piuttosto delicato, con Afghanistan e Iraq ancora sulla graticola, con le forze americane sottoposte allo stillicidio di perdite politicamente controproducenti e con alle spalle una logistica sempre più onerosa, è indispensabile garantirsi la simpatia e la cordialità (la vecchia entente cordiale della diplomazia d'ante guerra) degli antichi avversari, oggi preziosi e, temporaneamente, utili alleati.

Ma stiamo ai fatti. L'autore delle presenti note ha pubblicato (Settimo Sigillo, Roma, 2008), un volumetto, centocinquanta pagine, poca roba davvero, dal titolo "La vittoria tradita - Marmarica Novembre-Dicembre 1941, sulle orme di una grande battaglia". Alle pagina 24-26 sono elencate le perdite di navi mercantili, e dei relativi carichi, nel periodo febbraio- dicembre 1941; esattamente dal 3 febbraio al 22 dicembre , quindi dallo sbarco dell'Afrika Korps (primi contingenti) all'esaurirsi della battaglia della Marmarica.

Si trattò della perdita di 113 navi mercantili e dei relativi carichi (e di unità militari, qui non elencate).

Nel mese di settembre 1941, mentre Rommel predisponeva l'attacco contro la piazzaforte di Tobruk, le perdite in mare furono di quattordici mercantili, tra cui le grandi navi Neptunia e Oceania.

Nel mese di ottobre 1941, mentre Rommel pianificava l'attacco contro la piazzaforte di Tobruk, le perdite in mare furono di undici piroscafi.

Nel mese di Novembre 1941, le perdite furono di tredici mercantili, cui seguirono ulteriori otto perdite, in dicembre.

In totale, in quattro mesi, andarono perdute per azione nemica 46 navi mercantili con i loro preziosi carichi bellici.

E ancora: tra settembre e dicembre 1941, il nemico colò a picco il 40,70 % di quanto inviato dall'Italia alla Libia, nel periodo sopra indicato, cioè nell'arco di undici mesi.

Quella britannica, in mare, fu una vittoria schiacciante.

Due particolari consentono di rendersi meglio conto di quale fu il danno subito durante quella che poi venne definita la battaglia dei convogli: nel gennaio 1942 la Divisione corazzata Littorio fu trasferita in Africa

Settentrionale. La Divisione era strutturata, sulla base di nuove, ma tardive, concezioni di impiego, come segue:

Comando Divisione – Un Raggruppamento Esplorante (RECO) dotato di autoblindo, carri L-6 e motociclisti. Un Reggimento carri, ordinato su tre battaglioni carri M, una compagna contraerei e una compagnia recuperi e riparazioni, un Reggimento bersaglieri ordinato su Compagnia Comando, 2 Battaglioni autotrasportati , una Compagnia motociclisti, un Battaglione armi di accompagnamento, un Reggimento artiglieria ordinato su semoventi da 75/18, un Gruppo contraereo da 20 mm, due Gruppi di artiglieria campale da 75/27, un gruppo di artiglieria pesante campale da 105/28; un battaglione Genio corazzato, unità del genio e dei servizi.

In sintesi: la grande unità disponeva di 189 carri M, 20 semoventi, 40 autoblindo, 70 pezzi di artiglieria per un totale di 8.600 uomini con 1.120 veicoli.

Risultato del trasferimento in A.S.: "Purtroppo della Littorio, in Africa arrivò ben poco. I trasporti silurati nel Mediterraneo colarono a picco con uomini e veicoli e quel poco che arrivò in Africa fu assegnato alla spicciolata alle Divisioni Ariete e Trieste" (dati e informazioni da "I demoni rossi" di Daniele Lembo, Grafica MA.RO editrice 2008).

8-9 Novembre 1941 un convoglio di quattro piroscafi e tre petroliere (Sagitta, Rina Corrado, italiani; Duisburg,e San Marco tedeschi; petroliere-cisterne Minatitlan , Maria, Conte di Misurata) trasportava, in Libia, 389 carri armati e mezzi motorizzati, 17.281 tonnellate di carburanti, 1.579 tonnellate di munizioni, 12.957 tonnellate di materiali vari. Una forza navale britannica, formata da due incrociatori leggeri, Penelope e Aurora armati con cannoni da 152 mm, e due cacciatorpediniere, Lively e Lance, ne fece strage, anche se il convoglio era scortato complessivamente da due incrociatori pesanti, Trento e Trieste e da dieci cacciatorpediniere. L'ammiraglio comandante (ammiraglio Bruno Brivonesi) la poderosa scorta, non interviene, non "*serra sotto*", come sarebbe stato indispensabile per attaccare il nemico, enormemente inferiore in numero e potenza di fuoco, ma si allontana, abbandonando piroscafi e petroliere. Tra le perdite subite anche quella di due cacciatorpediniere della scorta vicina: quell'ammiraglio non venne giudicato da una corte marziale e fucilato per palese viltà di fronte al nemico. Eppure il capo di stato maggiore della Forza Armata, lo aveva classificato "*non idoneo al comando*".

Sarebbe una ricerca affascinante quella relativa al reperimento dei <manifesti di carico> dei 113 piroscafi e mercantili colati a picco tra febbraio e dicembre 1941. Questo perché uno dei capisaldi della tesi dell'impreparazione e della follia di voler fare la guerra è rappresentato dalla penuria e inadeguatezza dei mezzi.

Quei carichi, sono la risposta più eloquente. Così come la straordinaria coincidenza con la strage di mercantili ogni qual volta i Britannici erano alle corde. All'Autore americano è sfuggita anche questa singolare situazione strategica? Quali sono state le sue fonti?...Su quali fonti documentali ha basato le sue argomentazioni?... Era indispensabile proteggerli, quei carichi, come facevano, ad esempio, gli Inglesi . Bisogna sempre imparare da chi è più bravo. Ma l'umiltà e il buon senso non facevano parte dell'equipaggiamento di Supermarina: Punta Stilo, Taranto, Matapan, Convoglio Beta… queste, tra le molte altre, le lugubri <decorazioni> collezionate… Le navi nemiche erano dotate di radar, che anche l'Italia possedeva, dal 1939, ma la Regia Marina, con la nota altezzosità, ritenne di poterne fare a meno. Il Capo di Stato Maggiore della Regia Marina, ammiraglio Cavagnari, pure sottosegretario di Stato, liquidò il radar (o Radiotelemetro o RDT) con queste parole: "*Non voglio trappole tra i piedi*". La Royal Navy ringrazia…

L a Rivista Marittima non si è limitata alla recensione.

Nel numero di ottobre 2009 l'argomento è nuovamente trattato, questa volta alla grande, con il corredo di note, oltre che di considerazioni e giudizi.

MIOPIA TATTICA E INETTITUDINE DI COMANDO
Le qualità preminenti degli Stati maggiori italiani nella Seconda Guerra Mondiale

La disfatta italiana nella seconda guerra mondiale, scaturì da una fitta catena di malefatte, tra le quali la disastrosa, colpevole conduzione delle operazioni militari, con il corollario della malafede e della mascalzonaggine di altissimi ufficiali generali (Gambara, Piazzoni, ad esempio) e segnatamente di due marescialli d'Italia, per lungo tempo al vertice della piramide militare e strategica, Badoglio e Cavallero, quest'ultimo particolarmente odioso e repellente, definito da Ciano, all'epoca ministro degli affari esteri, bugiardo, avventuriero, ladro a man bassa (per le citazioni testuali, vedere in "Mussolini ultimo" di Antonino Trizzino, Bietti, Milano, 1968).

Vi è comunque, tra i numerosi citabili, un periodo di eccezionale interesse (sottovalutato se non ignorato dalla storiografia ufficiale e ufficiosa) nel volgere del conflitto: esattamente gli ultimi tre mesi del 1941 e i primi sei mesi del 1942.

13 ottobre: al largo di Gibilterra, il sommergibile tedesco U-81 al comando del Tenente di Vascello Fritz von Guggenbberg cola a picco la portaerei "Ark Royal", unica unità britannica di quella classe disponibile nel Mediterraneo in quel periodo.

25 novembre. La nave da battaglia "Barham" esplode e si disintegra dopo essere stata colpita da una salva di siluri lanciata dall'U-331 al comando del barone Hans von Tiesenhausen, nelle acque del Mediterraneo, tra l'isola di Creta e la Cirenaica.

Le Mediterranean Fleet rimaneva così con due sole vecchie corazzate e senza portaerei, mentre la Regia Marina disponeva, nel medesimo periodo, di cinque corazzate in piena efficienza.: "Vittorio Veneto", "Littorio", "Andrea Doria", "Giulio Cesare", "Caio Duilio".

E' appena il caso di notare che la presenza di qualche decina di sommergibili germanici nel Mediterraneo mutò profondamente l'andamento delle operazioni in mare (i primi battelli germanici entrarono nel Mediterraneo alla fine di settembre 1941; a dicembre di quell'anno ve ne erano in totale 27). La decisione di potenziare la presenza di sommergibili tedeschi nel Mediterraneo fu personalmente di Hitler, contro il parere della Kriegsmarine, e questo a seguito delle paurose perdite subite, soprattutto nel mese di novembre, dai trasporti italiani diretti in Libia con a bordo i rifornimenti destinati alle truppe italiane e dell'Afrika Korps (In proposito si veda del medesimo autore, "La vittoria tradita" edizioni Settimo Sigillo, Roma).

 La decisione di Hitler cambiò radicalmente, in quella fase, il corso della guerra navale, facendo rapidamente pendere la bilancia della potenza e della superiorità navale dalla parte dell'Asse, per un non breve periodo (ma non sfruttato da Supermarina, l'alto comando navale italiano) nonostante il brillante successo dei mezzi d'assalto della X Flottiglia MAS che, in aggiunta ai successi ottenuti dai tedeschi, affondarono ad Alessandria d'Egitto, le due corazzate "Valiant" e" Queen Elizabeth", nel dicembre 1941.

La Regia Marina entrata in guerra nel giugno 1940 con oltre 113 sommergibili non fu in grado di incidere minimamente nel rapporto di forze con la Mediterranean

Fleet, dislocata ad Alessandria d'Egitto, subendo sempre l'iniziativa britannica anche nei momenti, e non furono pochi, in cui la superiorità le era assolutamente favorevole: le cifre in materia di affondamenti sono eloquenti: 100.000 tonnellate di naviglio nemico colate a picco dai battelli italiani, contro le 405 mila tonnellate affondate dagli U-Boote. Supermarina aveva idee superate nella dottrina d'impiego dell'arma subacquea; era rimasta ostinatamente, caparbiamente, ottusamente ancorata ai criteri dell'agguato, come nella prima guerra mondiale. Tutto ciò, oltre a non aver provveduto a ridurre l'inferiorità tecnica dei sommergibili rispetto agli Unterseeboote, determinò la pochezza dei risultati ottenuti,fatto salvo l'impegno e la dedizione degli Equipaggi. Argomento che da solo meriterebbe uno studio ad hoc.

Il 14 dicembre 1941 la nave da battaglia Vittorio Veneto, nelle acque dello Jonio, è colpita da un siluro lanciato dal sommergibile britannico Urge, lo stesso giorni l'U-557, al comando del Tenente di Vascello Paulhsen, silura e affonda, all'imboccatura del porto di Alessandria d'Egitto, l'incrociatore inglese Galatea, provocando la morte di 350 uomini dell'equipaggio. Malgrado la schiacciante superiorità, l'alto comando navale italiano (la tristemente nota Supermarina) manifestò la sua totale inettitudine: si rivelò rinunciatario, pavido, tremebondo, vile: non ebbe la dignità e tanto meno il coraggio morale di approfittare, della netta superiorità, per intensificare il rifornimenti di truppe, mezzi, munizioni etc. destinati alle forze italo-tedesche impegnate in Africa Settentrionale, sfruttando l'impossibilità nemica di ostacolare i convogli, se non con naviglio minore.

E' opportuno mettere in evidenza nel chiudere questa nota, in primo luogo, una considerazione fatta dall'ammiraglio

A.B. Cunningham immediatamente dopo lo scontro di Punta Stilo (luglio 1940), cioè in tempi non sospetti, quando ancora tutto era da decidere: "... *la Warspite (corazzata, nave comando dell'ammiraglio, n.d.a.) nave che aveva venticinque anni, già stata ampiamente modificata e rimodernata- era la sola unità della nostra flotta in grado di tirare a distanze alle quali le corazzate e gli incrociatori pesanti italiani (armati con cannoni da 203)* (La Regia Marina ne possedeva sette contro nessuno, in Mediterraneo, da parte nemica, n.d.a.) *potevano inquadrarci comodamente col loro tiro*".

Nel suo rapporto confidenziale al 1° Lord dell'ammiragliato a Londra, Cunningham precisò: "*Nel nostro primo scontro con gli italiani, né la Malaya né la Royal Sovereign* (ambedue vecchie corazzate, n.d.a.) *avevano raggiunto il bersaglio*", e così concludeva "*Devo avere un'altra nave che possa sparare a grandi distanze*".

Un'ammissione onesta, ma pervasa da seria preoccupazione, di inferiorità di manovra, di imbarazzante limitatezza balistica e di esplicita carenza di fuoco nel teatro d'operazioni aero-marittimo del Mediterraneo. E un implicito e non inquinato, data tradizionale ipocrisia albionica, oggettivo riconoscimento della superiorità della Regia Marina. Come se fosse necessario,(solo gli ultragallonati appollaiati nelle accoglienti sale di Supermarina non ne erano informati.)

Uno degli argomenti cardine delle velenose critiche al capo del governo e alla sua <folle> decisione di entrare in guerra nel giugno del 1940, è quella della povertà cronica di materie prime, seguita da quella di carburati, argomento quest'ultimo invocato costantemente, e ai più alti livelli, per giustificare la passività e l'inoperosità della Regia Marina. A tale proposito, può essere utile riportare uno stralcio di quanto ebbe a rivelare il Maresciallo Hermann Goering, comandante supremo della Luftwaffe, subito dopo l'8 settembre 1943: "*... avevano scorte di rame più cospicue delle nostre! Ma la cosa più sorprendente è il gasolio! Ne abbiamo trovato, celato in due gallerie, abbastanza da far funzionare per un anno tutta la loro Marina. Quei porci l'avevano imboscato barile per barile, e poi venivano da me a piangere per averne ancora ...* "*Vorremmo tanto effettuare missioni aeree. Ma non abbiamo carburante. E io gliene davo altre mille tonnellate. Adesso abbiamo scoperto che ne hanno nascoste sessantacinquemila* (tonnellate, n.d.r.). "*Si aggiunga qui che Rommel aveva scoperto 38.000 barili nelle gallerie di La Spezia. I tedeschi confiscarono ulteriori 123 (centoventitre) milioni di litri di benzina immediatamente dopo l'8 settembre 1943 nei depositi italiani. Sempre le truppe del feldmaresciallo Rommel trovarono* "*sorprendenti quantità di materiali strategici che gli italiani avevano occultato*". Il Feldmaresciallo Kesselring "*scoprì centinaia di aerei italiani nuovissimi*".

LA CANTILENA DEI FALSI STORICI

"La guerra degli Italiani- 1940-1945", pagg. 320. Piero Melograni, Edizioni Istituto Luce Roma 2004- Istituto Geografico de Agostini, Novara 2006. (Edizione fuori commercio) (con 460 fotografie)

A oltre mezzo secolo dalla fine del secondo conflitto mondiale, (Settembre 1939- Maggio 1945), non si placa la tediosa cantilena dei falsi storici sulla partecipazione italiana a quella guerra. Se non sorprende la faziosità dell'Istituto Luce, tra parentesi, voluto dal Regime, stupisce la superficialità della De Agostini nell'avallare a scatola chiusa (??) il testo. Leggendo quelle pagine si ha la sensazione di un tracciato non proprio originale e non sufficientemente documentato. Basterà qui dire che agli inizi del 1942, il generale Favagrossa, massimo responsabile delle costruzioni militari (in seguito ministro) ebbe a formalmente dichiarare al Capo di Stato maggiore Generale che l'industria italiana era in grado di costruire 1000 carri armati al mese e che l'organizzazione industriale italiana era idonea a soddisfare pienamente le esigenze belliche del Regio Esercito. E sollecitava una migliore e più razionale organizzazione e utilizzo delle risorse delle industrie medesime al fine di sfruttarne meglio le potenzialità produttive.

E' imminente la pubblicazione di un lavoro per i tipi delle Edizioni Settimo Sigillo di Roma, "I Condottieri della disfatta" in cui si esamina approfonditamente quali furono i criteri ispiratori delle massime autorità militari negli anni della "preparazione" al conflitto. Inoltre, chi intenda conoscere quale sia stato l'orientamento delle industria, può, volendo, consultare, "La fabbrica della Sconfitta" del medesimo editore romano.

Non si intende qui entrare nel merito specifico di quanto si afferma esservi all'epoca e quanto invece si sarebbe potuto avere e quindi impiegare. Si dovrebbe scrivere un nuovo libro. Basterà, oltre quanto già sopra indicato relativamente alle affermazioni formali e scritte di Favagrossa, aggiungere che la Regia Marina ostacolò duramente e pretestuosamente la costruzione di portaerei (sin dal 1936-37) dopo averne in un primo tempo richieste non una , ma tre e, inoltre, di essersi battuta tenacemente contro i velivoli aerosiluranti, con i quali, è bene ricordarlo, i Britannici colpirono gravemente tre navi da battaglia (su un totale di sei) nella rada di Taranto la notte sul 12 novembre 1940. Infatti al 10 giugno 1940, data della dichiarazione di guerra, l'Aeronautica italiana non disponeva di aerosiluranti, come pure di velivoli da attacco al suolo e di ricognitori strategici tali da poter coprire l'intero Mediterraneo, come invece aveva il nemico da diversi anni.

Per quanto riguarda i carri armati e le artiglierie, il discorso sarebbe lunghissimo. Si rinvia al titolo sopra indicato. E' comunque importante chiarire subito, per non lasciare false impressioni, che non è che tali carenze fossero dovute a mancanza di materie prime e di fabbriche idonee, bensì a intrallazzi tra certi e ben individuati ambienti industriali e alti comandi, a incapacità, ottusità, alterigia, albagia di troppi alti responsabili delle varie Forze Armate, a incompetenza, inettitudine, miopia e vera e propria ignoranza, come una ricerca meticolosa dimostra nel lavoro sopra segnalato.

Falso, ad esempio, che la guerra di Spagna abbia impoverito fortemente l'arsenale italiano.

Si precisa qui che, altro esempio, la Regia Aeronautica scelse quale velivolo di punta della "CACCIA", IL Biplano Fiat CR.42, 430/440 Km/h a circa 6.000 metri di quota mentre, i britannici avevano dal 1937 Hurricane e Spitfire più veloci di oltre 120 Km/h, e con un armamento quadruplo (otto mitragliatrici contro le due armi di cui erano dotati i CR.42, secondo le disposizioni ministeriali …)

Eppure le Industrie aeronautiche Caproni ancor prima del giugno 1940 avevano costruito e proposto due caccia nettamente più veloci e maneggevoli del Biplano Fiat, velivoli equivalenti ai migliori inglesi e tedeschi, ma che vennero rifiutati, mentre inglesi e francesi si mostrarono talmente interessati da proporre all'Italia di acquistarne (gli Inglesi) mille esemplari e confermando un primo ordine di 300 unità.

Gli esempi potrebbero essere ancora molti.

Circa le "aspettative di vittoria" del *nostro Paese*"(pag. 11 del testo in esame) la questione non può essere analizzata in poche pagine e tanto meno in una prefazione che parte da un implicito preconcetto giudizio non solo negativo, ma con sfumature sostanzialmente sarcastiche , non certamente idonee ad un testo con pretese di storicità.

Falsa anche la carenza di materie prime e di quelle strategiche, in particolare, in primo luogo di cromo, nichel, molibdeno,rame, etc.

Del tutto fuori sintonia rimarcare che i nostri soldati furono *"gli unici a combattere in giacca e cravatta"*. Anche qui si deve far presente che prima di scrivere di certi argomenti, è indispensabile documentarsi, cosa che non si riscontra nel testo qui recensito.

Infatti basterebbe leggere o sfogliare le pagine di Gerhard Schreiber dedicate a quale fu l'entità dei materiali bellici catturati dai tedeschi immediatamente dopo l'8 Settembre 1943 (in "*I Militari italiani internati nei campi di concentramento del Terzo Reich 1943-1945*", libro edito nel 1997 dallo Stato Maggiore dell'Esercito-Ufficio Storico) e, ad esempio, consultare la tabella a pag. 289 per rendersi conto della realtà: tra il moltissimo altro rinvenuto e catturato dai tedeschi, vi furono: 977 carri armati, 39.007 mitragliatrici, di cui 10.000 nuove di fabbrica, trovate ancora imballate nella carta oleata, in un magazzino); 1.173 cannoni controcarro; 13.128 autocarri; 5.568 pezzi di artiglieria. L'elenco potrebbe riempire diverse pagine. E un quantitativo di carburanti talmente enorme che avrebbe consentito alla Regia Marina l'attività bellica per un intero anno. I carburanti (!!) argomento fondamentale per quanti hanno sostenuto la dottrina dell'impreparazione, del non poter condurre la guerra. Per non parlare della <follia> dell'essere entrati nel conflitto. Se necessario oppure utile si possono documentare i quantitativi reperiti dopo l'8 Settembre 1943.

Una notazione particolare e sotto certi aspetti curiosa, ma estremamente indicativa, riguarda i mitragliatori: persino nella premessa del libro in esame si fa riferimento all'eccellente mitragliatore Beretta 38, considerato "*il miglior mitra del conflitto*". Ebbene i tedeschi ne rinvennero poco meno di 14.000. Circa il motivo della tarda distribuzione alle truppe (analogo discorso riguarda le mitragliatrici della Breda penalizzate a favore di quelle delle Fiat, che si distinguevano per i difetti e per i continui, esasperanti inceppamenti...) la ricerca porterebbe lontano, ma nessuno sino ad ora ha inteso indicare i responsabili, denunciandone le malefatte. Sono ancora protetti dall'articolo 16 del trattato di pace, il diktat, imposto all'Italia nel 1947.

Al 10 Giugno 1940 il Regio Esercito non disponeva di carri armati con cannone alloggiato in torretta girevole a 360°; pure mancanti le autoblindo e i cannoni controcarri del calibro necessario, pur disponendo dal 1915 di un eccellente pezzo che impiegato poi, in piccola quantità, nel deserto mostrò (1941, Bir el Gobi) un'efficacia straordinaria. Ma non si fece poi, come non si fece prima (durante la Grande Guerra), tesoro dell'esperienza.

Il testo de "*Le forze italiane alla vigilia del conflitto*", pur con lo sforzo di condensare in poche pagine un argomento di estrema importanza e ampiezza documentale, mostra evidenti limiti e manca di elementi solidi di riferimento.

Discorso a parte sarebbe necessario per quanto attiene alla visione strategica e alla condotta delle operazioni sul campo. Sarà sufficiente qui ricordare quanto ebbe a dichiarare formalmente il generale Ambrosio, capo di stato maggiore generale (dopo Badoglio e Cavallero), nel 1943: "*Con alcune centinaia di carri armati nel 1940 sarebbe stato possibile, (attenzione, nel 1940!!!) invadere e conquistare l'Egitto*". Invece Badoglio, prima del Giugno 1940, durante una conferenza ufficiale si vantò di essersi opposto alla costruzione di carri armati pesanti facendo così risparmiare denaro all'Erario. E così entrammo in guerra con il carro da 3,5 tonnellate armato di due mitragliatrici e con una corazza di 13,5 millimetri. Hitler propose all'Italia la costruzione su licenza dell'eccellente carro germanico Modello III, ma le industrie rifiutarono sdegnose la proposta, affermando di non avere le materie prime necessarie. Falso!!

A pagina 49, capitolo "*L'intervento e le prime operazioni*", si legge: " *Gli inglesi a differenza dei loro avversati, possiedono un nuovo prezioso strumento: il radar. Grazie al radar possono....*"

Anche questo è un falso storico. E clamoroso. L'Italia dalla fine del 1939 disponeva di radar, inventati e realizzati, a livello di prototipo, e non costruiti dalle industrie nonostante un ordine preciso e tempestivo dell'apposita Commissione responsabile del programma, dal professore Ugo Tiberio. Allora l'apparato era denominato Radiolocalizzatore o Radio Detector Telemetro (RDT). Le Forze Armate, in particolare la Regia Marina, sottovalutarono (eufemismo) la questione, non spinsero per sperimentazioni e prove intense, non concentrarono (come invece accadde in Gran Bretagna e negli Stati Uniti d'America) mezzi finanziari e uomini preparati negli studi, nelle ricerche e nei collaudi e attesero (??) solo l'aprile 1941, dopo il disastro di Matapan, per mettere alla prova gli apparati realizzati da Tiberio. Apparati che diedero i seguenti risultati: scoperta di naviglio di medio tonnellaggio a 12.000 metri di distanza e di velivoli a 80.000 metri. Apparati che erano disponibili dalla fine del 1939 e del 1940 e che un alto ufficiale (ingegnere e docente universitario di Radiotecnica) facente parte dello Stato Maggiore del Comando dell'ammiraglio Angelo Iachino (Comandante in Capo della Squadra Navale) aveva sollecitato personalmente affinché fossero installati sulle maggiori navi della Squadra che avrebbe dovuto condurre l'azione conclusa poi tragicamente nelle acque al largo di Capo Matapan la notte sul 29 marzo 1941. Sarà opportuno ricordare che i tedeschi disponevano del radar. Addirittura la corazzata tascabile <Graf Spee> venne fotografata nella rada di Lisbona ben prima del 1939 e già allora mostrava l'antenna a materasso tipica del radiolocalizzatore. Fotografia diffusa e pubblicata in mezzo mondo. (Sull'argomento si veda *"La guerra dei radar"*, Greco&Greco Editori, Milano 2007).

Un'ultima notazione: nel settembre 1940 e ancora nel maggio 1941 Hitler offerse all'Italia l'invio in Africa Settentrionale di una o due divisioni corazzate (le temibili Panzerdivisionen) per chiudere, *"con un sol colpo"*, disse, la *"questione Mediterraneo"*. L'offerta fu arrogantemente declinata e alla prima modesta offensiva britannica condotta da 36.000 britannici con meno di 300 carri , l'armata di Graziani (oltre 200 mila uomini con 1.800 cannoni, fu annientata. 130 000 i prigionieri catturati dagli Inglesi). Poi arrivò l'Afrika Korps di Rommel... ma questa è un'altra storia. (si veda *"La vittoria tradita"*, Edizioni Settimo Sigillo, Roma, 2008).

P S. L'offensiva britannica (la prima nel deserto, dicembre 1940, febbraio 1941) fu condotta a termine nei primi giorni di Febbraio 1941, poco dopo la conquista di Tobruk, sfruttando a pieno il bottino: i materiali abbandonati dagli Italiani (carri armati M11 e M13, camion, autocarri, e soprattutto viveri... carne in scatola e formaggio parmigiano... *"una dieta bilanciata"*, commentano, con malizioso humour, gli autori britannici).

Le litanie dei falsi

Per mera curiosità ho acquistato il volumetto (55 pagine) *"Taranto 1940 – Capo Matapan 1941"*, di Gian Carlo Molignoni, edizioni MEF L'Autore Libri Firenze, stampato nel 2004, realizzato con il contributo della Fondazione Cassa di Risparmio di Carrara.

Francamente fra tanti libri, documenti, ricerche effettuate, in alcuni decenni, non era mai accaduto di trovare in così poche pagine tante sciocchezze, inesattezze, errori macroscopici, autentici falsi, vergognose interpretazioni e giudizi a dir poco avventati. La fondazione citata poteva spendere meglio i suoi denari... Forse, senza rendersene conto, si è resa complice di grosse falsità storiografiche, se non storiche. Mi riferisco precipuamente ai due maggiori argomenti trattati: appunto, Taranto e Matapan.

Il volumetto apre l'argomento nei frontespizi con queste affermazioni, intese, si presume, a orientare il lettore: in ogni caso trattasi di giudizi espliciti: Prima affermazione (pagina 7, non numerata) La notte di Taranto, 11 novembre 1940 in due ore l'Italia perse la guerra. Seconda affermazione (pagina 34, non numerata) Cinquant'anni fa la tragedia delle navi italiane. Quella notte a Matapan non fu tradimento.

Una analisi meticolosa del testo richiederebbe molto spazio. Si preferisce andare al sodo perché al di là dell'inconsistenza di quanto pubblicato, il volumetto non merita.

Per quanto si riferisce alla notte di Taranto sarà sufficiente dire che uno stato maggiore degno di tal nome non concentra in un'unica base la sua intera flotta da battaglia. Inoltre adotta tutte le misure necessarie e anche qualcosa di più per garantire sicurezza e prontezza reattiva. Come mai invece, le reti antisiluro mancavano e quelle disponibili in parte erano nei magazzini e non a protezione delle corazzate? A fronte delle insistenti ricognizioni aeree da parte di velivoli Martin Bomber, ricognitori di produzione americana (alla faccia della neutralità statunitense) forniti alla Gran Bretagna e decollati dagli aerodromi di Malta, si doveva potenziare la difesa aerea di Taranto con i migliori caccia della Regia Aeronautica:.Qui si aprirebbe un lungo discorso serio e molto interessante sulle scelte fatte dalla Regia Aeronautica circa gli intercettori, ma ci porterebbe lontano. Si consiglia al professor Molignoni la lettura di "8

Settembre 1943, il tradimento" edizioni Greco e Greco Milano. Si renderebbe conto di quanto sarebbe stato possibile mettere in linea e che cosa invece la Regia Aeronautica scelse per favorire la Fiat.

Altro argomento non affrontato dall'autore quello del radar, disponibile in Italia, dalla fine del 1939, grazie al lavoro del professor Ugo Tiberio, e ignorato, se non peggio, dalle autorità militari, segnatamente dalla Regia Marina per cui lo scienziato lavorava.

Si suggerisce la consultazione del libro "*La guerra d ei radar*", del medesimo autore sopra citato.

Quindi l'autore non doveva scrivere (pagina 51) che la nostra Marina "ignorava persino l'esistenza" del radar. Stupidaggine, colossale. L'Ingegnere Tiberio lavorava a Livorno, in locali appositamente adibiti dell'Accademia Navale e il comandante dell'Accademia in quel periodo era, guarda caso, proprio l'ammiraglio Angelo Jachino, sì, quello di Capo Matapan!! Si dovrebbero evitare errori così marchiani…

Passiamo al fatto che a Matapan non fu tradimento. Non si vuole parlare di tradimento?! Ammettiamolo pure per amore di discussione, ma diamine! Come giudicare il fatto che l'autore nella digressione su quella disgraziata vicenda si affida ciecamente alle affermazione dei britannici e non considera in alcun modo quanto fecero di proprio gli ammiragli di Supermarina.

Questi ultimi, nell'imminenza di quell'operazione, trasmisero all'aria ben sette radiotelegrammi cifrati: nel messaggio irradiato il 25 marzo 1941, protocollo 14281 si affermava: "*oggi 25 marzo est giorno X-3 (alt)...*" e ancora, nel secondo messaggio in partenza da

Supermarina, protocollo 13675, *"Oggi 25 marzo est giorno X-3 (alt)..."*

Minutanti dei radiomessaggi gli ammiragli Brenta e Giartosio, rispettivamente Capo del Reparto Operazioni e Capo dell'Ufficio Piani, quindi due delle più rilevanti cariche operative strategiche dell'alto comando navale italiano, non personaggi di secondo piano o di contorno!

Si sapeva ancora da prima della dichiarazione di guerra che i radiomessaggi venivano captati, intercettati e messi in chiaro. Lo faceva anche la Regia Marina. L'allora Tenente di Vascello Luigi Donini (in seguito ammiraglio, ma non come i due sopra citati), autentico mago della decrittazione ha testimoniato quale fosse la situazione: l'autore in argomento consulti *"Una patria venduta"* edizioni Settimo Sigillo, 1999 (pagg. 29- 42)

Apprenderà qualcosa di veramente interessante e incontrovertibile, sull'argomento, compresa la vera causa dell'agguato, trappola, imboscata di Matapan.

Circa il fatto che gli inglesi a Matapan avevano il radar e gli italiani no, l'autore pare non sia a conoscenza di un precedente interessante e amaramente curioso: prima che la squadra navale lasciasse l'Italia per l'operazione nel Mediterraneo orientale, uno degli ufficiali dello Stato Maggiore di Jachino, il comandante Oreste Tazzari (ingegnere, esperto in radiotelemetria) si mise a rapporto con l'eccellenza ammiraglio comandante la Squadra Navale e gli chiesi, con pacata, ma ferma, insistenza di allestire sulla corazzata Vittorio Veneto, nave ammiraglia, uno dei radiotelemetri realizzati dal professor Tiberio e similmente su uno degli incrociatori pesanti della divisione "Cattaneo" (Zara, Pola e Fiume). L'ammiraglio con sufficienza e ironia, rifiutò definendo il suo subordinato un "futurista". Invece l'ammiraglio Cunningham, molto più umile e concreto rispetto al <cappellone> italiano, aveva ben quattro navi dotate di radiolocator (così classificato il <radar> dagli inglesi all'epoca, la definizione <radar> pervenne solo in seguito, su decisione americana). Esattamente: la corazzata Valiant, la portaerei Formidabile, gli incrociatori Orion e Ajax. Radar così definiti da un autore britannico, presente a Matapan: *"Nei primi mesi del 1941*

il radar, conosciuto allora col nome di RDF (Range and Direction Finder) era ancora uno strumento alquanto insufficiente e relativamente poco collaudato". Eppure quello strumento imperfetto aveva consentito all'ammiraglio Cunningham di scoprire nell'oscurità alle 19.15 due navi sconosciute alla distanza di dieci miglia. Inoltre alle 20.14 il radar dell'incrociatore Orion captò un'eco che indicava una nave a sei miglia di prora... approssimativamente..." Una nave <apparentemente immobile>. Era l'incrociatore Pola. L'autore delle presenti note ha intervistato a suo tempo uno dei superstiti del Pola e ne ha scritto proprio nel libro "La guerra dei radar" (pagg. 116-124). Inoltre, alle ore 21,21 della sera del 28 marzo 1941, il radar della corazzata Valiant intercettò la nave sconosciuta alla distanza di 4 miglia e mezzo sul rilevamento 191° (distanza circa ottomila metri).

Circa le responsabilità di Iachino, dopo la sua ignoranza e totale superficialità in fatto di curiosità e di dovere per quanto atteneva – primo - agli studi e alle ricerche in atto da parte dell'ingegnere Tiberio nell'ambito dell'Accademia Navale e – secondo - all'arroganza manifestata di fronte al comandante Tazzari, che lo invitava a utilizzare il radiotelemetro; si deve mettere in grande evidenza – terzo - la sua mancata attenzione circa quanto scoperto dal personale del cacciatorpediniere

Carducci, uno dei quattro che furono sotto il fuoco britannico a Matapan. Per chiarezza: alle ore 15 del 28 marzo 1941 l'ufficiale di rotta dopo aver intercettato un segnale di scoperta, faceva immediato rapporto al comandante dell'unità, Alberto Manlio Ginocchio, in questi termini. "cento miglia a poppa noi abbiamo una formazione navale nemica con rotta a ponente. Si tratta di navi da battaglia, incrociatori portaerei…"
Quindi, non si può affermare che la Squadra Navale agli ordini di Jachino non sapesse quale fosse la situazione tattica esistente quel pomeriggio…

Nelle pagine del volumetto in argomento, l'autore fa molto uso delle citazioni dell'ammiraglio Iachino, sia per quanto attiene alla sorpresa, alla mancanza di radar e di addestramento e sia per equipaggiamento relativamente al combattimento notturno, senza cogliere l'involontaria, deprimente, squallida ironia delle parole di Iachino circa la mancanza di proietti a vampa ridotta nelle grandi unità, sia nella mancanza di specifico addestramento. Il comandante della Flotta non era lui? Aveva mai parlato di questa carenze e di questi limiti con i massimi vertici di Supermarina? Unico dato positivo del volumetto l'ammissione, nelle ultimissime pagine, del fatto che dopo l'impresa di Alessandria da parte degli uomini della X Flottiglia Mas, l'Italia era in netta superiorità navale nel Mediterraneo: *"L'Italia ebbe probabilmente la vittoria a portata di mano* - si legge a pagina 55- *non sapemmo approfittarne"*. Verissimo, ma ancora prima, Rommel ebbe egualmente tale opportunità. Si consiglia la consultazione de *"La vittoria tradita"*, edizioni Settimo Sigillo di Roma.
Sarebbe ora che si trovassero il coraggio e la dignità di scrivere la verità di cosa accadde. E di esporre i fatti, tutti,

senza mistificazioni e senza manipolazioni, come realmente si verificarono.

Esiste, in Italia, un editore con gli attributi necessari?

P.S. Si sono volutamente non considerate le pagine (21-26) del volumetto per la semplice ragione che l'argomento armistizio, fuga a Brindisi e sfaldamento dell'Esercito non può essere trasformato in una difesa d'ufficio di Badoglio, Ambrosio, Carboni, Vittorio Emanuele III e degli altri congiurati. E tanto meno un alibi. Sia solo consentito di dire che l'armistizio , anzi la resa senza condizioni, fu firmata a Cassibile, alle ore 17.00 del 3 settembre 1943, nella grande tenda della mensa dello Stato Maggiore. Cornice, in un panorama dominato da residui di pasti, vassoi e stoviglie usate, quanto mai intonata al clima della <cerimonia>. Circa il mancato intervento della flotta per contrastare lo sbarco in Sicilia e, si aggiunge, il 9 settembre a Salerno, il discorso richiederebbe la stesura di molte pagine. Si rimanda a *"8 Settembre 1943, il tradimento"*, citato, segnalando il bluff degli alleati circa il numero delle divisioni vantato e quello delle forze effettivamente disponibili nello scacchiere mediterraneo (bluff ammesso e conclamato da fonti storico-giornalistiche ufficiali statunitensi), ma nel quale cadde inopinatamente quel genio militare che era Badoglio. Gli americani ammettono *"se Badoglio avesse detto, allora la flotta spara"*, lo sbarco di Salerno sarebbe probabilmente saltato. Gli alleati dovevano garantirsi la neutralizzazione delle forze armate italiane prima dello sbarco (ecco perché la pubblicazione dell'armistizio l'8 settembre: lo sbarco era fissato per il giorno 9!) stante la loro debolezza, tanto è vero che furono costretti a scegliere Salerno - e non più a nord come invece pretendeva Badoglio - perché quella zona della penisola rappresentava in quel momento la massima profondità d'azione delle loro forze aeree. E ciò nonostante, lo sbarco fu sul punto di fallire: l'ordine di reimbarco era già stato diramato. Solo le cannonate della flotta alleata salvarono la testa di ponte. Cosa sarebbe accaduto a Salerno se veramente le corazzate italiane. Roma, Vittorio Veneto e Littorio (ribattezzata Italia dopo l'8 settembre) invece di consegnarsi imbelli al nemico inalberando i pennelli neri della resa ignominiosa, fossero intervenute aprendo il fuoco? E se le divisioni del Regio Esercito avessero difeso il suolo patrio?

Churchill esultò trionfalmente alla resa delle flotta italiana, esclamando: "la magnifica preda".

C'è di che essere orgogliosi?

ESPIAZIONE

Il perdono cristiano è strettamente legato alla penitenza, in greco metamelomai (avere rimorso rimpianto e pentimento, cambiare opinione e giudizio su qualcuno) e metanoeo (cambiare mentalità, mutare pensiero, convertirsi). Gesù invita alla penitenza in (Lc 13). San Paolo scrive: - Benedetti (makarioi) e felici e degni di invidia coloro a cui le iniquità sono perdonate e i cui peccati sono sepolti - (Romani 4, 7-8).

Chissà se i beneficiari dell'articolo 16 del cosiddetto trattato di pace, nell'intimo insondabile della loro controfigura della coscienza, abbiano mai avvertito un brivido di rimorso per quanto lucidamente, premeditatamente, scientemente fecero per distruggere la Nazione e asservirla totalmente all'altrui volontà.

Quella dei traditori è una pagina ancora da scrivere.

Forse nel prossimo secolo, scomparse persino le memorie di quanto accadde, e forse addirittura scomparsa l'Italia come ancora qualcuno la intende e la venera, sarà possibile a qualche curioso deciso a tratteggiare le figure tetre degli epigoni di Giuda Iscariota, completare tale pagina e dare fisionomia, profilo e <premio> a quanti, in parte tuttora viventi, hanno scelto di decidere la sorte di tanti connazionali.

Qui, tanto per non deludere certe aspettative, si elencano, senza un ordine predeterminato e senza alcuna pretesa di graduatoria di <meriti> o <responsabilità>, alcuni nomi sui quali non vi è ombra di dubbio circa il ruolo svolto.

Generale Luigi Efisio Marras, Ammiraglio Franco o Francesco Maugeri, Ammiraglio Bruno Brivonesi,

Ammiraglio Emilio Brenta, Ammiraglio Carlo Giartosio, Ammiraglio Emilio Ferreri, Ammiraglio Inigo Campioni; sul <fronte del Regio Esercito>, si distinsero, oltre a Pietro Badoglio, il generale Gastone Gambara, generale Alessandro Piazzoni, generale Vittorio Ambrosio, generale Giuseppe Castellano, generale Giacomo Carboni, generale Claudio Favagrossa, generale Mario Roatta…

****

Nelle vicende pre-belliche e belliche dell'Italia, vi sono episodi raccapriccianti, orridi, terrificanti.

Esseri dotati del minimo <buon senso> direbbero:" ma chi sono questi pazzi? Chi ce li ha messi lì a fare questo mestiere?".… <u>nella migliore delle ipotesi e nel più misurato del linguaggio</u>.

Ci si riferisce a eventi estremamente drammatici: se ne indicano alcuni, solo per esemplificare: distruzione del convoglio <Beta>, affondamento degli incrociatori Zara, Pola, Fiume e degli incrociatori Da Barbiano e Di Giussano, affondamento del sommergibile Gondar e del sommergibile Iride… e vicenda paradossale del bimotore Cz.1018 della CRDA.

Gli specialisti del settore qualificano il <velivolo da bombardamento>, monoplano ad ala bassa a sbalzo, bimotore, struttura interamente metallica, primo volo del prototipo - MM.467 - il 9 ottobre 1939 a Ronchi dei Legionari; equipaggio 4 persone, velocità max 524 Km/h a 4.500 metri di quota. "Avrebbe potuto esser un ottimo velivolo da bombardamento,(ma) quattro anni di lavoro non sono stati sufficienti a vararne la produzione in grande stile. Purtroppo il suo sviluppo è compromesso dalle innumerevoli versioni e dagli infiniti aggiornamento richiesti dalla Regia Aeronautica su un arco di quattro anni e mezzo". Richieste avanzate dall' apposita Commissione d'esame istituita presso la Direzione Generale Costruzioni ed Approvvigionamenti, del Ministero dell'Aeronautica.(Ecco un argomento degno di una inchiesta giudiziaria penale!!!).

In sintesi, il bimotore Cz.1018 progettato d'iniziativa dall'ingegnere Filippo Zapata, non entrò mai in linea.

Un aereo da combattimento con una velocità superiore ai 500 Km/h (nel 1939!) (nulla del genere nel settore dei velivoli da bombardamento possedeva la Regia Aeronautica in quel periodo e nulla possedette in seguito) armato con cinque mitragliatrici e un'autonomia di 1.335 chilometri sarebbe stato idoneo a proteggere adeguatamente i convogli diretti in Africa Settentrionale, oltre che a costituire un osso duro per la caccia avversaria in quanto capace di sviluppare una velocità in alcuni casi persino superiore a quella del nemico.

La sua vicenda veramente paradossale, accende un sospetto. Considerate le qualità, i requisiti, la velocità, il carico bellico (2.000 Kg.), le concezioni moderne se non addirittura avanzate di cui l'aeroplano era dotato, l'interrogativo spontaneo è il seguente: come mai lo sviluppo, quindi la produzione in serie, fu ritardata e sostanzialmente annullata da tutta la serie di modifiche imposte dalla Regia Aeronautica? Una <tattica>, quella adottata, sistematicamente, dall'aeronautica per paralizzare, ritardare, respingere, negare l'acquisizione di velivoli, che ha dei precedenti altrettanto clamorosi e di cui si è detto (Reggiane Re.2000, Caccia F.5, e soprattutto Reggiane Re. 2005). Il sospetto si configura in una volontà oscura di voler sabotare lo sforzo bellico, nel non intendere sfruttare le potenzialità concrete disponibili ed effettivamente utilizzabili, nel fingere di voler fare la guerra, ma nel sostanziale rifiuto di combatterla, quasi per favorire il nemico e, contemporaneamente, danneggiare l'alleato Una linea di condotta fortemente sospetta, si è detto, e i fatti lo dimostrerebbero (o lo dimostrano?). L'orientamento della Regia Aeronautica, con riferimento sia al bimotore Cz. 1018, sia con quello del Re.2000 e delle versioni che ne seguirono, e non ultimo con la <bocciatura> dell'F.5, indurrebbe a configurare, appunto, una metodologia che denuncia qualcosa di più complesso, premeditato ed esiziale.

Altro che la "finta guerra" lungo la linea Maginot! (n.d.a – In Francia il periodo che va dalla dichiarazione ufficiale di guerra all'invasione di Belgio,Olanda e Lussemburgo da parte delle panzerdivisionen, è noto come <drole de guerre>, "guerra buffa", o guerra finta. Periodo dal 3 settembre 1939 al 10 maggio 1940. Le Truppe francesi e inglesi si mantennero inattive, forse, osservano alcuni storici, in previsione di una guerra di usura, come nel 1914-1918. Poi intervenne il Blitz Krieg di Guderian e von Manstein, a spazzare via ogni illusione.(soluzione offerta da Hitler a Mussolini nel settembre 1940 e ancora nel 1941, per quanto attiene all'Africa Settentrionale e stupidamente rifiutata).

Lo spessore di una forza armata e dei suoi Quadri, dipende in massima parte dal livello medio, culturale e dottrinario, di una popolazione intesa nel suo complesso.

Ebbene, non è qui il caso di dilungarci nell'elencazione delle cifre circa le qualità culturali e scolastiche dell'Italia del 1930-1940. Ci sarebbe da vergognarsi.

Basterà ricordare quanto ebbe ad affrontare l'autore delle presenti note in anni lontani, ma non dimenticati: 1963, durante il servizio militare di leva, avendo rinunciato, non senza fatica e non senza conseguenze, ad altre soluzioni, formalmente di maggior prestigio(corso allievi ufficiali di complemento...) sempre militari. Ebbene: Centro Addestramento Reclute, Caserma Scianna, Palermo, 47° Reggimento, 12.ma Compagna, 320 Uomini. Un buon terzo formato da analfabeti e semianalfabeti, con una certa percentuale, non quantificabile, ma non marginale, di analfabeti di ritorno.

Non c'è da meravigliarsi, quindi (con riferimento alla seconda metà anni'30 e ai primi anni del 940), delle difficoltà nel reperire militari adatti al servizio comunicazione, radiotelegrafisti, in particolare. Inoltre, mancavano una tradizione nel settore dei Sottufficiali e una identificazione nella categoria e nel ruolo. Passando agli Ufficiali, si deve evidenziare il giudizio negativo del capo del governo verso gli ufficiali in servizio permanente e nei confronti di quelli di complemento, alla luce della guerra di Abissinia e di Spagna.

Sciatteria, incuria, approssimazione culturale, ineleganza, rozzezza, goffaggine, mancanza di iniziativa, passività, costituivano sovente i requisiti più evidenti, con una spruzzata di arroganza e inutile soperchieria.

Ma bisogna mettere in chiaro che il Soldato italiano si è ben distinto durante. la guerra, pur in presenza di comandanti non sempre all'altezza del compito, per carenze di addestramento e di preparazione specifica al comando in zona di guerra . I Marinai imbarcati più volte sollecitarono maggiore combattività e aggressività verso il nemico, con ciò criticando apertamente l'attendismo, lo <stile> rinunciatario, l'eccessiva cautela, per non dire altro, di Supermarina, l'alto comando navale.

Lo scenario presenta, inoltre, il distacco ben marcato tra preparazione del Soldato e dottrina di combattimento. Infatti, la mancanza di una preparazione ad una guerra di movimento, quindi una situazione ben diversa da quella staticità di posizionamento, eredità della Grande Guerra, privava il militare di truppa e sino ai gradi intermedi, a livello di Compagnia, di Batteria, di Battaglione della necessaria aggressività, dell'elasticità mentale e predisposizione ai rapidi mutamenti tattici, imposti dall'azione dinamica di un combattimento manovrato con fanteria non solo motorizzata, ma anche meccanizzata. Ciò dipendeva dai concetti dominanti lo Stato Maggiore, convinto che la Truppa avrebbe fornito l'eccezionale capacità difensiva mostrata tra il 1915 e il 1918, corroborata da una tenacia ammirevole, il che in gran parte accadde nel conflitto con la Grecia, non certo in Africa Settentrionale. Dove il movimento, gli aggiramenti, le puntate erano la sostanza del combattimento, mentre la difesa del terreno era una inutile illusione.

L'impostazione dottrinaria dello Stato Maggiore escludeva, quindi, i mezzi per dare assoluta mobilità alla Truppa e nel concreto manifestava nei fatti il disprezzo verso autoblindo e carri armati, nonché artiglieria semovente: ciò tramutava i battaglioni di Fanteria, ancorché valorosi e disciplinati, in prede facili per mezzi cingolati e ruotati cui il nemico aveva affidato la sua azione sin dalle prime ore di guerra lungo il confine tra Libia ed Egitto e questo per neutralizzare i presidi di frontiera: accerchiamento, attacchi sul rovescio di postazioni fisse anacronistiche. Questa la guerra condotta dai Britannici nel deserto del Nord Africa.

La prima analisi ,dunque, sulla qualità delle truppe, deve concentrarsi, non sul coraggio, sull'identificazione, sulla volontà di battersi, ma sull'addestramento e sulla familiarità con i mezzi e le armi messe a disposizione., armi e mezzi che devono essere confacenti al teatro di operazioni e rispondere alle esigenze: robustezza, efficacia ed efficienza, e gittata del braccio armato idonea. Al contrario le autoblindo non erano disponibili in quanto nessuno allo Stato Maggiore Generale, dove pontificava Badoglio, ne aveva avvertito,l'esigenza; i cari armati con cannone sito in torretta girevole erano ai primordi, le artiglierie risalivano in massima parte alla Grande Guerra, e le non poche soluzioni disponibili, non considerate, se non sconosciute (ad esempio cannoni da 90 mm di concezione francese costruiti su licenza, durante la Grande Guerra da industrie italiane, e utilizzati nella versione - home made – dell'auto-cannone, in seguito dimenticati e ignorati, sostanzialmente considerati inutili durante tutti gli anni '30 e, allo scoppio delle ostilità - tenuti ai margini e non potenziati nel numero, nell'addestramento del personale, nell'organizzazione strutturale e logistica, pezzi d'artiglieria che nel 1940 avevano eccellenti qualità anti-carro, superiori persino ai formidabili cannoni tedeschi da 88 mm).

Non è vero che non vi fossero concrete, immediate possibilità di dotare, sin da prima del 10 giugno 1940, le truppe di armi e mezzi valide e vincenti (cannoni, velivoli, mitragliatrici, radar!).

Più che dell'impreparazione, invocata, idolatrata da molti autori, quale causa della disfatta, le Forze Armate soffrivano di una <gestione> paralizzante, protrattasi, stancamente, stolidamente, stoltamente per almeno due decenni, priva di attenzione, in enorme ritardo intellettuale e professionale, povera, assolutamente, della curiosità dei massimi capi verso l'esterno, al fine di carpire e soprattutto capire, rubare se necessario, idee, metodologie, strumenti, mentalità, informazioni, soprattutto.

Il secondo dopoguerra ha imposto alla Nazione l'espiazione, l'umiliazione di una condanna senza appello, il ridimensionamento di presunzioni e ambizioni, con l'aggravante del rifiuto (vedi art. 16 del cosiddetto trattato di pace) dell'esame di coscienza e della ricerca della verità. E con impresso con caratteri di fuoco il marchio indelebile del traditore, voltagabbana, del girella, araldo compiaciuto del vessillo di una sconfitta umiliante.

Il punto nodale è proprio questo. Manipolati da una banda di presunti storiografi, in una dimensione assolutamente priva di contraddittorio, essi hanno potuto mistificare, manipolare, condizionare e altro ancora, costruendo un castello di menzogne, badando, con un rigore degno di ben altro obiettivo, ad evitare di far scorgere anche il minimo indizio di quanto sarebbe stato possibile fare e creare e, prima ancora, usando ogni mezzo procedurale e burocratico per tagliare la strada a quanti proponevano soluzioni, mezzi e strumenti validi e in alcuni caso rivoluzionari.

E ancora oggi, a tanti anni di distanza dalla disfatta, autori considerati i massimi critici, sono impegnati a consolidare le menzogne, ad accusare , ma senza porre sull'altro piatto della bilancia le tante, troppe, grandi occasioni sprecate, le opportunità dissolte per ignavia ignoranza, grettezza, e le soluzioni immediatamente, effettivamente disponibili, trascurate, sottovalutate, ignorate, sabotate, gettate al vento.

Il sospetto si consolida.

L'AMMIRAGLIO CHE RIFIUTO' IL RADAR
(L'Ammiraglio sconfitto dal Radar)

La ricerca della verità richiede pazienza, perseveranza, tenacia e persino una discreta dose di fortuna. Quando poi si tratta di definire il profilo di un protagonista, l'impegno diventa persino assillante e l'indagine si spinge a consultare non solo documenti d'archivio, per quanto non sempre disponibili e/o esaurienti, ma anche scritti di vari autori e il motivo ha una sua logica incontrovertibile.

Sovente accade di scorgere, sfumature di grande importanza in scritti considerati- da certa critica sofisticata e presuntuosa, puramente marginali – se non proprio ininfluenti e quindi <minori>, dove l'aggettivo ha il sapore di una declassificazione, che sfiora l'insulto.

Argomento delle presenti note la figura dell'ammiraglio Angelo Iachino, dall'8 dicembre 1940 al 5 aprile 1943 comandante in capo della Squadra navale, protagonista, quindi, dei più rilevanti eventi bellici marittimi della guerra navale italiana nel secondo conflitto mondiale.

L'ammiraglio Iachino è autore di numerosi e apparentemente importanti testi: Gaudo e Matapan, Tramonto di una grande Marina, la Sorpresa di Matapan, Il punto su Matapan.

La vicenda ha avuto un iter piuttosto complesso e alquanto articolato.

Il 10 giugno 1940, dichiarazione di guerra alla Gran Bretagna e alla Francia, l'ammiraglio era al comando dell'Accademia Navale di Livorno, sostanzialmente ai margini delle Squadre da battaglia della Regia Marina, posizione sgradita e apertamente messa in discussione con le reiterate richieste di voler partecipare alla guerra anche in considerazione del suo rango, da poco tempo, infatti "ero stato promosso ammiraglio di Squadra" (da Gaudo e Matapan, Prefazione pag 12).

Il 25 luglio 1940, assunse il Comando della II Squadra navale, formata con le corazzate rimodernate.

(Nota. L'1 settembre 1940, per contrastare l'operazione britannica <Hats> uscì in mare la squadra da battaglia della Regia Marina, costituita da cinque corazzate. Littorio, Vittorio Veneto, Doria, Duilio, Cesare". Una foto documenta l'episodio).

"Alla fine dello stesso anno, con lo sbarco dell'ammiraglio Cavagnari, il mio comando si estese a tutte le nostre più importanti forze navali di superficie, e fu da me tenuto ininterrottamente fino all'aprile 1943" (ibidem, pag.14).

Nel periodo nel quale l'ammiraglio ricoprì l'incarico di comandante dell'Accademia Navale, a Livorno era destinato il professore-ingegnere Ugo Tiberio, nominato ufficiale di complemento del Corpo Armi Navali con l'incarico di insegnante di fisica e radiotecnica all'Accademia Navale. Nel 1936 fu costituito un gruppo di lavoro, direzione affidata al professor Tiberio, formato da quattro sottufficiali alcuni operai e con un'assegnazione di 20.000 lire annue. Il professor Tiberio era autorizzato a svolgere ricerche sulla radiotelemetria solo dopo aver adempiuto ai doveri d'ufficio: insegnamento in aula, esercitazioni, predisposizione delle dispense, esami, etc.

Per approfondire l'argomento si suggerisce "La guerra dei radar" (edizioni Greco&Greco, Milano, 2007).

Dal testo qui citato si riprende (pag. 66): *"La notte del 22 giugno 1940, il radiotelemetro sperimentale RDT3, alloggiato sul terrazzo del Regio Istituto di Elettrotecnica e Comunicazioni della Regia Marina (RIEC) Livorno, segnala con forte anticipo la minaccia aerea (rivelatasi poi francese) sulla città toscana. Era la prima incursione su Livorno, condotta da bimotori "LeO 451". I bombardieri sono intercettati a una distanza di trenta chilometri"*

Torniamo all'ammiraglio.

Non risultano, dalle documentazioni e dai testi consultati, interventi, attenzioni o altro dell'ammiraglio Iachino nei confronti degli studi,delle ricerche e delle sperimentazioni del professor Tiberio, che lavorava in un Istituto posto agli ordini dell'Ammiraglio medesimo e sul quale Egli aveva piena e assoluta pertinenza, autorità e potere decisionale.

Da una documentazione acquisita grazie alla cortesia dell'organizzazione *"TuttoStoria ALBERTELLI Editore"* srl di Parma, Via G.S. Sonnino, 342, si apprende che l'ammiraglio Iachino *"fu molto sorpreso"* quando Aldo Fraccaroli (giornalista, noto fotografo, scrittore,in seguito amico dell'ammiraglio e suo collaboratore nella rilettura delle bozze dei libri e nella fornitura di documentazione fotografica, Milano 1919- Lugano 2010) gli disse che la nave germanica Graf Spee (classificata panzerschiff, corazzata tascabile) era già dotata di radiotelemetro quando lasciò Wilhelmshafen il 21 agosto 1939.

Si aggiunga che la Rivista Marittima luglio 2004 a pagina 95 (nota 27 di un articolo su *"i legittimi belligeranti nei porti e nelle acque neutrali"* scrive - con riferimento alla vicenda della Graf Spee dopo il duro combattimento contro tre incrociatori britannici e la decisione di riparare nel porto di Montevideo-: *"la nave era, tra le poche al mondo, dotata di un radar"*.

A fronte delle affermazioni verbali di Fraccaroli, l'ammiraglio Iachino non nascose la sua non conoscenza del fatto che la Graf Spee sin dal 1939 era dotata di radar e rimase persino incredulo di fronte alle fotografie del torrione della nave che mostravano l'esistenza di un'antenna "*radiotelemetrica tedesca del tipo poi largamente usato in quella Marina e, per qualche esemplare, anche in Italia*".

L'incredulità dell'ammiraglio Iachino, scrive il Fraccaroli ne "Il Tormento di Matapan" pubblicato su "Storia Militare", numero 1 della serie, si spinse a sospettare "*un trucco fotografico*", mentre si era di fronte a fotografie del 1939, scattate a Montevideo e inviate al Fraccaroli da una sua parente che colà risiedeva.

Solo dopo aver consultato "*il Bollettino riservato del reparto Informazioni della R. Marina del febbraio 1940*", intitolato al combattimento del 13 dicembre 1939, l'ammiraglio Iachino "*rimase convinto ed espresse stupore perché quella nitida foto* (del torrione, n.d.a) *non avesse destato curiosità e interesse negli ufficiali del ministero e in particolare di Marinarmi, questo perché nella fotografia del Torrione, danneggiato sul lato dritto, si vedeva benissimo l'antenna rediotelemetrica (Mod. Seetakt)*".

Fotografie che facevano il giro del mondo. Si precisa che il radiotelemetro era stato installato a bordo del Graf Spee nel 1938!! E che prima delle foto scattate a Montevideo dopo il combattimento, ne era circolata una scattata nella rada di Lisbona e nella quale l'antenna rediotelemetrica dominava la scena.

Al di là di tali considerazioni e notazioni circa il disinteresse mostrato dai vertici della R . Marina (e dal suo Servizio Informazioni) nell'analisi delle fotografie e del più cospicuo disinteresse sempre mostrato nei confronti del lavoro di ricerca e sperimentazione, svolto dal professor

Ugo Tiberio, e dei suoi apparati, quanto precede documenta che l'ammiraglio Iachino anche dopo la fine della guerra non era a conoscenza sia del fatto afferente il radiotelemetro installato a bordo dell'Admiral Graf Spee, sia di quanto aveva fatto Tiberio mentre l'ammiraglio era al comando dell'Accademia, dove lo scienziato sviluppava, non certo in condizioni adeguate quanto ad assistenza e a supporto, la sua attività di ricerca e sperimentazione, da solo. Il che pare questione assurda, chimerica, immersa in un'atmosfera surreale con risvolti grotteschi. Eppure questa era l'amara, paradossale realtà.

****

Siamo dunque di fronte ad un errore di valutazione grossolano e di enorme portata, indegno di uno stato maggiore quale si ritiene sia stato quello della Regia Marina e di un servizio informazioni bolso.

Mancanza di sensibilità, di curiosità, di percezione. L'analisi delle fotografie non fece scattare alcunché nelle menti di quanti all'epoca rivestivano incarichi importanti nei vertici della forza armata. A nessuno, soprattutto, venne l'idea, piuttosto banale, di andare a conoscere e a parlare con quello stregone di Ugo Tiberio per vedere, capire, chiedere, insistere, pretendere di avere una dimostrazione.

Poi accadde il disastro e finalmente (aprile 1941) la dimostrazione di quello di cui si disponeva e di cui si era ritenuto di poter fare a meno. Come al solito accade tra i presunti specialisti di cose storiche, le informazioni vengono fornite "un tanto al chilo", come un tempo si faceva in certo mercato all'ingrosso. Da parte di chi scrive vi è, al contrario, un sacro rispetto per l'esattezza delle cifre e l'attendibilità delle fonti.

A Matapan si perdettero tre <grandi incrociatori> si legge in più lavori. Forse è opportuno chiarire quanto grandi fossero quegli incrociatori.

Incrociatori classe <Zara> (Fiume, Gorizia, Pola, Zara) sinteticamente indicati come unità di 10 mila tonnellate, in realtà dislocavano 14.100/14.500 tonnellate ed erano armati, ciascuno, con otto pezzi da 203/52, dodici da 100/47, velocità 30 nodi. I pezzi da 203, come ebbe a constatare l'ammiraglio Cunningham, comandante in capo della Mediterranean Fleet, avevano una gittata analoga a quella dei grossi calibri da 381 mm.

Da quanto precede e con riferimento al rango dell'ammiraglio Angelo Iachino, ammiraglio di squadra, emerge che il comando supremo della Regia Marina, definito - guerra durante - Supermarina, non ritenne opportuno e tanto meno vincolante affrontare un apprezzamento della situazione alla luce della presenza a bordo dell'Admiral Graf Spee di un radiolocalizzatore e ignorando i suggerimenti di Tiberio circa i possibili progetti del potenziale nemico nel medesimo campo…

Il professore Tiberio continuava, tenacemente e al tempo stesso pazientemente,la sua attività in totale isolamento, mentre gli ammiragli, per estensione di quanto emerso dall'orientamento di Iachino, continuavano a <navigare> nel buio della non conoscenza tra insidiosi banchi di incertezza.

E così si giunse al marzo 1941.

Quando le voci di corridoio divennero meno incerte e la possibile decisione di un'operazione assunse consistenza più concreta, si ebbe a verificare un episodio di forte spessore.

Il comandante Oreste Tazzari, capitano di corvetta, ingegnere, docente di elettrotecnica all'Accademia Navale, sottocapo di stato maggiore del Comando della Squadra Navale, quindi ufficiale dell'alto comando dell'ammiraglio Iachino, si mise a rapporto per chiedere che l'ammiraglio autorizzasse l'installazione a bordo della nave ammiraglia (la nave da battaglia Vittorio Veneto) e su almeno una seconda nave, ammiraglia di Divisione (l'incrociatore pesante Zara) di due radiotelemetri realizzati dal professore Ugo Tiberio. Il comandante Tazzari aveva tutti i requisiti professionali e tecnici per avanzare tale richiesta e per qualificarne la motivazione. Purtroppo l'ammiraglio Iachino, ritenne fuori luogo quella richiesta/proposta e chiuse il colloquio, con ironia, definendo il comandante Tazzari <avvenirista> e i radiotelemetri rimasero nei sotterranei dell'Accademia.

Era il risultato di una linea concettuale voluta essenzialmente dal capo di stato maggiore della Forza Armata, ammiraglio Domenico Cavagnari, che ricopriva anche l'incarico politico di sottosegretario di stato: il quale non voleva <trappole tra i piedi>.

La vicenda del radiotelemetro navale italiano ideato e realizzato dal professore Ugo Tiberio, non registra solo l'<aneddoto>sopra ricordato, ma anche un altro episodio dell'assurda irresponsabilità dei massimi vertici politici militari degli anni 1938-1941, mentre il mondo era squassato dalle tensioni sfociate nel conflitto e percorso da innovazioni scientifiche e tecniche di una portata epocale.

Nel 1939/40, il professor Tiberio vedeva coronati da successo i titanici sforzi (teorici progettuali e scientifico-sperimentali) compiuti dal 1935. Si trattava dell'apparato radio telemetrico EC.3 ter a impulsi, con visore oscilloscopico. Il Comitato Interministeriale diramò un ordine immediato, logico, tempestivo. Commissionare subito all'industria la costruzione di un primo lotto di radiotelemetri. Era il dicembre 1939. L'Italia entrò in guerra il 10 giugno 1940, ma i radiotelemetri non erano disponibili. L'ordine della Commissione si era perduto nelle paludi ministeriali e degli alti comandi militari.

Non consta che qualcuno abbia avviato un'indagine per accertare i motivi dell'insabbiamento e men che meno lo fece il Comitato Interministeriale.

Si rivelava in tal modo l'inadeguatezza del livello degli alti comandi, della Regia Marina in particolare, alla quale il capo del governo aveva delegato la questione radiotelemetri.

Non v i furono né curiosità, ne visione tecnica e tattica, e tanto meno percezione di quale sarebbe potuta essere l'azione di una forza navale, dotata di un apparato in grado di <vedere> nell'oscurità, in periodi di scarsa visibilità causa nebbia, condizioni meteo avverse, e quale vantaggio sarebbe derivato dal negare all'avversario il fattore sorpresa.

Catena di comando vecchia, limitata nella percezione scientifica, assenza di visione a 360° in campo internazionale, dimensione provinciale della cultura media e nessuna molla di umiltà e buon senso. Né l'ammiraglio Iachino, né altri dello Stato Maggiore della Regia Marina avvertirono l'esigenza di avere maggiori informazioni su quell'antenna a bordo dell'Admiral Graf Spee e tanto meno alcuni di essi ritennero consigliabile se non opportuno contattare il professor Tiberio in argomento: facendogli analizzare le fotografie. Non avendo notizie certe, e neppure sollecitando informazioni dai Servizi non ci si rendeva conto che la guerra sul mare andava mutando e profondamente dimensione e criteri d'impiego. Un'aggravante ulteriore, si ebbe dopo la realizzazione del radiotelemetro EC.3ter.

Il mancato collaudo degli apparati pur sollecitato, ma rinviato tacitamente dallo Stato Maggiore, acuì l'isolamento della Regia Marina dalla realtà ormai proiettata in una dimensione completamente diversa, rispetto a quella di pochi mesi o, al più, di qualche anno addietro. Quello del radiotelemetro, sia pur ancora alle prime armi e, pertanto, a livello di prototipo, soggetto a cali di rendimento, era un salto di qualità enorme, modificava profondamente il modo di andare per mare in tempo di guerra, forniva un elemento di straordinario rilievo alle manovre tattiche, consentiva di escludere trappole, agguati e assicurava buone percentuali di successo. Garantiva di accertare la presenza del nemico, di determinarne la distanza e la consistenza, permetteva di predisporre l'azione di fuoco con ragionevole anticipo, particolarmente nelle ore notturne, le più insidiose.

Tutto ciò rimase estraneo alle unità della Regia Marina, pur disponendo, sin dalla fine del 1939 del mezzo per adeguarsi alla nuova configurazione. E nulla fu fatto per accelerare studi e sperimentazioni, per tentare di recuperare il tempo criminalmente sperperato. Soprattutto nulla venne fatto per far comprendere la grande importanza dell'apparato e per saperne di più da alleati e nemici, utilizzando ogni mezzo pur di cancellare l'arretratezza intellettuale e addestrativa che, nel campo tecnico-scientifico, ha sempre penalizzato e tuttora penalizza, il pur intelligente e coraggioso militare italiano.

La decisione di effettuare la missione nel Mediterraneo orientale (Egeo), comportò una serie di iniziative che rappresentarono l'innesco del disastro.

Gli storiografi e i commentatori episodici definiscono "sfortunata" l'operazione del marzo 1941. In realtà si trattò di una tragedia preordinata, sotto certi aspetti premeditata da una catena di fatti in cui anche l'ammiraglio Iachino ebbe parte, così come Supermarina.

Decisa l'azione con l'obiettivo di attaccare i trasporti britannici provenienti dall'Egitto e diretti in Grecia (con rinforzi, armi, munizioni, equipaggiamenti, etc.) seguirono le predisposizioni che richiedevano l'allertamento dei vari comandi e la pianificazione delle operazioni di supporto particolarmente aeree (ricognizioni tattiche e strategiche, interventi su obiettivi, etc.)

Ciò comportava, l'utilizzo della radiotelegrafia, con l'impiego di dispacci cifrati.

Su questo argomento si è molto scritto quanto a indizi, sospetti, presunti utilizzi fraudolenti, ma ancora non esiste uno studio sistematico. Sul delicato e difficile tema della radiotelegrafia e delle intercettazioni di messaggi cifrati nemici e loro decrittazione, vi è, tra le altre, l'importante testimonianza dell'allora Tenente di Vascello Luigi Donini,(in seguito ammiraglio) uno dei massimi specialisti della crittografia della Regia Marina, intervista pubblicata, integralmente, nel libro *"Una Patria venduta"*, edizioni "Settimo Sigillo" (Roma, 1999). L'ufficiale esordì, nell'intervista, con queste parole: *"Nel 1940 ero nel servizio segreto e, in particolare, dirigevo la sezione crittografica che si occupava prevalentemente dei cifrari strategici della marina inglese. Alle soglie della guerra, siccome io desideravo fare la guerra, riuscii a farmi sostituire al Servizio Crittografico e presi il comando di un sommergibile. Sennonché dopo tre missioni di guerra fui sbarcato d'autorità per riprendere la direzione del Servizio Crittografico anti-inglese in quanto che, finalmente, le nostre autorità più elevate si erano rese conto della grande importanza della crittografia"*. (op. cit., pag. 29 e seg.).

L'argomento richiederebbe una lunga, ampia, documentata trattazione, qui non prevista.

Si può solo, stare ai fatti verificatisi.

Supermarina, l'alto comando navale italiano, nell'imminenza dell'operazione, trasmise all'aria una serie di radiotelegrammi. Per l'esattezza documentale, sei radiotelegrammi, che così si possono indicare ed elencare:

23 Marzo 1941 – XIX (Protocollo 51106) (minuta dettata da amm. Giartosio)

25.3.1941 (*) (Teleavio) (PROT. 05521))(minuta dettata da amm. Giartosio)

25.3.1941 (Ripetizione del teleavio, ma tramite radiotelegramma) (Prot. 54963)(min. Giartosio)

25.3.1941 XIX.EF. (Protocollo 14281))(minuta, amm. Brenta)

25,3.1941 (Protocollo 13675) (minuta amm. Giartosio)

27.3.1941 XIX (prot. 42668)(minuta, amm. Campioni)

27.3.1941 XIX (Protocollo 54963) (minuta amm. Ferreri)

(*) Si deve precisare che il 25 marzo 1941 Supermarina aveva inviato a Rodi (EgeoMil) un dispaccio Teleavio, cioè un messaggio riservato personale, tramite aereo speciale, messaggio mai pervenuto_al destinatario. In considerazione di ciò, Supermarina ripetette l'invio del medesimo testo, ma questa volta tramite radiotelegramma, in data 27.3.1941, protocollo 54963.

Nei dispacci sopra elencati, con i rispettivi numeri di protocollo, erano dettagliati: l'obiettivo della missione, le rotte da seguire, la composizione della squadra navale, gli orari: il tutto minuziosamente.

Le fotocopie di detti documenti sono allegati al testo di A. Trizzino- "Traditori in divisa" , Casa Editrice Bietti, Milano 1974) e alcuni di essi anche in altri lavori, tra cui, ad esempio: "L'operazione Gaudo e lo scontro notturno di

Capo Matapan" (di Francesco Mattesini, Ufficio Storico della Marina Militare, Roma 1998).

Non è certo un segreto che l'intercettazione di messaggi radio non solo fosse possibile, ma applicata già durante la Grande Guerra 1914-1918. Ne segue che anche se cifrati e sopracifrati, i radiomessaggi intercettati potevano e possono essere tradotti- decifrati, decrittati messi nel testo in chiaro e quindi conosciuti nel loro contenuto. E' quanto accadde – tra il 1940 e il settembre 1943 - anche da parte dei crittografi italiani sotto il comando dell'allora Tenente di Vascello Luigi Donini (in seguito, ammiraglio).

Basti qui ricordare che i crittografi della Regia Marina intercettarono e misero in chiaro, parzialmente, un radiomessaggio dell'ammiraglio britannico Cunningham, comandante della Mediterranean Fleet, con il quale dava disposizioni per la missione offensiva della flotta di Alessandria d'Egitto che sfociò poi nel breve, sterile combattimento di Punta Stilo, il 9 luglio 1940. L'intercettazione e la decrittazione, da parte italiana, avvennero con cinque giorni di anticipo, ma la Regia Marina non volle o non seppe sfruttare il vantaggio e non spinse a fondo il contrasto impiegando tutte le grandi unità disponibili contro le navi britanniche. E in quel periodo-come in non pochi altri in seguito- la Regia Marina aveva una superiorità schiacciante sia in numero di navi da battaglia, sia in potenza di fuoco,sia in qualità di grandi unità.

Pur essendo a conoscenza di tale rischio - la possibile, se non certa, decrittazione dei radiomessaggi trasmessi, da parte degli specialisti britannici - gli ammiragli di Supermarina, Giartosio, Brenta, Campioni e Ferreri non ebbero scrupoli, esitazioni, indecisioni, perplessità nel lanciare all'aria i radiomessaggi contenenti informazioni segrete, dettagliate, sull'operazione in preparazione, messaggi radio che ovviamente furono intercettati e decrittati dai britannici. Addirittura si ebbero uno <riguardo>, una <premura> che definire sospetti è poco. Il radiomessaggio dettato dall'ammiraglio Campioni il 27 marzo 1941, reca scritto con macchina per scrivere e con testo tutto in maiuscolo, la seguente disposizione: *"Da trasmettersi due volte all'aria"*. Con quei radiomessaggi si fornivano al nemico le informazioni chiave della missione offensiva e gli si consegnava ogni particolare per predisporre la trappola con tutta tranquillità e così poter attaccare le nostre navi, dove e quando gli fosse più utile. Come poi accadde la notte sul 29 marzo 1941.

L'ammiraglio Campioni, sottocapo di Stato Maggiore della Regia Marina (cioè a dire numero due della Forza Armata) voleva, evidentemente, essere sicuro che i britannici captassero il testo di quel radiotelegramma.

Se quanto precede non fosse sufficiente per chiarire quali furono le responsabilità di Supermarina nel disastro di Matapan, vi è la <pagina> dell'appoggio aereo alla squadra navale al comando dell'ammiraglio Angelo Iachino, e quella ancor più tragica del radar o radiotelemetro, come all'epoca era classificato.

Prima di proseguire, tuttavia, è il caso di citare una persona che ebbe un ruolo fondamentale nella vicenda costataci cinque navi e oltre 2.300 caduti. Ci si riferisce a una, all'epoca, giovanissima signorina (diciannove anni) suddita di Sua Maestà Britannica: Mavis Batey. Fu lei a mettere in chiaro (a decrittare) il primo messaggio riguardante Matapan. Questi i particolari. (si segnala in merito *"Un brindisi per Matapan"* di Massimo Zamorani, Reverdito edizioni, Trento 1993).

La decrittazione avvenne per l'abilità della giovane crittografa, favorita straordinariamente dall'inettitudine, dalla superficialità, dall'incompetenza di due complici, due ammiragli che ricoprivano incarichi di prim'ordine nel comando supremo navale dell'Italia e ai quali si deve imputare la grande incancellabile responsabilità dell'esito tragico di Matapan e quella non meno grave, anzi moralmente ancor più pesante, della morte di oltre 2.300 uomini della marina. Neppure sotto l'ottica della critica storica i due sono stati condannati. Chi ricorda i loro nomi e i loro incarichi? (*) Chi ha stigmatizzato l'ipocrisia della storiografia ufficiale, instancabile nel cancellare le tracce del loro delitto? Perché di delitto, omicidio plurimo, premeditato, si è trattato.

(*) Contrammiraglio Carlo Giartosio, Capo dell'Ufficio Operazioni di Supermarina.

Ammiraglio di divisione Emilio Brenta, Capo Reparto Operazioni di Supermarina

Ammiraglio di Squadra Inigo Campioni, Sottocapo di Stato Maggiore della Regia Marina.

Contrammiraglio Ferreri Emilio

Non vale quale alibi, la scusa dell'ignoranza, del non sapere e neppure sospettare che i Britannici intercettavano e decrittavano i radiomessaggi di Supermarina (Franz von Papen, ambasciatore tedesco ad Ankara, comunicava a Berlino che l'ambasciatore irakeno in Turchia gli ha confidato: "Gli inglesi possono leggere i cifrati italiani" Zamorani, op.cit.).

Che i radiomessaggi potevano essere intercettati e messi in chiaro lo si sapeva dal luglio del 1940, come già messo in luce (questione di Punta Stilo… vedi sopra), intercettazione e decrittazione non utilizzate come sarebbe stato opportuno. Ad esempio rinunciando all'uscita in mare delle due corazzate Littorio e Vittorio Veneto, che avrebbero permesso di chiudere in una morsa le corazzate di Cunningham, enormemente più lente di quelle della Regia Marina.

Ne consegue che prudenza, buon senso, elementare forma di cautela, dovevano suggerire o di non usare la Radio-trasmissione oppure di usare ogni volta un cifrario o codice diverso per ogni messaggio, in modo da escludere ogni possibilità di decrittazione pur se il messaggio fosse stato intercettato. In proposito si veda in "Una Patria venduta" cosa ebbe a dichiarare l'allora Tenente di Vascello Luigi Donini. Difficile, complicato e quanto altro si voglia, l'uso di un codice diverso per ogni messaggio irradiato nello spazio? Senza dubbio, infatti: il non averlo fatto è costato quello che è costato, ma nessuno della storiografia ufficiale ha mai avanzato l'interrogativo se non Luigi Donini.

La questione non ha altri quesiti da porsi.

Gli ammiragli di Supermarina, informarono il nemico mediante l'uso di radiotelegrammi. Per superficialità, presunzione, albagia, approssimazione, inettitudine, assoluta mancanza di prudenza e cautela, senza ricordare e neppure prendere nella pur minima considerazione quanto invece avevano ottenuto i decrittatori della Regia Marina nel luglio 1940 e non supporre, per mera curiosità, che il nemico fosse altrettanto attento e capace.

Qualora vi sia chi intenda approfondire nei dettagli, si propone la seguente serie di informazioni .

Apriamo queste notazioni, a contorno – se si vuole – dello scenario entro cui si volse la missione della Regia Marina nell'Egeo – con informazioni riguardanti il Comando italiano di Rodi, isola che non svolse in maniera adeguata il suo ruolo che altrimenti organizzata e armata avrebbe potuto essere elemento essenziale e forse anche vincente, in ogni caso fortemente condizionante, nei confronti della libertà di manovra della flotta britannica schierata ad Alessandria d'Egitto.

I critici affermano che il comando superiore dell'Egeo non fornì mai garanzie e affidabilità (né fornì mai prova di vivacità d'ingegno, zelo e volontà collaborativa e manifestò, invece, cronici ritardi nel comunicare gli esiti delle ricognizioni aeree, in particolare quelle riguardanti la presenza della Squadra britannica di Alessandria d'Egitto).

E' necessario precisare che a nel comando superiore di Rodi vi era tra gli altri, l'allora generale Bastico, al quale, in seguito (decisione quanto mai infelice!)venne affidato il comando superiore in Africa Settentrionale, ponendo quale suo capo di stato maggiore il generale Gastone Gambara.

Bastico e Gambara furono così gli interlocutori e i potenziali collaboratori del generale Rommel, con i risultati, tragici, che si possono leggere in "La vittoria tradita" edizioni Settimo Sigillo, Roma,2008.

Un'altra perla del Comando superiore di Rodi si ebbe il 28 marzo 1941.

Mare calmo, visibilità buona, ma nessuno a Rodi pensa di mandare un ricognitore ad accertarsi che la flotta da battaglia nemica sia in porto. Sicché l'ammiraglio Iachino non ebbe alcuna informazione da tale fonte. E questo anche per il giorno 27, in quanto neppure il 27 la ricognizione si svolse su Alessandria.

Senza qui anticipare le notazioni sugli aerosiluranti, di cui si dirà tra breve, è interessante rilevare un'osservazione dell'ammiraglio Iachino: "*Per la prima volta nella storia, una forza navale pi ù veloce viene raggiunta da una più lenta grazie agli aerosiluranti*".

Circa gli aerosiluranti, è nota la posizione assurda della Marina e in particolare dei suoi maggiori esponenti, nettamente contrari, addirittura istericamente avversi alla specialità. Un aspetto che fa il paio con quello degli inetti servizi informazione. Infatti, la Regia Marina esulava dal quadro informativo delle Forze Armate, in quanto disponeva di un proprio servizio informazioni autonomo, e non ammetteva ingerenze. Ciò equivalse a cristallizzare l'ignoranza, il vuoto di conoscenze di quanto gli altri, francesi, inglesi, americani, tedeschi, giapponesi: predisponevano, utilizzavano, facevano, studiavano, sperimentavano, organizzavano.

L'aspetto paradossale consiste nel fatto che quando si giunse anche in Italia, guerra durante, sia pure con enorme ritardo, a disporre dei primi aerosiluranti, ci si rese conto della loro efficacia. Tre incrociatori britannici danneggiati gravemente il 17 settembre, il 14 ottobre e il 3 dicembre 1940. Rispettivamente gli incrociatori Kent, Liverpool e Glasgow.

Non si e' molto lontani dalla verità osservando che la disponibilità di alcune squadriglie di aerosiluranti e di equipaggi ben addestrati e allenati avrebbe fornito ben altre opportunità e risultati sin dai primi decisivi mesi di guerra.

Siamo, quindi, sulla soglia dell'argomento base delle presenti note, Il livello culturale/professionale della Regia Marina e del suo vertice di comando, pianificazione e impiego.

Tornando un attimo sulla questione radiolocalizzatori, si ricordi l'iniziativa del comandante Tazzari circa l'installazione sulle navi destinate alla missione nell'Egeo degli impianti disponibili di radiolocalizzazione e non si dimentichi la valutazione negativa e ironica, al confine con il sarcasmo, di Iachino. In seguito, l'ammiraglio, dimostrando di essere non solo un ipocrita, ma anche un bugiardo, scrisse che noi non sapevamo nulla del radar o radiolocalizzatore. Ma non spiegò, mai, in alcuno dei suoi ponderosi scritti, quali fossero i suoi rapporti e contatti con Tiberio nel periodo in cui lo scienziato lavorò all'Accademia Navale mentre Iachino ne era il comandante. Cosi come mai fece cenno agli appunti dello scienziato in suo possesso.

Era penoso il livello tecnico-culturale-professionale degli ammiragli. Nessuna ricerca organizzata per avere un quadro il più completo possibile di quanto gli altri stavano facendo: ad esempio, il potenziamento della flotta e della componente aerea della Royal Navy, con la costruzione di portaerei con il ponte corazzato, l'incremento sensibile del personale della componente aerea imbarcata, e questo anche sul versante degli Stati Uniti e del Giappone, quest'ultimo nettamente, nella seconda metà degli anni 930, all'avanguardia quanto a portaerei, a numero di velivoli imbarcati e a livello di piloti e d equipaggi. Neppure un minimo di attenzione agli studi e ai progetti dei velivoli da caccia dei cosiddetti potenziali avversati o competitori sul piano internazionale.

E tra i vari argomenti di punta, nessun provvedimento per risolvere la questione della dispersione del tiro dei grossi calibri, nessuno studio serio per risolvere la qualità scadente dei proietti, delle cariche di lancio, del puntamento, considerato il livello di obsolescenza dei telemetri degli incrociatori da 10.000 (teorici), classe Zara, etc., senza dimenticare il ritardo biblico della Regia Marina nel tiro e nel combattimento notturno.

Per quanto si riferisce al radiotelemetro, per troppi anni la cosiddetta storiografia ufficiale e predominante, ha pontificato affermando che a Matapan gli incrociatori dell'ammiraglio Cattaneo furono rilevati con metodi ottici, negando che fu il radar dell'Orion, dell'Ajax e del Valiant a <vedere> in vari momenti <l'incrociatore <Pola> immobilizzato inducendo l'ammiraglio Cunningham a voler verificare di persona, stimando che quella nave ferma poteva essere il Vittorio Veneto. Persino l'ammiraglio Iachino fu costretto, alla fine, ad ammettere che senza quel contatto radar non vi sarebbe stata la distruzione totale della 1^ Divisione incrociatori pesanti.

Quale fosse la fermezza, la determinazione, l'energia, la voglia di riscattarsi della Regia Marina,dopo la tragedia di Matapan,lo si evince, senza alcun dubbio, dal fatto che, accertato l'impiego dei radar da parte britannica, nonché tedesca (di cui si era informati da prima dell'entrata in guerra- senza dimenticare la famosa fotografia dell'Admiral Graf Spee…- nonostante le fonti ufficiali insistano nell'accusare i tedeschi di averci tenuto nascosta questa notizia), dall'aprile 1941 al settembre 1943, la Regia Marina installò sulle sue navi meno di una dozzina di apparati, mentre la Germania dopo l'8 settembre 1943, ne ottenne dall'industria italiana (in particolare dalla milanese SAFAR) una trentina nell'arco di sessanta giorni.

Altro aspetto negativo, per non dire ulteriore clamoroso errore commesso dallo Stato Maggiore Generale in collaborazione con l'Aeronautica, la ridicola forza aerea dislocata a Rodi. Una manciata di bombardieri S.79 e di aerosiluranti (di questi ultimi vi era la disponibilità al volo di soli cinque/sei velivoli), ricognitori vecchi, lenti, scarsamente armati e completamente superati, caccia biplani, con scarsa autonomia e velocità massima di poco superiore ai 400/km/h, armati con due sole mitragliatrici.

Sottovalutazione, quindi, del ruolo strategico dell'Isola, idonea invece a tenere sotto stretto controllo la Flotta di Alessandria e a sferrare attacchi con aerosiluranti e bombardieri a tuffo in combinazione con sommergibili, operazione che non solo non venne mai utilizzata, ma neppure intuita, pensata e applicata, nemmeno a titolo sperimentale prima del conflitto.

Le domande centrali di tutta la vicenda di Matapan sono pertanto le seguenti:

1) dati i precedenti (intercettazione e messa in chiaro del messaggio di Cunningham nel luglio 1940), l'alto comando della Regia Marina ritenne inintercettabile la macchina Enigma fornita dai tedeschi e pertanto si ritenne autorizzata a trasmettere all'aria messaggi operativi con tutti i dettagli dell'operazione?

2)Nessuno al Lungotevere delle Navi, nel Palazzo Marina, dove al secondo piano vi era il cuore della direzione delle operazioni navali, ebbe lo scrupolo di chiedersi: Enigma non sarà decrittabile, ma il nemico potrà captare e intercettare i nostri messaggi. Non sarebbe meglio escogitare un metodo diverso? Per non esporsi a inutili rischi?

3) Sulla questione del radar o radiotelemetro, c'è poco da dire: la Marina ha fallito clamorosamente e si porta ancora oggi il peso di un errore incancellabile. L'ammiraglio Iachino ha mostrato presunzione, sicumera, albagia, arroganza nel trattare a quel modo il comandante Tazzari, oltre tutto senza mai avere accertato quale fosse l'apparato creato dal professor Tiberio e senza mai aver voluto constatare di persona come funzionasse e quale fosse l'esito di tale impiego. Un'omissione di responsabilità che condanna senza appello.

4) Fonti autorevoli ricordano che uno dei motivi per i quali la Regia Marina era ostile all'apparato ideato dal professor Tiberio era che il radiotelemetro non era considerato, dalla Marina medesima, uno strumento di scoperta, ma solo ed

esclusivamente un ausilio al tiro. Quindi, poiché commetteva errori nella determinazione della distanza del bersaglio, fu ritenuto inutile e intellettualmente abbandonato.

La fonte ha osservato: "*Nessuno aveva allora pensato, che esso così come era, poteva almeno servire a rilevare la presenza di unità nemiche, magari con approssimazione di 7/8°!?!!*"

La vicenda del radiotelemetro italiano e del radiotelemetro navale italiano racchiude aspetti e particolari raccapriccianti e paradossali al medesimo tempo.

Si ricordi quanto ebbe a verificarsi la notte del 22 giugno 1940, (si era in guerra da 12 giorni!!) quando il radiotelemetro RDT3 collocato sulla terrazza del RIEC di Livorno avvistò, rilevò e segnalò con forte anticipo i bombardieri in rotta su Livorno per la prima incursione aerea. Il radiotelemetro, sperimentale, rilevò i velivoli a una distanza di 30 chilometri.

Quindi nel giugno 1940 Tiberio aveva concretizzato il suo lavoro con un radiotelemetro che rilevava velivoli alla distanza di 30 chilometri.

Nessuno ebbe l'intuizione di chiedersi quale vantaggio potesse offrire quell'apparato!? E quale formidabile strumento avesse realizzato il professor Tiberio?? !!

Allo scenario si aggiunge invece il particolare, agghiacciante, della sospensione delle ricerche sulla radiotelemetria da fine luglio a tutto dicembre 1940. Imperizia, insipienza, incompetenza.

In sostanza: dopo l'exploit del radiotelemetro RDT3 sperimentale, non si ebbe una intensificazione delle ricerche, sperimentazioni, perfezionamenti, concentrazione di cervelli, finanziamenti, potenziamento della struttura di ricerca e sperimentazione, priorità assoluta, etc.etc. sul piano della radiotelemetria, ma solo l'indifferenza, la rinuncia, il blocco, il silenzio. Qualcosa che ha le sembianze orrende del sabotaggio.

Si pensi soltanto a cosa avrebbe significato la disponibilità di alcuni apparati come quello collocato sulla terrazza del RIEC, a Taranto, la sera e la notte dell'11 novembre 1940.

L'apparato sperimentale RDT3(o EC.3) era disponibile dall'ottobre 1939 e mai collaudato ufficialmente. Il professor Tiberio era sostanzialmente sopportato, tollerato, concretamente ignorato: un docente dell'Accademia Navale che aveva l'hobby di trastullarsi con apparati complicati e difficilmente comprensibili ai più: poco meno di un <vecchietto originale e con un brutto carattere>. Chi lo prendeva sul serio, se neppure l'ammiraglio comandante lo considerava...?.

Per farla breve, Tiberio aveva dato all'Italia il radar o radiotelemetro che dir si voglia e l'apparato era disponibile, sia pure allo stadio di prototipo dal luglio 1940, se si vuol considerare solo la data del primo rilevamento documentato e documentabile.

Ma c'è altro da considerare: il "dimenticato", sottovalutato, dileggiato radiotelemetro RDT3 (o EC.3), risalente al 1939 e ancora alloggiato sulla terrazza del RIEC (Regio Istituto di Elettrotecnica e delle Comunicazioni) il 28 maggio 1943 rilevò una formazione di quadrimotori americani alla distanza di 300 chilometri.

L'apparato del 1939 era stato perfezionato con la sostituzione del blocco trasmettitore...

Appendice

Vari autori da quando l'apparato realizzato dai Britannici per l'intercettazione e la decrittazione dei radiomessaggi germanici, italiani e giapponesi è stato reso noto (decine di anni dopo la fine della guerra) sono rigorosamente orientati ad attribuire a <Ultra> ogni responsabilità (o merito) dei rovesci subiti.

Nessun appunto, nessuna responsabilità a quanti hanno continuato imperterriti a trasmettere radio messaggi contenenti ordini di operazione. Nessuna critica allo Stato Maggiore della Regia Marina e alla decisione di voler guidare, condurre, manovrare, decidere le operazioni in mare dal Palazzo della Marina sul Lungotevere, sede appunto di quella conosciuta con il nome di Supermarina.

Meriti? (nessuno). Demeriti? (tutti) e spettano quindi in toto all'apparato di cui sopra. Il più grave si ebbe nel 1939. Il radiotelemetro EC.3 era disponibile dall'ottobre 1939: nella sperimentazione, effettuata entro quell'anno, i risultati furono <ottimi>. (Si ricorda che l'Italia aveva scelto politicamente l'ambigua formula della <n on belligeranza>; in sostanza non era né neutrale, né schierata. Era in attesa. Come quasi sempre i governi italiani hanno fatto di fronte a situazione che imponevano posizioni chiare, decise, definitive. Opportunismo squallido). Compromettendo in tal modo la propria credibilità e suscitando sospetti e dubbi negli alleati e persino nel nemico, circa la volontà di fare la guerra sul serio. Era attiva nel 1935 la Commissione Interministeriale per i servizi elettrici militari. Dopo aver esaminato il testo di una relazione tecnico-scientifica del professor Ugo Tiberio, la Commissione aprì una pratica segreta designata "Radio Detector Telemetro (RDT).

A seguito dei risultati della sperimentazione, autunno 1939, il Comitato Interministeriale diramò un ordine immediato: commissionare all'industria la costruzione di una prima tranches di radiotelemetri. Si era nel dicembre 1939.

La Regia Marina non manifestò alcuna attenzione e alcun interesse. Un comportamento equivoco, oscuro, subdolo, infido, sinistro.

Fra le tante chiacchiere fatte sulla questione radiotelemetro non si è mai dato l'esatto rilievo all'obiettivo dell'apparato. Quale la sua funzione? Quale il fine di tanti studi e sperimentazioni ? Detto in parole semplici: a cosa doveva servire il radiotelemetro? Che uso/impiego se ne doveva fare? Ebbene: secondo l'apprezzamento della Regia Marina la priorità NON era, si ripete NON era, la *"visione e la scoperta notturna del nemico e/o di qualsivoglia bersaglio"*, da cui trarre norma operativa e di manovra.

Probabilmente tale apprezzamento risentiva del condizionamento operato dal giudizio e dall'orientamento accreditato presso gli Inglesi, in merito alla finalizzazione dell'apparato: la scoperta aerea lontana e, in secondo luogo, il tiro delle artiglierie navali.

Si può comprendere il punto di vista britannico, risalendo all'esperienza vissuta durante la Grande Guerra: gli attacchi dal cielo da parte dei dirigibili Zeppelin e dei bombardieri Gotha tedeschi: una tale memoria di fronte al riarmo germanico e alla costituzione della Luftwaffe, spingeva le autorità di Londra alla creazione di un sistema d'allarme e di difesa passiva efficace, tale da consentire l'intervento rapido delle difese (appunto una catena di radar di scoperta lontana), e al potenziamento della caccia (monomotori monoplani Hurricane e Spitfire).

Con riferimento, invece, al tiro navale, si deve tener presente (e la Regia Marina ne era informata sin dalla seconda metà degli anni '930, proprio dalle intercettazioni e dalle decrittazioni effettuate dall'allora Tenente di Vascello Luigi Donini,di cui si dirà tra breve), che la Royal Navy si era convertita (dal 1930 circa) al combattimento notturno e il radar o il radiolocator (RDL) era l'apparato idoneo a consentire un tiro a lunga distanza efficace.

Il professor Tiberio era stato molto chiaro nella relazione sull'argomento richiesta dalla Regia Marina: "Esiste la possibilità che la Marina si trovi, in caso di guerra, di fronte ad un nemico provvisto di mezzi per il tiro notturno delle artiglierie antiaeree e navali a grande distanza".L'osservazione dello scienziato, al momento massimo esperto nel settore, avrebbe dovuto suggerire una profonda analisi sostenuta da un'attività informativa di eguale spessore a ampiezza.

Purtroppo, nel pensiero dei cosiddetti teorici della Regia Marina (fortemente condizionati dal prestigio della Royal Navy e psicologicamente succubi) era invece chiaro e dominante il collegamento, la simbiosi: tiro a lunga distanza e radiotelemetro.

Quindi il radiotelemetro NON nel ruolo prioritario e prevalente di mezzo di scoperta, ma il radiotelemetro unicamente, prioritariamente quale supporto al tiro; ne derivava che l'esatta precisione nel fornire la posizione del bersaglio prevaleva su ogni altra considerazione. Quanto precede senza considerare il combattimento notturno.

Da parte sua l'ammiraglio Luigi Donini così ebbe invece a dichiarare nell'intervista concessa a suo tempo all'autore.

"*Noi* (1939, n.d.a.) *riuscivamo quasi settimanalmente a fornire al capo servizio informazioni il programma di*

esercitazioni della marina inglese nella zona di Malta.
Questo programma contemplava tiri notturni, tiri con
tempo cattivo, esercitazioni con idrosiluranti e qualche
volta decifravo un telegramma che diceva: l'esercitazione
è rimandata perché il tempo è troppo buono. Questo –
aggiungeva l'ammiraglio Donini – *ci faceva capire che gli*
inglesi si addestravano a una guerra di notte e a una
guerra con qualsiasi tempo. Mentre posso affermare che la
nostra esperienza era piuttosto negativa dal punto di vista
del tiro notturno che era considerato tabù, e del tiro con
tempo cattivo . Sono stato anche direttore del tiro prima di
fare il crittografo. Era più facile che da noi si sopprimesse
un'esercitazione perché il tempo era troppo cattivo che
non il contrario. Questa la mia esperienza personale".
Ancora sotto shock a causa della tragedia di Matapan,
l'ammiraglio Angelo Iachino, invocava con malcelata
disperazione, un soluzione onde disporre
urgentissimamente di un radiotelemetro per la scoperta del
nemico, sconfessando le vere autentiche aspettative di
Supermarina: in sostanza chiedeva di tralasciare la
radiotelemetria, cioè la precisione nel determinare la
distanza dei bersagli, obiettivo verso il quale, sulla base di
ordini superiori, erano stati sino a quel momento
indirizzate e concentrate le ricerche e le sperimentazioni,
privilegiando, invece e subito, la radioricerca, cioè la
"scoperta", anche se approssimativa, quella pur disponibile
dal 1939, ma precedentemente osteggiata, disprezzata e
considerata un errore commesso dai ricercatori-progettisti
e realizzatori dei prototipi (ad esempio degli apparati
giacenti da mesi nei sotterranei del RIEC a Livorno e
ufficialmente ignorati).
In sostanza Iachino si allineava, inconsciamente e sotto
l'impulso del terrore, della vergogna e dell'umiliazione

feroce per quanto aveva consentito si verificasse a Matapan, alla linea seguita dai Britannici, che con senso pratico e tradizionale concretezza sin dal 1935, sotto la spinta energica, decisiva, implacabile e in questo caso lungimirante di Winston Churchill, privilegiavano l'utilità bellica immediata piuttosto che la ricerca asfissiante della qualità.
<Primo, <vedere>!

L'ammiraglio Iachino, anche se non lo ha mai confessato e neppure velatamente ammesso, era afflitto, tormentato, corroso,torturato anche dal rimorso di non aver dato retta al comandante Tazzari e ossessionato dall'<immagine> che, anche se trasmessa dai freddi rapporti ufficiali, atterrì ufficiali ed equipaggio della nave ospedale Gradisca nelle acque di Matapan.

DAL <DIARIO> della Nave ospedale:
"4 Aprile, ore 7 –La Gradisca sfila lentamente tra centinaia e centinaia di cadaveri, un distesa di salme a perdita d'occhio. Corpi deformati, miseri resti umani sono respinti dalle fiancate della nave. Il cappellano benedice. L'equipaggio saluta". Il 5 aprile la Gradisca abbandona le ricerche ormai inutili e dirige per rientrare".
Forse quell'equipaggio, piangeva.

P.S.
"Né il Macchi 205, né il Messerschmitt 109 G potevano stare alla pari del Reggiane Re. 2005 in manovrabilità e velocità di salita. Penso fosse il miglior aereo prodotto dall'Italia nella seconda guerra mondiale. E' un peccato che nessun Reggiane 2005 sia sopravvissuto fino ad oggi

perché esso era un esempio della grande abilità ingegneristica italiana".

Un giudizio lusinghiero da parte di un asso della caccia britannica(con una ventina di vittorie omologate), notoriamente non espansiva nei confronti del nemico e specialmente degli italiani.

Il Reggiane Re. 2005 è un luminoso esempio di quello che le Industrie Caproni offrirono all'Italia e che la Regia Aeronautica sottovalutò e sostanzialmente rifiutò per favorire essenzialmente, esclusivamente la Fiat e i suoi vetusti biplani CR.42, costruiti sino a tutto il 1943, secondo alcune fonti, almeno sino al 1944..., macchine inutili, pagate con il denaro dei contribuenti, per aumentare il lucro della Fiat .

Sin dal 1939 le industrie Caproni realizzarono velivoli di classe superiore rispetto alla produzione nazionale dell'epoca ,(addirittura gli inglesi volevano acquistare i velivoli della Caproni) ma tale produzione non venne presa nella dovuta considerazione dagli ambienti tecnici del Ministero dell'Aeronautica e tantomeno dallo Stato Maggiore che preferì mandare in combattimento eccellenti, eroici piloti con velivoli obsoleti, superati, con armamenti ridicoli rispetto a quelli del nemico, (rapporto di mitragliatrici 1 a 4). Una pagina, una delle tante , troppe, vergognose, indegne, criminali, della *preparazione* al conflitto: crimini e responsabilità gravissime, ignorate dalla storiografia ufficiale, impegnata solo a negare la verità di quanto si *poteva e doveva fare e non fu fatto. E a rimarcare costantemente la fola dell'impreparazione e dell'inferiorità.*

INDICE

L'Autore

Piero Baroni, giornalista professionista dal 1972, è nato a Bologna nel 1936. Inviato speciale e di guerra, ricercatore, autore di numerosi lavori dedicati alle vicende della Seconda Guerra Mondiale e, in particolare, agli aspetti oscuri di quella vicenda, segnatamente quelli che hanno penalizzato duramente l'Italia: gli aeroplani che non volarono, chi negò il radar all'Italia e molto altro, in sintonia con la ricerca tenace della verità, di quanto non fu fatto, ignorato, sabotato, pur conosciuto e già disponibile. E, sullo sfondo, le responsabilità, i traditori, gli inetti boriosi e goffi <ultragallonati>, ai quali era stata affidata l'opera di dare all'Italia delle capacità operative concrete ed efficaci, che una ricerca oggettiva dimostra non avevano i miseri contorni dell'illusione e della fatuità, alla base della presunta storiografia ufficiale.

Nel corso della sua attività professionale ha svolto scottanti inchieste in Italia e all'Estero da cui ha tratto ispirazione per suoi scritti.

© **Piero Baroni - Roma, 2012 – I Edizione**

e-mail stenos@stenos.it

www.ingramcontent.com/pod-product-compliance
Lightning Source LLC
Chambersburg PA
CBHW072357290526
45794CB00001B/99